韩信传奇

周明河

著

北京联合出版公司
Beijing United Publishing Co.,Ltd.

目 录

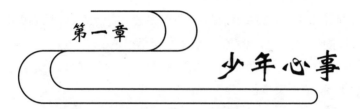

第一章

少年心事

1 /　与父同游

韩信怎么也忘不了父亲带他去往古都彭城的那一天，往事悠悠，但那一天发生的事情却总是清晰地浮现在他的心头，仿佛这就是他命里注定要铭记的东西。

那是一个融和的春日，那一年，他还只有七岁。

父亲骑着一匹青白色的高头大马，好生威武，过往的行人都忍不住朝他这里瞅上两眼，又好奇地猜想着他的行踪。而父亲只是面含微笑，间或夹杂着奇怪的表情。

尽管那时的小韩信聪明得很，但他怎么可能猜透父亲的心思呢？

小家伙稳稳当当地坐在父亲怀里，年纪虽小却一点也不害怕骏马疾驰，心中反而充满难以言表的兴奋感。看来小韩信生来就有一种将门儿郎的无畏本色。

马儿不知疲累地向前疾走，就像小韩信一般欢快。父亲一路上向儿子叨叨个没完，好像要将平生的言语都在这一路上说尽似的，小韩信听得颇有兴味，真是有其父必有其子。

他总是习惯性地扭过头去，此刻父亲那双熠熠生辉且温柔深情的眼睛他一辈子都忘不掉。

父亲是楚军都尉，也算职衔不低的军官了，在那干戈不止的岁月中，小韩信平时想见父亲一面都很难，所以父亲现在无论讲什么，他都特别爱听，觉得内容新鲜有趣，何况父亲讲述的正是不久前才发生在战场上的亲身经历。

这些故事就那样深刻地印在了一个充满好奇的孩子心底。

"信儿，你说咱们的敌人是谁啊？"

"是秦国，是虎狼一样的秦国！"小韩信不假思索地回答道。

"对，那你说秦国厉害不厉害啊？"

"嗯——！我听娘说，秦国可强大、可厉害啦，他们的士兵都是吃人肉、喝人血长大的……它霸占了我们的国家，然后咱们一家人才逃到楚国来的。是吧，爹爹？"

"对，信儿！秦国是很强大，可是它也不像洪水猛兽那样厉害，就算它是洪水猛兽，只要我们人心齐，劲儿往一处使，就没有战胜不了的敌人！你说对吗，信儿？"

"是的，爹爹！我还听娘说了，咱们山东六国各自为战，所以才给了暴秦以可乘之机的……"

看着自己宝贝儿子认真回答问题时既严肃又可爱的样子，韩都尉欣慰地一笑，不住点头道了一声"好儿子"。接着他又继续侃侃而谈："信儿啊，上次秦国发动二十万大军想要一举攻破咱们楚国……"

"不！爹爹，你说的不对，咱们不是楚国人，"小韩信突然打断了父亲的话，"我听娘说，咱们都是韩国人，永远都是韩国人，生是韩国的人，死是韩国的鬼！对吧，爹爹？"

儿子的表情是那样庄重，韩都尉忍不住仰天一笑，又问儿子："是不是你娘还说，我儿身体里流着韩国王室的血啊？"

"对啊，爹爹，怎么了？"

"没怎么，唉，你娘啊就是傲气，不肯低头……好了，咱们先不说她了，但是信儿你 要记住，在别人面前千万不要提自己是韩国人，更不要提自己的身体里流有韩国王室的血，明白吗？"

"明白，爹爹！我什么都明白呢。"

"哈哈，乖儿子啊！"韩都尉把儿子抱得更紧了，他终于正式进入了谈话主题，"上次秦贼二十万大军伐楚，我军用坚壁自守的战术与敌人周旋……什么吃的都不给他们留，什么水也不让他们喝，把水井都死死地填上，把水源都破坏掉……"

"秦贼始终找不到合适的机会和我军主力进行决战，而我军又反复骚扰他们的粮道，这样没多久，先前不可一世的秦贼就一天天地蔫下去了。我军士气却一天比一天高涨，大伙儿都摩拳擦掌，准备向秦贼讨还血债，为楚王先前所受的莫大屈辱报仇……当秦贼再也坚持不下去想撤退的时候，我军就像下山的猛虎一般直扑敌人，呵呵……顷刻之间就把秦贼冲击得乱了阵脚……"

铁马金戈，剑影银光，血透战袍，横尸遍野。

韩都尉讲得绘声绘色、慷慨激昂，而小韩信也听得意兴大发、热血沸腾，他的小脑袋尽力想象着父亲描述的那一幕幕热血的战争场景。仿佛这一切他都不陌生，不畏惧，反而有种说不出来的渴望之情！在他幼小的心灵之中，如果能够像父亲一样驰骋疆场、奋勇杀敌，纵是流汗流血又有何妨？

最后，小韩信急不可待地问父亲："爹爹，爹爹，你这次杀了多少秦贼啊？"

"哈哈……"韩都尉虽在别人面前少露声色，但在儿子面前可得意着呢，"爹爹我啊，呵呵，一口气就砍翻了十几个秦贼，我是左一剑、右一戈，直杀得秦贼哭爹喊娘、抱头鼠窜……那些够不着的、跑得快的秦贼我就拿箭射，最后剩下的那些秦贼逃得远了，我那柄宝剑也差不多作废了，腰里的箭也早射光了……我骑的那马儿身上啊，一大片一大片满是鲜血，也分不清是畜生流的血还是秦贼流的血，白马成了红马……"

"那爹爹的马受伤了没有啊？它伤了没有？"小韩信还是那样急切。

"哼哼，你下去看看它不就知道了……"说着便装作要将儿子扔下马。

结果，父子两个一起发出了会心又爽朗的大笑声，那笑声在广阔无边的春晖下回荡……

然而，此刻的小韩信无论如何也理解不了父亲当时那种复杂的心境，韩都尉在逗着儿子开怀一笑之余，心头却又阴郁无比。

除了具有视死如归的勇毅之外，小韩信的父亲还是一个很有头脑的将领，耍弄兵器之余又酷爱钻研兵家之学，且善于着眼大局，谁让他是韩国的流亡之士呢，亡国之痛丝毫不敢怠忘。而多年从军的经验分明告诉他——强大的秦军不会轻易善罢甘休，一定还有更大的考验在等着他。

为此，韩都尉早早开始向儿子灌输兵学知识，希望他有朝一日能够承继父业，乃至青出于蓝而胜于蓝，这样他就是死也瞑目了。当然，儿子一时还懂不了复杂的兵家思想，还是多教他些军事技术方面的东西吧①。

"信儿，你——看！"已经快马走了两个多时辰，就在快到彭城的时候，韩都尉突然一只手直直地指向前方，另一只手紧紧勒住了马，对着自己的儿子大叫一声。

这时因饥饿已经感到有些困乏的小韩信精神一振，他只感到眼前一亮，接着眼前那宏大、壮伟的景观令他目瞪口呆。

父子两个立马在前往彭城的一条必经之路旁的高坡上，此地视野开阔，偌大的彭城尽收眼底，整座城市分明就笼罩在春日正午暖人的轻烟之中。向城的四围望去，远处隐隐约约看到了山脊。

小韩信早把困饿远远丢到一边去了，看到此情此景，他的心底似父亲一般竟也涌起了一股热流。还没等父亲向他做一番激动、细致的解说，小韩信的口中突然蹦出了这样一句："真不愧为形胜之地啊！"

韩都尉听到儿子的感叹，先是一怔，而后长长舒了一口气，他深情地抚摸着儿子的小脑袋探问道："信儿，这句话是谁教给你的？"

"没人教我，爹爹！难道不是这样吗？"

"没人教你？真的吗？"

"是的，爹爹，真的没人教我！孩儿只是觉得这里真是一处屯兵据守的好地方啊！只可惜……"

"可惜？可惜什么？"

"可惜……可惜……反正孩儿就是觉得可惜。"他是可惜这里没有江河之险，但又不晓得该怎样表达内心的想法。

"哈哈！我家信儿长大了啊，也会跟爹爹卖起关子来了。可惜这彭城四面腹地太过开阔，没有可以倚为呼应的屏障，只有虎踞，没有龙蟠，难以持久据守，对吧？"

---

① 先秦兵家本是"诸子百家"之一，既是军事学，也是一个包罗万象的思想学术流派，及至西汉以后，才渐渐只以军事技术为研究对象。

"对的！爹爹，孩儿就是想说这个来着，可是又不知道该怎么说……而且孩儿还没有去过这附近的地方呢……"

"哦——"韩都尉再次表示吃惊，他扭过儿子的小身子，眼中充满讶异地呆望着儿子那双漆黑透亮的大眼睛，不由自主地大喊出了内心的希望："我家信儿快快长大吧！要建立一番比爹爹还要显赫十倍、百倍，不！是千倍、万倍的功业啊……哈哈……"

韩都尉心头的阴郁终于一扫而光，他并不着急进城办事。父子两个先下马休息，拿出随身携带的干粮饱餐一顿，然后再上马围着偌大的彭城仔细转了一圈。

父亲如数家珍地给小韩信到处指点，三句话不离开"兵"字，他给儿子讲了很多关于如何利用地形以及如何布防、安营的知识。那一天，父子两个甭提有多开心畅快了，这一天的经历已经在小韩信的心底扎下了根。

此时的彭城在他的心中也变得渺小了许多。

已是薄暮时分，在西天绚丽余晖背景的映衬下，这对笑逐颜开却仍意犹未尽的父子快马扬鞭下山，像风一样往彭城飞驰而去。

2/　与母相依

没过几天，母亲就再一次饱含热泪把父亲送走了，聪明的母亲已经预料到秦国与楚国之间那场真正的殊死较量就要开始了，毕竟他们都是过来人。在战乱不息的年月里，虽然人们早已习惯了伤残和死亡，可是韩信家是从韩国逃难而来的，在楚地根本没有宗族支持，假如这个家庭不幸只剩下孤儿寡母，可以想见母子以后的生活会有多么艰难。

韩都尉正告爱妻，如果自己不幸战死，年轻的她可以再嫁。可是妻子只是默然不语，表情中透出一股坚毅。妻子生性是一个傲气的人，受不得半点屈辱，韩都尉便不好再说什么。唯一值得安慰的是他们的宝贝儿子已经长大了、懂事了，韩家到底后继有人了。

最后，韩都尉只是甩下一句"你们好生照顾自己，我死亦无挂念"，就不再回头，扬尘而去，只是他的心在滴血。韩家母子站在原地久久不愿离去，直到韩都尉的身影消失在路尽头才转身回家。

谁承想，这一别，竟真的成了永诀。

自父亲去后，小韩信家的生活几乎没有什么变化。

整整一年过去了，虽然有秦国再次倾举国之力（六十万大军）伐楚的不幸消息传来，可是秦军在两国边境上只是一味垒高墙、挖深壕，却并不与枕戈待旦、士气正锐的楚军决战，好像利用不战的法子能使楚人屈服似的。真不知道这秦军葫芦里卖的到底是什么药。

但楚人是绝不会不战而降的，尤其经过上次的胜利，他们已经不再畏秦如虎，所以几十万楚军将士就这样保持高度的警惕性和秦军耗下去。只是原来绷得紧紧的弦就这样一天天地松弛下去了，后勤补给的问题慢慢显露。

许久之后，楚人才明白秦人的险恶用心：秦人接受了上次失败的教训，这次正是以其人之道还治其人之身。秦军之所以一反"速战速决"的原则，和楚军这样长期地互相消耗下去，就是为了让数十万楚军将士衣不解甲、马不卸鞍，以此掏空楚国有限的军需储备。而秦人这时已经占据了山东六国的一半，他们的军需供应能力远远大于楚军。所以这根本就是一场综合国力的较量。

最终，秦楚优势地位对换，当秦人最后的强敌——楚军再也干耗不下去欲收缩战线的时候，养精蓄锐了一年之久的秦军便如决堤的洪水一般，冲向了面如菜色的楚军……

"娘，我下学了！"这一天，又长高了的韩信回来得很早，他习惯性地跟母亲打了个招呼。

可是屋子里却没有传出母亲一贯的应答声，韩信很是意外，便加快脚步走进了母亲往常织布的偏房，只见母亲满面愁容地呆望着织机，她根本没有觉察儿子进门。

"娘，你怎么了？"韩信轻轻地晃了一下母亲的肩膀。

"啊——！信儿回来了，娘这就给你做饭去！"可是母亲只是站起身来，呆呆地站在那里，并没有向厨房走去，看样子她有很重的心事。

"娘，你是不是又在担心爹爹了？我们今天在学堂里也议论得很凶，这一次，唉……"小小的韩信也发出了一声早熟的叹息，母亲的心里不禁为之一颤。

"哦，信儿啊，你小小年纪可不能胡思乱想啊，免得分心，要一切以学业为重，懂吗？这样将来你才可以像你爹爹那样做一名合格的将官，像你爹爹那样……"突然，她像被什么东西噎住了一样，停止了对儿子的教诲。

她略有所思地俯下身子，双手捧住儿子的小脑袋，四目相对，半晌她又道："我儿应该比爹爹强，要立大志，成大事才对！"说出这话的韩信母亲眼泪早已在眼眶中打转。

韩信一直觉得自己的母亲比其他同学的母亲都要年轻、漂亮，而且识文断字、通达事理，为此他总是非常自豪地向别人夸赞自己的母亲，可是却从来都避开谈论自己家的渊源问题，哪怕有同龄的孩子讥笑他来历不明。

"儿啊，如果从今往后你爹爹再也不回来了，你该怎么办啊？"长痛不如短痛，她也不知下了怎样的决心。

"娘，你不要担心，爹爹会回来的。"

"娘是说万一你爹爹有个三长两短……"

"娘，假如爹爹有不测，孩儿将来也一定会继承爹爹的遗志，娘你就放心吧。"说着，韩信就跑进自己的卧室里拿出一把小宝剑，在院子里认真地舞了起来，有一些招式还是学堂里的武师傅们新教授的。

母亲的内心无比自豪：儿子骨子里像极了自己，他长大后应该会是个顶天立地的男人。虽然自己家境孤弱，无亲族可依，信儿又是独子——她此前曾生养过一个女儿，可惜夭折了，那时一般人家都有四五口人。但信儿天生聪慧，有此佳儿足慰平生。

想到这里，母亲便再无什么忧虑了，她身子斜倚在门框上，呆呆地注视着儿子练剑的身影，一只手忍不住提起衣襟擦拭自己已然湿润的眼眶。

韩都尉果然再也没有回来，韩家母子的生活逐渐发生了很大变化。

当韩信八岁的时候，一队威武雄壮的秦兵开进了淮阴城，宣布新政权的开始。整个城里骚动了一阵之后，又慢慢地平静下来。

虽然不少人家都有亲人在战场上去世，可是他们却又庆幸终于不用再打来杀去了，大家都憧憬着新生活。不过，小韩信的心里却积聚着莫大的仇恨。

且不说丧亲之痛，单是那种被人骑在头上的亡国之耻就让他感到极度不舒适。母子二人又怎能忘记自己的夫君、爹爹呢？如今楚国亡了，家里唯一的壮丁也不在了，断了俸禄的来源，生活已然不似先前那般宽裕了。

虽然母亲也会织一些布拿出去卖，可是一个女人的辛苦所得又怎么可能养活得了两张嘴巴呢，况且还有其他开销，母子二人生活过得异常节俭。纵然母亲手巧，可以织出一些秀美的锦缎来，只是这淮阴城毕竟是小地方，识货的人不多，压根卖不出好价钱。但搬家的话更不划算。还好，家里的积蓄尚足，韩母还不愁儿子没学上。那时候，小孩子们读的都是私学，文武并不分班，一般上学的日子都是上午习文，包括诸子百家学问；下午习武，包括骑射和格斗，总之一整天都过得非常充实。

时日悠悠，眼看着韩信已经长成一个十四岁的少年郎了，他的个头应该快赶上韩父当年了。而且看起来更是器宇不凡，母亲为儿子感到由衷的高兴。

当时的民风强悍，韩信自然也像他父亲一样刚毅尚武，且一样对于兵学情有独钟。近两年来，他平常总是一副落落寡合的样子，大家都猜不透他的心事。因此，同龄的小伙伴们也就不怎么和韩信一起玩闹了。除了爱好翻看父亲留下来的一些兵书战策外，韩信最喜欢到处走走看看，然后回到家里就用一大堆沙子、泥土在地上模拟出像模像样的地形图来，再拿一些碎木料刻上数百个大小不等的木偶兵士，乐此不疲地玩起了军事游戏。

尽管那些木偶的雕刻手法实在拙劣，可是这丝毫妨碍不了韩信的热情，他总是对各类军事游戏非常投入。若是韩都尉能目睹儿子的今天，他必定又要为之动容。

有一次，韩信无意中听闻在离淮阴不远的下邳城中有一位据说很懂兵学的老先生在开馆收徒，正苦于知识寡陋、独学无友的韩信便打算前往那里学习一阵。

少年韩信还没有经历过窘迫的日子，他还不能由衷地体会母亲持家的艰难。因为一味地钻研兵法，韩信自然也不谙人间的烟火俗事。所以，他想离家去外地求学这件事，无论在费用还是生活自理上，都存在一些困难。

不过，既然好学的儿子提出来要去下邳游学，做母亲的又怎好不允呢。母亲翻箱倒柜，外加四处求借给他凑足了游学需要的盘缠，又花足了心思教他怎么照顾自己。

临走之前，韩母又反复地叮嘱他一个人在外边需要注意的事宜。最后，儿子即将满怀壮志地上路时，做母亲的终于忍不住对儿子说道："信儿啊，你长大了，以后需要开销的地方还有很多，你千万要节省着花费啊，不该花钱的地方千万不要花。记住了吗？"

"是了！"壮志满怀的韩信只简单地应了一声，便跪别母亲而去，他的心此时已飞得很远。

倒是细心的母亲依然清晰地记得，再过一个月就应该是儿子十五岁生日了。不过，她什么也不好再提了。

3/　三载游学

当下正是春意盎然的时节，下邳城可比淮阴城里热闹得多，但应该还比不上韩信小时候去过的彭城。只是，秦帝国高压统治的氛围一天天浓厚了起来。秦始皇专任狱吏、以刑杀为威，赋役、苛罚强于以往二十余倍，众人的脸上一片愁云惨雾。

少年韩信根本无心流连市井的喧腾，他一路打听，来到了城郊颇显僻静的先生家。

就在进门的那一刻，韩信还真有些抑制不住地激动，一脚没踩实，差点跌个狗啃泥。

先生家中非常简朴，但是又透出一种逼人的整肃之气，房间里除了讲学用的教具别无他物。

老先生六十余岁，须发皆白，却精神矍铄。乍看之下，和常人并无异样，可是当先生起身取东西时，韩信才注意到先生原来腿脚不便。

韩信根据过去听闻的那些奇人异事，判断先生也应该是一位传说中的高人。

"小子，你打何处而来？"中气十足的先生问初见的韩信。

"回先生，小子家在淮阴。"韩信彬彬有礼地躬身答道。

"淮阴？好！小子姓甚名谁？"

"回先生，我姓韩名信，字重言。"

"好名字，大丈夫就应该一诺千金，不过也要因人因时，灵活机变，不可一概而论！哦，小子，你说你姓什么？"

"回先生，我姓韩，战国群雄中的那个韩。"

先生顿时抿住嘴一笑，他没想到眼前这个看上去有些纤弱的后生颇有锋芒。"小子，你过来！到我身前来！"他唤韩信上前，然后对韩信上下打量一番。

韩信恭恭谨谨地走到了先生身边跪坐在地，双手放于膝盖，两个人中间隔着一条长长的矮桌案。先生看了韩信好一会儿，面色似拂过一阵春风，他一只手拍打着自己的膝盖，一只手轻轻捋过胡须，颔首不语。

起初韩信不好意思盯着先生看，他只注意到先生单薄的衣衫，感觉先生那举止从容的神态。

就这样，一老一少静坐良久，先生首先打破了沉默："小子，韩喜是你什么人？"

韩信听到"韩喜"两个字，先是一惊，过了好一会儿才反应过来，他只有老实交代："正是家父，先生您认得家父？"

"呵呵，何止认识，"说着先生便起身，晃晃悠悠跑出去吩咐家人备饭，转身回来后他已是上气不接下气，不过还没有忘记继续刚才的话题，"我和令尊那是军中的老交情了，呵呵……想当初我们两个在平日里都喜欢研习兵学，常常来往切磋。他是都尉，我腿脚不行就跟在军中管管钱粮、商讨商讨军机……哎，这仿佛还是昨日之事……"

韩信一听先生竟是父亲军中故人，情急之下便向先生打探起父亲的下落："先生，我刚才失礼了！敢问先生可知家父的下落？"

先生忍不住叹息道："王翦老儿奸猾之至，秦军六十万伐我，我军亦准备不足，焉有不败之理……秦军又历来神速，不容我军喘息……韩都尉怎忍偷生，于是力战而亡！唯我小老儿因腿脚不便，无法上前线，这才苟活至今……你父亲是咱楚国的英雄啊！"其实先生是被秦军俘虏后放归的，只是往事不堪回首。

两个人相对黯然许久，韩信原本内心隐约抱着的一线希望就这样破灭了，他第一次流下了伤心的泪水，他为自己能有这样一位战死沙场的父亲而感动。大丈夫死得其所，岂不快哉？

"信儿，"先生也开始这样称呼他，"莫要伤心，能够战死沙场那才是一个军人的荣光！等着吧，力不能屈人，势不可用尽，木强则折，物极必反，秦贼终会有遭报应的一天……"

"楚虽三户，亡秦必楚！"韩信攥紧了拳头，"我大楚纵横千里，物产富饶，英杰辈出，自当有否极泰来之日！"

先生用力地拍了一下少年韩信的后背，仰首大笑道："后生可畏啊，焉知来者之不如今也！"接着，他便把韩信引领到自家后房用饭。他实在没想到今日能够有幸得见故人后代，必须痛饮几杯。韩信也是大喜过望，一扫先前的丧父之痛，与老先生饮起酒来。

先生又问起韩信家里的详细情形，韩信一一作答。先生本不应该收取韩信学费，只是现在求学的后生实在太少，而他又要养活几口子人，所以就只收取一半的学费。

韩信说不上是感激还是亲切，那天他一反常态地跟先生聊了很多，而先生也愈加觉得这孩子是一块璞玉，假以时日必成大器。

最后，师生二人都喝得大醉。

韩信的同学的确没有几个，而且他们之中的很多人还要去往其他学馆修习纵横之学、儒学、道学、墨学等，尤其还要去县吏那里学习刑名法术之学，谁让那是整个秦王朝的统治思想呢。

韩信和几位同学就租住在先生家附近，虽然他由于好奇去其他学馆听过几天讲，可是他毕竟志不在此，并不用心，闲暇时宁愿四处游逛，或者冒险一探秦军的某个近处营地。可是在先生对他们仔细讲述名将吴起的生平事迹后，韩信才对王侯将相有了一种深深的向往之情，他觉得那才是一个大丈夫的毕生追求。

"吴起者，卫国人也，好用兵，"那一天的午后有些阴霾，而先生的兴致却很高，他一边漫不经心地翻着简册，一边对学生们用心地细述他崇拜的天才吴起，"其先师隐于卫国，熟谙孙子十三篇及太公兵法。吴子年二十，慕其名而从其学，六年乃成，遂拜别恩师下山，欲事鲁君……"

"先生，学生有一事不明，吴起之时鲁国国力如何？"一位学生突然发问。

"问得好！吴起之时鲁强亦弱，何谓强？鲁系周公嫡传，号称礼仪之邦、仁义之师，疆域尚辽阔，披甲数十万；然鲁政出多门，季氏专权，人心不齐，其势又可谓弱也。是故起愿倾力助鲁君以强鲁之业……小子，明白否？"

"学生明白！"

先生就又接着刚才的话讲了下去，"后齐人攻鲁，鲁君臣皆知起贤，欲立其为鲁军主将以拒齐军；然起妻乃齐女也，是以鲁人又皆疑起亲齐，不敢重用也。起既知鲁人之意，有难色，然成功之机亦难得，扬名诸侯，在此一举，故起杀妻以明己志……"

吴起竟亲手杀了自己的妻子，学生们听到这里大多感慨不已，成功真的需要付出很大的代价。韩信心中也猛地一颤：究竟何为"大丈夫"？先生先前也说过，大丈夫成事当不拘小节，但事实如此吗？

而先生却未有片刻迟疑："鲁国遂以起为主将，起终不负鲁君所望，大破齐军……然则福祸相倚，其时有嫌恶起为人者，遂言于鲁君曰：'吴起之为人，多疑而残暴。其年少时，家累千金，然游历多方终不遂人愿，终破其家！乡人笑之，吴起怒杀谤己者三十余人。临行之时，与母诀别，噬臂誓于母以明志：'起不为卿相，不复入卫。'而后至鲁地事曾子。居数载，其母死，而起竟不归葬母，岂不违人伦！曾子亦鄙之，乃与起绝……今者，吴起又杀其妻，岂偶然也？况鲁实为小国，而有战胜之名，他国疑惧，必群起而攻之。又鲁卫为盟国，而国君任用吴起，实逆卫国也。望国君三思……"

讲到这里，先生倏地坐起，台下无一人多言语。沉默了半晌的先生最后感叹道："君臣相得，琴瑟合鸣，可遇不可求也……"

说完，先生眼含热泪。

后来，先生稳定了一下情绪才得以继续刚才的话题：耳根子极软的鲁君，最后果真把吴起逐出了鲁国。

再接下去的故事走向大致为：吴起之后听说当时的魏文侯有贤名，想要去投奔。而魏文侯早就获悉吴起之名，于是便向他的臣下李悝询问吴起为人，李悝道："吴起贪婪好色，然用兵如神，虽前代名将司马穰苴不能过也。"好在魏文侯重才甚于重德，于是他便起用吴起为将，一战就击败了秦国，并夺取了秦国五座城池。吴起带兵也很得人心，能与士卒同衣食，卧不设席，行不骑乘，亲裹赢粮，与士卒分劳苦。士卒中有病疽者，吴起亲吮之，是以得士卒死力。

魏文侯非常赏识吴起之才，专令他驻守在形势险峻的黄河以西防备秦国、韩国，而吴起不负所望，更是为魏国训练出了一支威震敌国的精锐之师。后来，魏文侯去世，其子当政，吴起伺机向新君谏言："人君当不恃山河之固，重在修德以立身立国。"魏武侯深以为然。然而，此时吴起因为名高而再次受人谗害，不得已亡魏至楚。

楚悼王也非常欣赏吴起，吴起到楚国一年后被任命为令尹，接着楚国便在吴起的主持下开始变法图强，明法审令、裁撤冗官，还取消了一些远支公族的特权及其福利待遇，以慰军师。不久，楚国便初步实现了富国强兵的目标，于是南平百越，北并陈蔡，力挫三晋，西伐秦，一时间楚国成了诸侯国的眼中钉。可是好景不长，楚悼王死后，宗室大臣群起讨伐吴起，得罪过很多人的吴起因此被杀。

"起劝魏武侯立身立德，然纵观起行事，以刻暴少恩而亡其躯，可谓悲夫！然起在鲁则鲁胜，在魏则魏强，在楚则楚霸，出将入相，确为真英雄！为吾辈之楷模……"先生总结道。

虽然韩信以前就听闻过一些吴起的事迹，可是都不如今日震撼和激动人心，它仿佛北斗星一般为行者指明了前进的方向。

从这天起，韩信的人生目标更明确了，除了更加用心钻研兵法外，他还涉猎更多领域，丰富自己的才干。

只是，后来一场剧烈的政治风暴使韩信终止了这样的生活。

4/　惠赐龙渊

一天，先生又见韩信一个人闷在屋子里苦读兵书典籍，上前询问："信儿，多日来为师常见你埋首经典，嗜读不倦，讲堂之上也屡闻你惊人之语，想来你该志得意满才是，却何以不见你面露喜色呢？"

韩信一看是先生进来了，赶忙起身给先生让座，他听过先生的疑问，略一思忖便道："先生所言甚是，我辈少年自应多意气风发，狂歌啸傲，只是我天性愚钝，恐学有所怠，还望先生多指教。"

"呵呵，好谦虚的信儿！"先生盯着韩信好一会儿，忽又道，"为师近日也见你多读诸子百家之书，甚感欣慰！想为师参与兵事数十载，不过积累寸功，平生只知兵之为兵，而实不知有其他，及至垂垂暮年，偶获一点真知……这用兵之法嘛，更多还应在兵外。想那吴子，观其用兵之旨，究系外法内儒之士，呵呵……"

韩信被先生说得起了兴致："不敢瞒先生，我的苦处也在于兵书、经典之外！近年国内干戈渐息，我辈学兵事也多为纸上谈兵而已，尤苦纠于兵书、战典多有龃龉、矛盾之处，实不知从何谈论。更望先生指教！"

说完韩信便起身虔诚拱手，庄重得很。

只见先生面带春风，举止从容，他示意韩信坐下："信儿所言极是，为学自当以致用为本，尤我兵家之学，嘴上功夫再厉害，如胸中实无一策，或迷信前贤所论，亦终不免贻笑于世！所谓'尽信《书》则不如无《书》'……如《吴子》曰：'天下战国，五胜者祸，四胜者弊，三胜者霸，二胜者王，一胜者帝，是以数胜得天下者稀，以亡者众。'发动战争越少反而越于己有利，若果真如是，嗜杀残忍之秦人又何以独得天下？天下之理亦在乎时势……

"想吴子只是在这里告诫，好战必亡也！正如孙膑所说'乐兵者亡，而利胜者辱'，故曰死守经典为不可取……"

"《管子》也说'数战，则士疲；数胜，则君骄。骄君使疲民，则国危'……"韩信忍不住插了一句。

"对！能明白在用兵之中学习兵法，便是难得，好比那游水之技，必先慢慢亲身试过！信儿今日能不为经典所囿，已胜为师当年多矣，呵呵，莫要心急，天下万事终逃不过'用心'二字……"

先生一番话说得韩信豁然开朗，世间很多事都不能强求，心性躁急也是要不得的，"谨记先生教诲！"

时光飞逝，俯仰之间，三年的游学生活就要过去了。

在这期间，韩信逢年过节都要回家看望母亲，直到这个时候，他才感觉到母亲因为太过操劳而变得憔悴多了。离家在外才知亲情可贵，对于母亲的愧疚之感油然而生。

韩信快要十八岁了，的确是长大了，只是母亲还没到四十岁就已经完全衰老了，这令他这个做儿子的无比心痛。而且家里的生活也因为自己长年在外开销巨大而日渐窘迫，再加上朝廷的各种苛捐杂税——原本按照朝廷规定，男子年满十五岁就要开始服劳役了，只是韩信在外求学，只得花钱免役——家里的境遇就越发惨淡了。

韩信应该学着为母亲分担忧劳，可是他却怎么也舍不得先生，除了术业之外，他需要向先生学习的地方还有很多。他矛盾着，煎熬着，与先生相处的难忘岁月总是历历在目。先生还讲过很多军中逸事，以及英明神武的父亲，这些又怎能不让韩信心向往之……韩信有时感觉先生亲切得如同自己的父亲一样，他常常能够透过先生看到父亲的影子。

对于韩信的学业和对兵家精髓的透悟，先生非常满意。

有一次，先生出了个题目要考考大家：如若你是赵括，你当如何应付秦军。

"我以为赵军当凭险据守，勿主动出击。"一名同学站起来慷慨陈词道。

"赵军先发制人，实为不得已而为之，秦强赵弱，秦国又志在必得，赵军拖耗不起，故而赵括才急于打破僵持局面，以至误中武安君（指秦名将白起）诱敌之计。所以我觉得赵括当稳中求进，而渐收迫敌退兵之效。"另一名同学站起来说。

"我觉得只有山东六国联合抗秦才有出路，所以赵括当务之急当是固守待援。"

"落井下石，但求自保尚且来不及，危难之际，还有谁会援救赵军呢？我觉得赵军初始就当抱定必死决心，知死必勇，兴许可侥幸击退秦军。"

"我以为廉颇过于老成持重、用兵保守，赵括又过于年轻气盛、锋芒毕露，而此一切又都不是根本。根本在于当时赵孝成王急功近利、利令智昏，尤其临阵换将乃用兵之大忌；反观秦昭襄王，决战之机竟亲自统军断敌后援，这当是何等魄力。若我是赵括，我只得认命……"这名同学的高见令人耳目一新。

"窃以为，上党乃兵家必争之地，关系重大，赵国不费一兵一卒而能一朝获得上党十七座城池（上党地区原属韩国），实乃天赐良机。我认为上党郡守冯亭把祸水引向了赵国……当时天下大势，秦赵之间早晚必有一场生死较量，不如趁着韩国人仇秦之机挫一挫秦军的锐气，而且可以坐守上党以逸待劳，这当是赵孝成王的如意算盘。只是不料秦军神速，廉颇也太令赵王失望，且赵国又拖耗不起，因此才出下策换了轻锐的赵括为将。若我是赵括，当针对秦兵善于各兵种协同作战之优长，充分准备，不至于被秦军分割包围……"

大家就这样七嘴八舌地论辩起来，莫衷一是，果然个个是"赵括"，而一向不乏精辟之论的韩信却不发一语。

先生的目光牢牢锁定韩信，但韩信只是低着头，表情严霜一样峻冷，没想到先生却对他投去了赞许的目光。"知者不言，言者不知"，世上很多事情只能沉默以对。不能说，不可说，一说出来就是错，更遑论"纸上谈兵"。

还有一次，一位三十出头的客人来找先生，两人聊到兴头上，先生就把韩信也叫到了房里，想让客人帮忙鉴识一下自己的这名得意弟子。

韩信默默地跪立在一旁给先生和客人斟酒，客人用锐利的目光审视了韩信好一会儿，若有所思。先生提高声音唤回了客人的注意力，他才拱手向先生神秘一笑："呵呵……张某春秋尚浅，识不得此儿……呵呵……"

"呵呵，子房老弟，你我好友，何须多此一举！老弟是何许人物，别人不晓得，老夫可眼毒……直言无妨！"

"哪里哪里！张某虽略通些相人之术，实不敢造次，不敢妄言……"

"老弟今日可是谦虚得紧，但说无妨，老弟姑且言之，我等姑且听之，别扫了兴致……"

"今日可要难倒我张某了，也罢，我果是被此儿惊住了。"最后他方才敛起笑容，正色道，"此儿英气逼人，目力深沉，骨相清俊，修识内敛，他日若能得志，前途必定无可限量……"

语毕，大家沉默了半晌。

接着先生便得意地大笑着打破了沉默："子房老弟，不愧为神人也！英雄所见略同、略同啊……"先生一边说一边向客人拱手致意。

韩信这时候已经可以听出客人对于自己评价的分量了，他在心底感到一阵快慰，然而仍旧不动声色。

自然，对于客人的鼓励之情韩信备感骄傲，他怎么也不会忘掉客人那不凡的相貌。虽然这位来客纤细若妇人，脸上还略带病容，然而眉宇之间却充溢着一股英武之气，尤其举手投足都是那样淡定从容、潇洒豪迈，讲话也是绵密入理，不落空言，实为庸常流辈所不及。

直到多年以后，韩信才敢于把他同那个带着力士在博浪沙刺杀秦始皇的人联系起来，那是何等的智勇！那时韩信才得知对方原来也是先韩遗民，而且还是那无人不晓、五世相韩的张家之后。自此以后，韩信将这位英雄的名字——张良——铭记于心。更令韩信始料不及的是，十几年以后，自己和张良还会重新聚在一起，编辑校订天下流传下来的各家兵法。同时，他们和萧何一起，更成了汉高祖刘邦眼中的"兴汉三杰"。

只是现在，张良给先生带来了一个不幸的消息，张良走后，先生便再也没有过笑脸。

天一下就变了。

原来可恶至极的秦始皇就要在丞相李斯的建议下颁发禁断天下私学的诏令了，如此一来，先生一家就会断了生计。不仅如此，秦始皇为了进一步清明视听、掌控天下舆论，还要颁布焚毁天下除医药、农牧、卜筮之外藏书的诏令。

唉，这一来不是要了先生的命吗？

果真，没过多久禁学和焚书的诏令就相继颁布下来了。大秦法令严酷，少有人敢于铤而走险，毕竟会罪及家人。

先生难过了很久，怀着一腔悲愤把大家召集到了一起。老迈不堪、形容枯槁的他给学生们上了最后一堂课，他把自己平生的宝贝藏书都一股脑儿地堆到了案上，恨不得将平生所学都传授给学生们。但最终，他只是吃力地动了动嘴，再讲不出一句话……

最后，先生和大家一一道别。

先生的心情很复杂。

大家走后，韩信却没有走，他知道先生一定还有话要对他特别叮嘱。

果然，先生把自己的得意弟子最后一次叫到跟前："信儿啊，你是为师平生所遇到过的最聪明、最用心的学生。也许，这也是你父亲在天之灵在庇佑你。你是一个必成大器的孩子，成就当远在为师之上……"

"先生对于学生的恩情，学生没齿难忘！"

"只是有一点，你须改了才好……"

"望先生指教！"

"你平素心性高傲，不善结交，故事理未洞晓，人情欠练达，终归要折中些才好，为人也不妨中庸些。"

"学生定当铭记先生教诲！"

"混账狗皇帝，焚书就让他焚吧，烧光了一切，就该烧着他自个儿了……还好，兵家知识你已经基本掌握了，以后就看你的造化，看你如何施展自己的才智和抱负了，为师相信不久的将来你会有建功立业、济世安民的良机……你要将《孙子兵法》《吴子兵法》《司马法》《孙膑兵法》《尉缭子》《太公兵法》这六部最重要的兵书牢牢记在心里，要知道万变不离其宗……"

"嗯，学生谨记！"

先生又继续说道："为师已经老朽了，苟活到如今。信儿，我们师徒两个这一别说不定就是永诀，为师有一样礼物要送你。"

说着，先生就从身后取过一把三尺有余的长剑递给韩信，韩信恭敬地从先生手中接过剑，剑的外观并无特别之处，古朴典雅，但剑柄上用古体镌刻着醒目的"龙渊"二字。韩信早听人说起过"龙渊"宝剑，今日终于有幸得识。他忍不住一试锋芒，"唰——"，只听一声清脆的滑响，宝剑已经出鞘。韩信将沉甸甸的宝剑紧握在手里，剑身闪现着神秘光彩，更有一股寒气袭来。韩信惊叹道："传说龙渊剑有五色龙纹、七星斗象，今日始知所传不虚。"

"信儿，这龙渊宝剑本系你们韩地所产，为师这也算是物归原主了！宝剑当赠英雄，这也是为师对你的希望……天下之剑韩为众，一曰棠溪，二曰墨阳，三曰合伯，四曰邓师，五曰宛冯，六曰龙渊，七曰太阿，八曰莫邪，九曰干将①……此宝剑乃系铸剑大师欧冶子用精铁，花数年之功铸造而成，锋刃部选用了十分难得的阴铁，又

---

① 这是《史记》中的记载，《荀子》里面也记载了很多宝剑的名称，南朝陶弘景《古今刀剑录》也记录了很多历史上的名剑。龙渊剑即是龙泉剑，唐人因避高祖李渊讳，故而改作"龙泉"。

经过二十多道工序铸合而成，实属不易……

"当年为师还在军中做校尉之时，楚、赵、魏、韩、燕五国联军伐秦，当时联军统帅乃我大楚相国春申君。起初联军占上风，可是后来秦军倚仗有利地势，联军内部又难于协同一致，结果一朝失利……春申君命我部断后，也就是在此役，为师率部成功挡住强势的秦军，这条右腿也是在那场厮杀中被废掉的……

"唉，一晃都快三十年了，好汉不提当年勇。最后，春申君就赐了我这把宝剑以酬劳功……信儿，你要铭记：此剑万不可轻易出鞘，明白吗？万不可沾惹残忍嗜杀的习气。"

"谨遵先生教诲，学生自当以仁义为先！"韩信向先生磕头谢过。

"好，我死而无恨！"诀别之后，先生再无话可说。

后来韩信才明白，"龙渊剑"不过是传说罢了，哪能轻信？而自己手上的这把剑是后世高人根据传闻模仿铸造的，不过沿用其名以提高剑的身价而已，就像人们假托"黄帝"等人之名著书一样，但此剑确是一把当世稀有的宝剑。韩信为防止有人打宝剑的主意，就想办法把"龙渊"二字给磨掉了。

临别前夜，韩信寄居于先生家。他突然感到很不安，于是就悄悄起身想去看望一下先生。

夜已经很深了，可是先生的房间里仍然灯火通明，甚至比平时还要亮些。韩信走上前去，先生的房门牢牢地闭着，外人根本看不到屋内情形，只听到翻阅书简的声音，大约是先生在遵照诏令烧书之前还有些不舍吧，这大概就像一个武士要和自己的宝剑诀别一样。

已经是深秋了，韩信仰观满天的星斗和已经西沉的下弦月，突然感到一股透心的冰冷，心头涌起了对于未知、空茫幽冥的深深敬畏之情。他还记得先生曾经教授过他很多关于星相的知识，这比阴阳五行更为玄不可测。

算了吧，虽然有些不舍，可是大丈夫志在四方，只要将先生所授发扬光大，就是对先生的最大安慰和敬意了。再说，下邳城和淮阴城到底离得也不远，或许还可以时常来拜望一下先生。

这样想着，韩信重新回房睡觉了。

第二天清晨，韩信被一阵吵嚷声惊醒，敏锐的直觉告诉他一定是出什么事了，而且绝对不是好事。不一会儿，先生家的一个老妈子就进来叫韩信过去看先生，看着她焦灼的神情，韩信敢肯定是先生出事了！他的心"咯噔"一下，仿佛坠入了深渊。

房间里堆了一地的书册简牍，那都是先生的平生至爱，是他的命根子。而先生躺倒在地上，从他的脖颈处淌了一地的鲜血，手里还紧紧攥着利刃……

"六旬老翁何所求"，这是先生平时的喟叹之语，先生最后竟以一死来反抗。

多年师徒情同父子，韩信当即放声痛哭。

先生之子据说十几岁的时候就战死了，只有一个女儿早已嫁人。

韩信同几个打附近匆匆赶来的同学以及先生的亲朋故友一起简单地料理了后事。张良因多病多事而未能及时赶来吊唁，等到几天后他再来看望亡友时，韩信早已经离开了。本来张良是有心要与韩信这等出类拔萃的后生结交，只可惜两人未及深谈，所以彼此并无多少了解，机缘一失，就错过了近十年光阴。

韩信在先生的坟墓边跪守了一整天，他知道先生实在狠不下心去焚毁自己的藏书，既然先生下不去手，那就只有他韩信来代劳了，而且先生已经去到了另一个世界，他怎么能没有书读、没有书陪伴呢。于是韩信便把先生摆放好的藏书都用小车推来，准备在先生坟前付之一炬。其中有几册是韩信自己平常爱读的，也是父亲留给他的，都一块烧了吧，反正最终也留不住，况且他早已把这些书的精义都融到了自己的骨子里。

最后，韩信眼看熊熊烈火吞噬了所有书简，也烧尽了一个辉煌的时代，"百家争鸣"彻底成为绝唱。然而韩信并不觉得可惜，他坚信自己必将再创辉煌。

5/ 高地葬母

当韩信提着一个简单的包袱，腰间挎着宝剑回到淮阴的家中时，母亲却又不幸病倒了。

先是十指的骨头疼得钻心，接着便开始头脑发沉起不了身，韩信请了一位城里的医士来为母亲诊治。医士为母亲针灸过一番之后，母亲就又能够起来纺织了。

可是，不出月余，母亲又病倒了，这次医士调治多日也不见好转，韩信只能另请高明，但他到这个时候才发现家中已经没有多余的钱财了。可是为了让母亲能够好好地活下去，韩信不顾病中母亲的坚决反对，硬是变卖了家里仅存的几件值钱东西，匆匆跑到相县^①去延请"高明"。

然而，韩信此去正赶上相县的那位名医出诊，走得很远，需要十日左右才能归来，所以韩信只好心急如焚地在原地等。他忘记托人照料家中母亲，还好母亲尚能勉力支撑着身体起来生火做饭。也是在这个时候，韩信才渐渐有些悔悟，他平日里没有跟邻里之间搞好关系，只一心想着自己该如何出人头地，他太看不上普通人家的那种琐碎生活了。

半月之后，韩信终于等来了名医，将他请回了家中。

可是，母亲的状况比想象中糟糕得多，寒冷的天气也加重了病情。母亲的面容异常骇人，韩信不忍多看。他的眼里噙满热泪，将煮好的粥端来："娘，起来吃点东西吧。"

母亲勉强吃了几口之后就再也咽不下去了，医士又为母亲仔细检查了一番，开了几服汤药之后就辞别了。韩信追问母亲的情状，医士只是再三摇头，"药石无用……"

———————————

① 相县：今安徽省淮北市相山区，系当时泗水郡治所之地，韩信、刘邦都系泗水郡人。

韩信悲痛至极，"老先生，无论如何求您再想想办法吧……"

"人各有命，哪能强求，快陪着你娘再说会儿话吧！"说完，那医士就提着东西离开了。

母亲知道自己的身体情况，她最后将儿子叫到自己的病榻前，"信儿，莫哭！生死有命……你已经长大成人了，我可以含笑去见你九泉下的爹爹了……不过，娘到头来也没能看你娶妻，你的心气高……信儿啊，只要你有朝一日功成名就，吐气扬眉，重振咱家的声威，娘在九泉之下就安心了……"

韩信已经难得说不出话来了，他只能边忍住眼泪边点头应和着母亲，他其实是最听母亲话的。

"信儿啊，要永远记着你身上有咱们韩国王族的血脉……我们只是暂时落魄，但你决不能就此沉沦下去，懂吗？贵——族……"母亲几乎用尽全身气力来喊出这最后一个词，她为自己的信念付出了一切。

这天夜里，母亲离开了。

孤身一人的韩信扫视了一下徒有四壁的家，除了身上的"龙渊"宝剑外，已身无长物。韩信实在拿不出安葬母亲的费用了，他守着母亲的遗体静静地待了三天，才认命般出了门，径直来到十年前他和母亲为父亲所立的那座小小的坟墓前。

这是位于淮阴城西面的一座荒凉的土丘，母亲不愿意把父亲和那些粗鄙的楚国人葬在一起，而是选择了这里作为父亲的衣冠冢，里面放着父亲生前惯用的那把三尺青铜剑。每年春秋时节，他都会和母亲来祭拜父亲。

此时，这座小土丘在冬日衰草的覆盖下显得寒碜又窘迫，他环视了四围好久，思绪悠悠，终于做出了一个大胆的决定——不能把母亲葬在这里。母亲应该是最独特、最尊贵的，他也相信父母的在天之灵一定会理解他的。

于是韩信就向城南方向大步走去，他最后看中了距离淮阴城大约二十里地的一处高坡。

这座高坡四周地势开阔，风水极佳。当韩信久久伫立于这座高坡之上远眺四方时，一股巨大的兴奋与荣耀感油然而生。他禁不住遥想将来自己飞黄腾达、功居王侯的一天，到那个时候，他就可以下令在这座安葬母亲的高坡四周安置一万户人家来为母亲守灵……

这是一个少年的志向和追求。

第二天，仵作查验过母亲早已冰凉的尸首后，韩信雇了一辆破旧的牛车，用被子裹了尸首抬到车上。

这时候，邻居们都挤到街上围观，他们指指点点，议论不休。没几天，附近的人就开始风传韩信是如何不孝、如何荒唐，居然连棺材都不为老娘置办，还把老娘分葬到那么荒僻的地方。

可韩信是不会在意那些市井流言的，母亲已经教会了他拥有一颗坚强的心。

6/　从人寄食

两个多月过去了，又是一年春来到。

这期间，韩信隔三岔五便去看望母亲。他一生之中在父亲身边的日子加起来总共也没超过一年，因此和母亲感情极好。他还经常在梦里见到母亲，一如从前。不主家不知柴米贵，母亲去世后韩信才晓得生计的艰难，很多事情确实要亲历过才能体会。

韩信本来想要从军，秦始皇不仅对北边的匈奴开战，对南方的百越也是兵戎相见，男子汉不愁没有用武之地。可是韩信又听说秦军对非秦国籍的兵士排挤和欺压得厉害，很多时候就让他们白白送死，所以韩信暂时打消了从军的念头。此外，虽然韩信学识不少，可是由于家里太穷，按照当时的规定，贫苦人家出身的人是不得被推择为吏的，而且韩信向来为人孤傲，名声也不是太好。韩信不懂经商，也不甘心从商，因为那时候商人的社会地位最为低下，要被编入"市籍"，一旦朝廷征徭役，必先从市人开始。这是秦国自"商鞅变法"以来形成的固定国策。

韩信甚至还想过实在不行就去给人家当赘婿，可是赘婿也常常被大家鄙视，而且一样受到各种压迫，他当然也不情愿。的确，韩信已经是成人了，他应该仔细谋划一下自己的将来。他一个人没事的时候，还经常溜到大街上去瞧女人呢，他始终记得那次在下邳跟着几个同学初次逛妓院①的经历。其实，这对于一个男人来讲本没有什么，可是韩信觉得那里的姑娘实在难以入眼，就一个人偷偷地先溜了出来，事后竟惹得大家好一阵哄笑。打那以后，他就再也没有跟同学出去鬼混过。

　　所幸，韩信家巷子里住着一名妙龄少女，人长得白净，身材也苗条，小名叫丽娘。韩信虽然看不上那户人家，可他总是趁着丽娘到巷子口打水的空儿，自己也跟出去打水。丽娘看到英武的韩信，内心非常高兴，她总是喜欢让韩信帮自己把水桶从井里提上来，再和韩信随口聊上几句。

　　"韩信，听说你身上佩着的这把剑是一把宝剑，对吗？"丽娘指着韩信腰间那把寸步不离的龙渊剑说道。

　　"什么宝剑不宝剑的，是从前先生留赠给我的念想罢了。"韩信不愿意声张这件事。

　　"哦？我不信，你能拿给我看看吗？我听人说你爹从前是军中都尉，一定给你留下了什么好东西吧。哈哈……"

　　"哎，有什么好看的，你一个女儿家看这样的凶器多不吉利！我爹爹去世得早，如今亲娘也没了，哪还有什么宝贝东西啊。"那句"成个家也愁啊"韩信没好意思说出口，他怕丽娘以后不好意思再见自己。

　　"哼，你唬我，我才不信呢！不过听我哥哥说，宝剑是不能轻易出鞘的，那我就不为难你了！"

　　丽娘笑得好看极了，韩信真恨不得上去亲她几口。

　　转眼之间一年多的光景又抛在身后，韩信这时已经整整二十岁了。

---

① 那时的妓院应该是只卖艺不卖身的，据明文记载，一直到汉武帝时代才只有营妓（军妓）是例外的。名臣管仲在齐国首开娼妓制度的具体细节问题，一直都是个谜。

坐吃山空的韩信已经从每天两顿饭减为了一顿，可是断炊的局面依然难以避免。他平常还会到处去打些野味，或者钓鱼，可是这都得靠运气，运气差的时候，搞来的东西都不够他塞牙缝的。而且他这样一个人整天无所事事，大家都很不待见他，甚至讨厌他。

长此以往必要走上绝路，韩信不得不从长计议。这时候，他忽而想起在这世界上还有一个人可以去投靠——下乡南昌（一作新昌）亭长李仲。此人曾经被韩信父亲救过一命，其后李仲多次带着厚礼到韩信家中表达谢意，可是都被韩母好言拒绝了。韩信判断李仲一定不会对自己不闻不问。再说，侠义之士互相寄食也是一种社会风尚。

第二天，韩信收拾好简单的行李，直奔城北十几里外的李仲家。

亭长专管十里八乡的治安，身边还跟着一名专门负责调解民事的长老和一名专门帮着官府缉捕盗贼的差士。其实亭长连正经的官吏都算不上，俸禄也没有，只是免了家中劳役、赋税而已。

对于韩信的到来，李亭长表示热烈欢迎，可是亭长妻子一听韩信是到她家来寄食的，当下脸色就变了，而且李亭长有些惧内。敏感的韩信面红耳赤、坐立不安，但他毕竟已无处可去，只得硬下头皮由人白眼了。

韩信在李家吃了还不到二十天的白食，李家婆娘就已牢骚满腹，一向高傲的韩信哪里受过这种气，可是人在屋檐下，不得不低头。李亭长也拿妻子没办法，虽然身为亭长，乡亲们都对他服服帖帖，可是一回到家里，他却得看妻子的脸色。因为妻子很是能干，里里外外都是她一个人在操持，娘家兄弟也不是吃素的，远近就没有敢随意招惹的人。

就这样，一个秋天终于熬过去了，韩信先前还能帮着一些庄户人家搞农忙，顺便到人家家里去吃一顿，但是冬天的农闲时节可就不一样了。

"一个吃白食的，难道也得让我像伺候大爷一样对他吗？"韩信刚进李家的大门，就又听到了夫妻两个在吵。

"怎么说那也是恩人家的公子，没有韩都尉，我李仲早就没命了。救命之恩无以为报，算我求你还不行吗？"

"公子？这算哪家哪门的公子啊，我看不过是一个要饭的罢了。人家是救过你的命，可是他一个有手有脚的大小伙子，整天这么吃白食，说给街上的大伙都听听，这叫怎么一回事啊？"

"这信郎不是有自己的难处吗？再说他又不是天天在咱们家白吃白喝，人家将来是要做一番大事业的。你一个妇道人家，跟你说这些也不懂。"

"是，我一个妇道人家是不懂得你们这些成天满口干大事业的大男人！我只知道他有志气让他自己使去，咱们可别耽误了人家的前程！"

"嘿，我说不过你……"李仲被揭到短处了，这个家是妻子在撑着，她说话有底气。

话已到这个份儿上，韩信要是再不走，就真成一个无赖了。可是李家的那几个孩子又非缠着韩信教他们识字不可，这样他就不得不勉强再逗留几天。

不过，李家婆娘觉得自家世世代代就不认识什么"字"，不一样也过来了嘛，一个乡下孩子就是种田的命，识得什么鸟"字"？孩子们大了她也不好管，但她已拿定主意逼走韩信，所以她干脆也不和任何人打招呼，早早把饭做了，端到睡榻上让夫君和孩子们赶快吃了，也不给韩信留一份。等到韩信去厨房盛饭时，发现锅里空空如也，他心知其意，也不好声张，只得去哄着村里的几个小孩回家拿些干粮让自己充饥。

这样持续了好几天，李家上下也都不晓得此事，尽管韩信早晨起得一天比一天早，仍是迟了一步，锅里面还是空空如也，人家早就半夜起来把饭做好端进自个儿屋里去了。

还有什么好说的呢，人活着就该有志气。

最后，李亭长终于带着一脸无奈和愧疚送走了恩人的公子："信郎，这些日子照顾不周，你多体谅！倘若他日再有什么难处，你尽管言语，我一定尽量帮忙……"

"大哥，你什么都不用说了，小弟明白你的难处，咱们后会有期！"

韩信出于礼貌向李大哥道了一声"珍重"。

此时，韩信留在这乡村小道上的身影，真是异常孤独。

7/　胯下之辱

据韩信的母亲说，她和韩信的父亲婚后好几年也没能怀上孩子。可是，一个夏夜里她独自坐在天井旁乘凉，突然看见一颗明亮的星星竟向着自己的方向飞来。之后，她便怀上了韩信。

韩信的父亲总不以为然，认为妻子当时肯定是迷糊了。然而，当韩信长大成人之后，每念及此，他的心底都会涌起一种说不出来的奇怪的优越感——他就是被上天选中的人，要承担某项特别的使命。尽管如此，上天并没有给韩信其他光环。相反，自韩信赌气从李亭长家回到自己家后，吃饭问题就成了他要面临的头等大事。

韩信把家里面能换钱的东西基本上都卖了，如果再不想办法的话，那就只能把房子也给卖掉，到时候他就变成一个彻头彻尾的街头流浪汉了。

所幸，有一天他在翻检母亲遗物的时候意外发现了一包贵重首饰，之前母亲从未跟他提及此事，大约是细心的母亲早就想到儿子会有这么一天，生怕在生活方面毛毛躁躁的儿子为解一时之急把家底败精光而以防万一。这样韩信又可以再坚持一年半载了。

韩信平时就靠四处闲逛打发时光，有时出门一趟就得十天半月才能赶回家。韩信特别注意考察各处的山川地形以及河流湖泊的分布情况，晚上会注意观察天象，兵法上确实就有不少关于天象与气象之间联系的记述，可是总不那么确切，也过于神秘，因此韩信始终抱着一种将信将疑的态度。但他自己也得不出什么结论。

韩信平日里少有与人交流、沟通的机会，又缺乏为人处事的经验，但是现在的韩信已不是羸弱的书呆子。由于长年战乱，民风特别强悍，连张良都能提剑跨骑，就更别说韩信了，他生来尚武，练就了一副好身板儿，尤其身手特别矫健灵活。

有一次，韩信在一处幽深的山林中过夜，深夜时分居然遭到了几匹野狼的攻击。点着篝火的韩信当时并不慌张，他及时背靠大树，拔出宝剑，干脆麻利地挥剑，那几匹扑向他的野狼先后成了他的剑下亡魂。游学的时候，同学之间经常较量、切磋武艺，韩信向来看重后发制人，不出手则已，一出手必令对手无招架之力，所以了解韩信实力的人都非常敬畏他。

韩信平时为人也非常谨慎低调。秦朝律法严苛，如果得罪了什么人，稍有疏忽，立刻就会官司缠身，被官府定罪，然后被押往关中服苦役。须知那个时候除了死刑犯，其他罪责较轻的人，量刑时并不会细分轻重，只要朝廷不颁布特赦令，就几乎一律判无期徒刑，有些最终还会被草菅人命。除非是一些社会关系相当广的人，犯了罪有地方四处躲避，比如那些游侠。韩信性子孤僻得很，他做不来四处亡命的游侠，也不想这辈子就栽在自己的血气方刚上，他需要历练自己，需要等待机会。

尽管韩信不喜欢招惹是非，可麻烦还是找上门了。

有一次，韩信去淮阴市集闲逛，当他漫不经心地走过肉市时，不期被一个十八九岁体格精壮的小伙当街拦住去路。此人满身油污，韩信猜想他定是这些屠户人家的子弟。

韩信哪里有心搭理他，想绕过他继续走自己的路，可是那人伸直了双臂明摆着就是不想放韩信过去。于是一脸纳闷的韩信道："兄弟，我们无冤无仇，你拦我去路，是何缘故？"

"我就看不惯你那副德行，不行吗？"小伙口带挑衅地说道。

"敢问兄弟，我有何处做得不周？"

小伙以一种轻蔑的眼神上下打量了一下比自己高大许多的韩信，最后他的目光落在了韩信随身佩带的那把宝剑上："你这家伙长得人模狗样的，腰里别着把破剑，整天在街上晃过来晃过去，其实骨子里胆小如鼠吧……"

"兄弟你误会了，我家世代从军，佩剑乃家风而已。"

"狗屁！你不就一破落户嘛，还在那里摆谱。你家从前是贵族，我祖上还是大王呢，看你这副臭德行……"

这时候，俩人周围已渐渐聚集起一些围观的人，其中一位年长的人熟识这找碴儿的小伙："张小四，你小子行啊，说说为什么欺负人家这位公子哥？"

韩信平时少与人打交道，所以即使在小小的淮阴城里，也没几个人真正认识他，更别说那些上了年纪的，但韩信颇为讲究的打扮和气质一看就不同于流俗，因此这位年长者才称呼韩信为"公子哥"，料想他身家肯定不错。

"说白了我就是看不惯这小子平时老别一把破剑耷拉在腰里，在人眼前晃来晃去，有什么可神气的！今天我说这小子是因为胆子小，可是他还跟我这里摆谱……"张小四先向众人道，然后又转向韩信，"行！今天咱们就当着大家的面来证明一下，如果你小子不是一个懦夫，那你就刺我一剑；如果你小子没种怕死，那你想溜也没那么容易，直接从哥哥的裤裆底下钻过去！哈哈……"

韩信眼看张小四一脸无畏地直视着自己，心想：看来这一次触上大霉头了。此时，人群中的年轻人都跟着起哄，乱哄哄的。

对于韩信来说，刺别人一剑不过是小菜一碟，可他更清楚这一剑刺下去的后果。秦朝律法格外严酷，动辄便要判罪，就是针对山东民众好勇斗狠，常常触犯法律的行为作风。当时重典之下刑徒遍布天下，他们之中的很多人都遭到严重的肢体摧残。至于那些闹出人命的，就会直接被"弃市"①。

这样一想，韩信反倒有些佩服张小四的勇气了。他默然沉思了片刻，绝对不想步那些刑徒的后尘，但是今天张小四肯定不会轻易饶过他。

大丈夫能屈能伸，徒逞血气之勇毫无用处！

于是，韩信选择从张小四的胯下钻过去。当他站起身欲往家中走去时，身后爆发出了长长的哄笑声……

从此，每当韩信再上街时，少不了就会有人在他周围指指点点，

---

① 在闹市处决犯人的刑罚。

有的人甚至指着韩信教育自家的孩子："看！这就是那个没骨气的韩信，儿子啊，你长大了可千万不能学他，知道吗？"

然而韩信在苦闷过一阵之后就把这事儿抛在了脑后，任闲言碎语随风飘去。

8/　一饭之恩

韩信经常听先生私下跟他议论秦朝的国运长不了，因为主政者统治手段太过严苛，不懂怀柔、宽养之术，人心不服。以韩信自己的观察和直觉，他也断定天下必将有变，只不过早晚而已。"民不畏死，奈何以死惧之"，除非秦王朝的主政者能够及时改弦易辙。

这个信念直接影响到了韩信的生活，内里一身傲气的他只盼望关东早早大乱，再不受秦贼的窝囊气。已然二十出头的韩信只是在家坐吃山空，虽然他也不想整天无所事事，也盼望能尽早一展平生所学，改变自己卑微的命运，可是他到底能做些什么呢？只有整天长吁短叹罢了，他想，多少英杰人物皆如此！他倒是也想过，索性去给那些田主、农夫家当佣工，可是思之再三，他受不得那种窝囊气，再说很多农事他都不懂，也不想去懂。

这是一个盛夏时节，韩信又已断炊好几天了，他一个人坐在护城河边的树荫下钓鱼。

钓鱼是韩信唯一会的力所能及的营生了，有时候运气好点，能钓个七八斤拿到集市上卖掉，换几个半两的铜钱使。从前他还能四处打点野味，可是自从秦始皇下令收缴天下兵器以来，人们除了可以留作防身的短刀、剑，像弓箭等物都让官府给没收了。这样韩信就只有老老实实钓自己的鱼了。

然而鱼却不是那么好钓的。这一年天气特别闷热，所以鱼也跟人一样懒得吃东西，只是偶尔有小鱼苗来给韩信捣乱。收获甚微，饥肠辘辘的韩信真恨不得一头扎进护城河中了此一生。

离韩信钓鱼位置不远的地方，有一片区域专门供人洗衣服，那里有一群专门给大户人家漂洗衣服的妇人，她们已经连续好几天在那边忙碌了。

一群人有说有笑。到了中午吃饭的时辰，大家各自拿出自己带的饭，围拢在一起，开心地吃起来。而韩信在一边看得分明，但他只能一次次地吞咽口水。到了这步田地，韩信确实是山穷水尽了。

"那小伙子怎么整天来钓鱼，真是够清闲！""你以为谁都像咱们苦命啊……"她们有时候会议论几句。有一位眼明心细的大娘，她看远处钓鱼的韩信实在不对劲儿。许久之后，她趁着一个休息的空儿，凑到了满脸饥色的韩信身边，将自己多准备的一盒饭递给了他。

韩信大梦初醒一般，万分惊奇地看了那漂母一阵，接着他便本能地从她手中接过饭狼吞虎咽起来，哪里还顾得上感激人家。大娘一边劝韩信慢点吃，一边又给他递来了水，看韩信吃得满足的样子，大娘的嘴角溢出了一丝笑意。

"小伙子，你知道你今天吃的是什么饭吗？"大娘忍不住问一直埋头进食的韩信。

"嗯……"这一问倒把韩信给问得愣住了，由于吃得太急，加之神情恍惚，他竟然没有辨清自己刚才吃下去的到底是谷米、粟米还是其他，因为实在是饿极了，他觉得这是世界上最宝贵、最难得的东西。

韩信沉默了一会儿，长长地叹了一口气，起身给大娘深深地鞠了一躬："有朝一日，我必重报大娘您的再生之恩！"

不料大娘狠狠地瞪了一眼韩信，正言说道："大丈夫居然不能自食其力，我是实在可怜你这王孙，才把饭端来让你吃的，难道还希图你的报答吗？"

韩信不由得羞愧地低下了头，这曾经是一颗怎样高傲的头颅啊，而今却满是悲凉。

此后的一个月，只要不是大雨瓢泼的日子，韩信都会在河边等着大娘，看她推着一车厚重衣物来河边浣洗，当然大娘也会多备一份饭食给望眼欲穿的韩信。

"信郎,这样长久下去也不是办法啊,"她已经知道了韩信的名字,"眼看这些衣物马上就要洗完了,我家上有老,下有小,也不能带你回家。你自己有什么打算吗?"

韩信闷声不语。

"眼下倒有一桩营生是现成的,就是不知道你受不受得这委屈。"大娘试探地问道。

"是何营生?大娘,我会好好考虑的。"韩信急切地问道。

"就是投充商贾之家给人押货,满天下跑,我一个娘家侄子就是干这营生的。虽然整天风吹日晒的,可是衣食不愁,还不用担待什么,不像我们这些庄户人家,还整天愁个旱啊涝啊,虫啊病啊的。再说现在地面也安生,都是跑官道……"

"哦……"原来是这么回事,韩信之前也没少盘算过。

"信郎,你若是同意,我就跟我那侄子打个招呼,把你也介绍到他们商帮里去!大娘瞧你身手不错,指定成的,他们现在正缺人手呢。你看怎么样?"

家计如今每况愈下,眼下的韩信还有得选吗?好死不如赖活着,只要活着就有机会。

虽说韩信从前一直担心入了市籍就有被征劳役之忧,可是今时不同往日,看现在满天下披罪的刑徒,哪里还有用得着他的地方啊。始皇帝的确是轻民力,可他总得让老百姓活命。商人的社会地位是低,可是他们毕竟有钱啊!现在的韩信已经不似先前那般患得患失、优柔寡断了。大丈夫生平固然要建功立业、沙场扬名,可是唯有勇敢去闯才有机会,哪怕是弯路、绝路,也当在所不惜。

昔日秦国的相国吕不韦不也是起于商贾吗?古往今来真不知有多少英杰人物起于负贩生涯。

大娘先去忙活了,她让韩信好好想一想。

韩信虽然还支着自己的钓鱼竿,可是他的心思早就神游于万里之外了……这时,万分纠结的他突然想到 —— 满天下跑不正是一个极大的便利吗?不正可借机饱览天下的风物水土、地理形势吗?

想到这里，韩信的精神久违地振奋起来。

当大娘黄昏时分再来探听韩信的决定时，他的回答非常干脆：
"好！我愿意去！"

第二章

从商奇遇

1/ 初识知己

战国时期，山东诸国的商业相当发达，其中以齐、赵两国为最，所谓"天下熙熙，皆为利来；天下攘攘，皆为利往"，商人的政治地位也都比较高，在一个功利化的社会中，金钱总能左右一切。

可是自秦王朝统一天下之后就不同了，"重农抑商"的政策推行后，商人的地位一落千丈，而且秦王朝还多次大规模征发市籍之人去戍边。自秦国"商鞅变法"以来，出于大规模扩张战争储备军需物资的需要，特别强调主抓粮食生产。对于只负责搞流通、不事生产的商人阶层则采取盘剥、打压手段，务必使全社会都鄙弃做一名富而不贵的商人。不过，一个社会绝对不能缺少商人，"重农抑商"只不过是为了严格控制商人阶层的规模和数量，重在养成整个社会的朴拙和本分风气罢了。

从广陵（今扬州）来的这个商帮规模不大也不小，有百来号人①，主要把南方出产的诸如楠木、梓木、姜、桂、金、锡、丹砂、犀角、玳瑁、珠玑贩运到北方，然后再把北方的马、牛、羊、旃裘、筋角、旄、玉石贩运到南方，再从中取利。

他们在淮阴需要收购一些物品，因此耽搁了下来。借着这个间隙，韩信被大娘的侄子引领到了一处客栈，里面正好有一个上了年纪的管事留守在那里。

"年轻人，听说你身手不错，可以比画两下给老夫瞧瞧吗？"管事的那位老者问韩信。

"可以。"

几人来到了宽敞的院子里，韩信小心地将宝剑搁置在一旁，另外找了一截木棍生龙活虎地挥舞了起来，他首先使出了一套比较花

---

① 专门负责管护财货、人身安全的镖局，有人认为是自明代以后才出现的。

哨的"剑法"。这套剑法源于他父亲留下来的一本剑谱，经过改造和推演，招式并不适用于实战，而是韩信平素自娱自乐，练起来解闷儿玩的。

不过，两个旁观者显然是外行，他们只见韩信上腾下跃、左击右刺、来回翻飞，一气呵成，二人叹为观止。老者忍不住喝彩道："好，好啊！真精妙的剑法……"

既然主家的人赞扬说好，那就多演示几招让他们过过眼瘾吧，兴许会受到重用也未可知。于是，韩信就又耍宝似的多表演了两套招式。

他正耍得酣畅淋漓时，从外面走进来两个人，韩信还没细瞧，仅凭着眼睛的余光注意到这两个人都是练家子打扮。这下他耍得更起劲了，呼呼生风，好久都没有这么畅快了。

"好！好！好！"这时，只听刚进院子的其中一人也禁不住高声喝彩道。

"假把式一个，有什么啊！"另一人反而不屑地接口，他也注意到韩信虽生得高大健壮，却年轻白净，"唬唬你们这些外行还可以，想唬我，没门！"

"哦，是吗？你不服？那你就过去和人家比试一下，如何？"

"比就比，谁怕谁！"

"行，咱们可说好了，如果你输了，今天就别吃饭！"

"不吃就不吃，反正一顿不吃也饿不死人！"说着，这人就叫停了韩信的表演，只见他随手抄起一根细长结实的木棍，就要上前来跟韩信比试。

"小弟花法武艺，仅博大家一笑，不敢不敢！"韩信才出家门，哪敢随便招惹是非，抱拳推辞。他已经有些后悔刚才的冒失，看来是锋芒过露了。

见韩信推辞，那人却更加来劲了，他问明了韩信的来意，于是慨然说道："小子，你今天只要打赢我，从此就是我广陵商帮的一员了，否则，门儿都别想！"

"呵呵，没事，你们就比吧！赢了今天就让你多吃两碗饭，再加酒肉……"唯恐天下不乱的那位鼓励韩信道。

韩信扫了那人一眼，只见他面目英俊、身姿利落，遂顿生好感，而且此人在商帮里说话应该很有分量。

再看眼前跟他叫板的这位，应该比韩信大不了几岁，个头虽然矮小些，但却生得黑黝粗壮，虽不知身手如何，料想必是孔武有力。不过，韩信心里并无惧意，对于自己能否战胜对手，他总有一种说不出来的敏锐直觉。

凭那壮汉的口气和装扮，可知此人应该也是商帮里的一名重要人物，看来自己今天非得硬着头皮先过他这一关了。韩信略整了整衣装，比试开始了。

起初，壮汉奋击直取，韩信只有招架之力，很快韩信就发现了对方的破绽。几个回合下来，技高一筹的韩信已三次击中了壮汉的手臂。

"好！很好！"围观的也更有精神了，而另一位竟还激动得拍起手来。

这一来已近恼羞成怒的壮汉更不愿服输了。

"承让，承让！小弟得罪……"不能再比下去了，韩信向后缩了几步就想退出。

壮汉气喘吁吁，可兴头不减："好小子，咱们这才刚开始，你就老实接招吧！"

"这位大哥，小弟刚才使的这几招就是以快制人，一般来说是很难看清具体招式的！刚才为了避免危险，小弟才不得已击中大哥的胳膊……现在，如果大哥执意要继续的话，恐怕……"话没说完，韩信又觉得自己失言了。

壮汉才不听他啰唆，但也能听出韩信明显有故意谦让的意思。只听他大喊一声："少废话，让你来就来！"

壮汉想要突然袭击韩信以求出奇制胜，韩信接招后先是装作朝对方纵深进击，壮汉则不得不向前抵挡，韩信即又改用脚去踢他，壮汉又穷于招架，韩信乘其不备，疾如闪电般击中壮汉的脑袋……

就在壮汉倒下的那一刻，大家惊呆了，惊讶于韩信精湛的武功。

还好韩信下手并不重，壮汉很快就站起身来，只是额头上已经起了个大包。虽然他还有些站不稳，但嘴里仍嘟囔道："不行，刚才的不算！你小子使诈！"

"刚才多有得罪，确是小弟侥幸……"韩信忙上前赔不是。

"算了，吴大，你根本不是这位兄弟的对手！"另一位发话了，这场比试看来要结束了。

可是，此时已窘极的吴大哪里肯听。

"我说住手，没听见吗？别在这里丢人现眼了……"自己的目的已经达到，那位分明已有些不耐烦。

没想到这两句呵斥的话还真管用，壮汉丢下韩信退到了一边。

挑拨者连忙走近韩信，一脸喜悦道："呵呵，好！从今天起，你就是咱广陵商帮的一员了，很高兴你的到来啊……齐伯，他就是昨天你跟我说起的那个要来投奔咱们的韩信兄弟吧？"

管事的老者点了点头。接着，齐伯便提醒韩信："小子，这位就是咱们当家的，还不谢谢她收留你。"

韩信只是发觉那人像自己似的，个头并不矮，生得白净，看起来像是商帮的人。韩信之前并没有细瞅那人的面相，他向来不大注意陌生人的长相，只凭感觉来判断一个人，除非是慢慢熟识起来。

韩信仍旧处于惶恐中，也没来得及仔细分辨对方说话的声调，此刻心下更是慌乱，于是他赶紧向前给"当家的"鞠了一躬："大哥好！"

"哈哈哈……"那人当即突兀地大笑起来，而且声音也有些不同，这回听着竟感觉像个女人。

其他在场的人也都跟着好一阵哄笑，韩信诧异之余，又忍不住好奇地多打量了那"当家的"几眼，原来这人竟是个女流之辈！虽然她的外表装扮得像个男人，平素也尽量装作一副男声，但很多细微处还是出卖了她的身份。

"失礼了，失礼了！"韩信尴尬地说道。

"哈哈，好兄弟啊！失什么礼啊，不必那么客气……我巴不得做个男人呢！别人都叫我'当家的'，我看以后你就叫我'大哥'

吧，我今天听你这样叫我，心里特别舒服、亲切！呵呵……"她的笑声非常爽朗，让人听着就慢慢放松了下来。

"使不得，这万万使不得……"韩信忙不迭地拱手。

"我看就这样定了吧！"

"别动！"

当家的注意到了韩信那柄被搁置一旁的宝剑，刚要伸手去拿，就被急切的韩信给叫住了："您别动，那是小弟的随身之物，随身之物……没什么好看的！"

"随身之物？不能看？"这一来她越发好奇了，"行了，好兄弟，就让大哥看上一眼吧，这肯定是一把好剑！"

"真的，真的没什么好看的，就是小弟家传的一把古剑而已！"韩信自然不会轻易说出剑的由来，他紧紧把剑握在了自己手里。

"拿来我看看，如果下次要是弄丢了的话，大哥也好帮你找回来，呵呵……"

说着她就上前抓住了剑身，韩信也不好再执意拒绝。

"哇！真是一把好剑，怪不得老弟你拿它当宝贝似的！"当她轻轻拔出剑后，那清冷锐利的寒光一下子就把她给震慑住了。她把宝剑高举在手中，剑刃的寒意令在远处注视的吴大也浑身发毛。

"宝剑就当配英雄，可惜我不是英雄啊！"听她说完这句话，韩信越发觉得她亲切。只见她快步跑出一丈远，身手居然也很轻捷矫健，看来她有意要试试剑了。面对如此利器，很难有人能够忍住不比画两下。

果然，她把剑鞘甩给了韩信，当空挥舞起了宝剑。看她那迅疾如风、挥洒自如的样子，韩信发自内心地佩服这名女中豪杰。

2/ 艰危之路

当韩信在加入商帮的契约书上按下手印时，他的心情有些复杂，缓缓深吸一口气……

毕竟，谁都不会情愿降格为一个下等人，但人穷志短，韩信只能暂时委曲求全。

他对当家的这样一个女流之辈居然出来抛头露面感到奇怪，而且她的年龄看似比自己大不了几岁。她家没有其他人吗？她有丈夫吗？他人呢？韩信一面疑惑着，一面脑海中又不断浮现出她开怀大笑的亲切样子，只可惜她长年日晒风吹，肤色还是差了一些，真不知道她着红装又会是什么模样。男女相处的感觉总是很微妙、特别，不过做好自己应该做的事情才是最要紧的。就这样，韩信跟随商帮的队伍第一次上路了，终点就是自己朝思暮想、魂牵梦萦的关中。

虽然只有一百来号人，可是车马却有四五十辆，前前后后大约排出了一里地，这广陵商帮也算有些实力。

除了少数几个负责骑马探路、前后联络、监管照应的人，其余人一律步行，或在前面牵马，或在后面押车。当家的有时候也骑马，但还是坐在车上的时候多，看样子骑马的吴大是当家的心腹，吴大人虽粗悍，可当家的说什么他都绝对服从，这其中的关系也有些微妙。

韩信平素路倒是走得不少，可那时候一个人多自由，想走就走想停就停，并不觉得有多累。而这一次，每天都要走上四五个时辰的路，且一走就是十数日，除非碰上中途需要添办、转手货物，才可以暂时休息一两天。韩信的脚底板早已磨出很多血泡，同行的人有经验，告诉他如何处理伤口，他这才慢慢觉得不那么疼了，可是走起路来总是一瘸一拐，不经意间就会掉队。

按照商帮的规矩，像韩信这种新手没资格乘马坐车，总得过脚力这一关。

"韩信，我说你小子能不能快点，怎么总磨蹭，跟个娘儿们似的！"骑马的吴大又来催促韩信，自从上次被击倒后他就没怎么给过韩信好脸色，韩信只得默默忍受着。

"吴哥，韩信兄弟初来乍到，哪像咱们这般老胳膊老腿。"替韩信说话的人叫侯通，约三十岁，正是那位漂母大娘的侄子，他有心维护韩信。

"呵呵，侯老弟，人家可随身带着宝贝呢！哪像咱们穷得只剩这条贱命，也没有啥宝贝得时时搁在身上牢牢看着，生怕别人眼红给他偷了去……"

侯通这人直率，一听到吴大这话，便仔细打量了一下韩信，原来他小子是舍不得放下身上那把剑啊，那"宝贝"总有几斤重吧。

"重言，"侯通大哥和韩信已经处得比较熟了，因此直呼他的字，"给我，我给你放到车上去！"说着，他就要上来解韩信身上的宝剑。

韩信哪肯啊，坚决不让人家解，最后侯通无法，只得叹了一句："得！那你就受着吧。"

"好小子，我看你这把剑能佩到什么时候！"吴大撂下这话后，就催动马儿跑前边去了。

吴大跑到前面，忍不住把韩信不肯解剑的事当作笑话说给当家的听，"哈哈，我也过去瞧瞧……"说着当家的就打马朝韩信奔去。

"兄弟！把你的剑给我吧！"她已经到了他跟前，骑在马上的她显得干练极了。

韩信没搭理她，继续低着头向前疾步走着。

她又打马追上，"前面有很多紧要的关卡，你这剑太刺眼，还是让我来替你保管着吧！"

他转身抬头看了看她，有些犹豫起来。

"丢了，大哥我把命赔给你！"

他又扭过头盯着她看了一会儿，她向他微微一笑。于是韩信便解下剑来递给她，待她接过去之后，她却解下自己的佩剑扔给韩信：

44

"兄弟，接着！"

说完，当家的打马向前面跑去。韩信随手拔出那剑看了一下，立刻紧走几步把剑搁置在货车上。

韩信看着官道，有的地段绿树成荫，有的地段却因为加宽加固树苗都还没有长起来，走在烈日底下，难免热得不行。好在已入秋，早晚都很凉爽。

不过，最麻烦的还不是每到过夜的地方要解开牲口喂它们，第二天再将它们套上车，而是常常走不了多远，就少不得会有河流挡在前面。于是只能先把货物卸下来都装到渡船上，再将牲口和大车分别装运上船；过了河之后，再套上牲口，将货物重新搬到车上……

这样反反复复折腾了十几次，韩信就有些不耐烦了。不过，他也体验到了普通人为了维持生计有多么艰难，再加上各种势力的盘剥、压迫，老百姓的生存难上加难。

韩信因为脚伤，动作不免有些迟缓，少不得要人帮忙。吴大又过来对着他叫嚷了几次，还威胁说要扣工钱，可是韩信根本无心回应，他只好无趣地走开了。不过，更让韩信触目惊心的还是路边三三两两蓬头垢面、肢体残缺的囚徒。商队愈往西去，就愈是难免和流配的囚徒挤作一处。韩信一面暗自庆幸自己没有落到那步悲惨的境地，一面又少不得担心有些监押犯人的军士或者囚徒不老实，再哄抢了他们的货物，那就不好收拾了。

好在大秦律法较为严苛，人们尚不敢在光天化日之下如此造次。

每过一个重要关卡，商队少不得要缴纳一定的税。每次遇到较高级别官员的仪仗时，整个商队都得停下来跪在路旁，目送这位"大人"的离开。对于韩信这样一身傲骨的人来说，这才是最让他难以忍受的。

当家的有几次想凑过来跟韩信搭话，可是影子一样的吴大紧随其后，弄得她也不知道说什么好，只得朝韩信微笑然后又转身离去。

韩信对此很纳闷，他觉得女人的心似海深。但他也坚信当家的身上肯定有什么过人之处，即使算不上仗义豪侠，也该是敢作敢为、勇于任事的人。可是不久之后发生的事，却向他泼了一盆冷水。

他是一个过于敏感的人，有时就难免会自伤。

3/　　慨然入关

　　有一次，好几天都秋雨连绵，商队无法上路，只能闲待在驿站里。韩信发现商队里的具体事务都是齐伯在帮忙打理，当家的不过从旁拿大主意而已。韩信难得有钱，便买了好酒好菜请齐伯一起享用，齐伯看韩信这孩子不俗就依从了他。两个人喝到兴头上，好奇的韩信趁机打听起了当家的事儿，齐伯也没有什么可避讳的，就随口说了。原来当家的竟是个寡妇，结婚没几天丈夫就死了，但当家的丈夫早先病了很久了，也不知为什么她还是嫁了，齐伯并不知道这其中的原委……当家的公公还有两个儿子，他们只管地方上的生意，却放心让一个女人家跑东跑西、南来北往地闯，当家的居然也心甘情愿。当家的待人接物比较周全，也够精明细致，所以办事倒也说得过去。
　　"老夫之前也纳闷，倒是听闻她娘家好像之前闹过一阵乱子，大概都与此事有关联吧……呵呵，我说你这年轻后生，还是少打听为妙！"齐伯最后才想起了这茬儿。
　　"兴许咱们当家的就是喜欢跑江湖呢，我看她可没个女人样。呵呵。"韩信偏还不依不饶。
　　"你这小子！你以为跑江湖好玩？搞不好会丢了性命！"齐伯有些生气。
　　"那是，而且一个妇道人家，整天扎在咱们这帮男人堆里，多少也不太方便。"韩信嘴上是这样说，可是心里却未必这样想，他料想当家的定是有什么难言之隐，"兴许当家的有什么难言的苦衷，别看她平常一副什么都不在乎的样子……"
　　"嗯，有道理……"说着说着，齐伯就扯远了，"本来，我还想着这世道能长久太平，可是咋想咋觉得这天下又像要出事的样子，天下混为一家，到底是福是祸呢……"

"先贤有言'祸兮福之所倚，福兮祸之所伏'，这世间之事大概都是这个道理吧……"韩信感慨道。

齐伯越说越忧心忡忡："老夫从前当了二十年兵，几次从死人堆里捡回这条老命，要说现在丢了也不可惜。唉，只是可惜了你们这些个后生……"

"齐伯，死生有命，富贵在天！天下有变，男儿死不足惜，只看是为何而死吧。"韩信忍不住说道。

"行！小子，看样子你是读过几年书的？"

"一点点罢了，后来父母都死了，亲朋故旧也靠不上，我这不就投靠咱们商帮了。"

"哦，那怪可惜的……以后你就跟着我学学管账吧，这样好歹还能有点出息！"

二人又随便闲扯了半天，齐伯可没有足够的眼力能把胸怀大志的韩信看穿，他只是一片好心罢了。而此时的韩信已懂得该怎样掩饰心底的傲气应付别人了。

没过几天，闹出了一件不大不小的麻烦事，倒霉的正是侯通大哥。

可能当家的看侯大哥为人实诚、稳重，就交代他去集市采买东西。可是不知怎么回事，侯大哥竟被几个市井中的泼皮无赖盯上了。据侯大哥说，那几个人大概看他是南方人就想讹诈他，侯大哥起初没有理睬，结果这几个家伙居然偷偷栽赃陷害。

侯大哥被人拿住送了官，官府传一个商帮管事的人过去问话。本来无论如何都应该当家的亲自出马，可是她竟跟个没事儿人一样指派齐伯去了。虽说齐伯是商帮的老人，可她也忒不把此事放在心上了，韩信对她很失望。

各地郡县做主官的大多都是秦国行伍出身，累积军功才有幸坐到如今这个位置。他们打心底里瞧不起这些商人，尤其是原山东六国的商人。这些官员口口声声说着"无奸不商""商贾都是贱种"，怀着一种仇富心态，羡慕、嫉妒最后都化作一股莫名的猜疑和憎恨。

齐伯替侯大哥讲了半天好话也没用，他只好去贿赂了管事的吏员，好歹保住了侯大哥一条命，也没遭发配和拘禁，但最终仍然受了皮肉之苦——盗窃罪名成立，被硬生生斩去了一根手指！

十指连心啊！当侯大哥被人扶回来的时候，身子虚得站都站不住。左手被厚厚的白布裹住，脸色惨白，让人看了好不难受。韩信眼前不由得浮现出路上遇到的那些遭受肉刑的囚犯，开始担忧起自己的未来。

这一次，当家的倒是听到风声后马上就赶了过来。韩信不搭理她，当家的几次想说什么又都咽了回去，最后当着韩信的面把一袋子钱搁在了侯大哥的榻边，叮嘱了韩信一声"你给他买些药和吃的吧"，然后就苦着脸出去了。

事后，韩信仔细想想，其实当家的又有什么办法呢，她若出面过问的话，事情说不定反而更糟糕。总之，当家的是一个再平常不过的女人而已，她没什么过错。

几天以后，一行人终于要踏上关中的土地了。这是一片让很多人既爱又恨、既敬又畏的地方，不过别人恨、畏多一些，而韩信却爱、敬更多一点。

远远地，韩信就瞥见了巍峨雄壮的天下第一关——函谷关，他的心底顿时涌起一阵抑制不住的激动。对于一个饱读兵书战策的人而言，能有幸看到那些兵家必争之地的关山险隘，就像是饥渴的人突然喝到水吃到粮食一样眼里放光。

这是进入关中的必经关口之一，它与南面的武关共同构成了防卫关中的两大枢纽，借此秦人进可攻、退可守，且虎踞之势对于山东诸国来说也是一种威慑。

秦国果然是名副其实的形胜之地，占尽了天下地利，函谷关一带是其龙脉。身临此地，怎能不生出指点江山的豪情。

此时，整个函谷关连同周围的山脉被环锁在薄薄的青烟之中，隔着四五里地就可以看见关上数丈高的旌旗，关下一派人头攒动的繁忙景象。商队里渐渐肃静，那几个原本骑马的人也下马了，这时天上恰好有乌鸦掠过，队伍里的气氛更显压抑了。

而韩信一扫先前的激昂，胸膛里狂跳着的心也慢慢安静下来。他上前取剑悬在腰间，还特意整理了一番衣襟，仿佛要去参加一场隆重的仪式似的。

"有朝一日，我一定要把它踩在脚下！"

"韩老弟，你说什么？"

"我说，咱们终于来到皇帝脚下了，也该轮到咱们过一回雄视天下的瘾了。"

"过瘾？过什么瘾？你小子整天都琢磨些什么啊？唉……"

"嘿嘿，"满肚子豪情壮志难以言表的韩信苦笑一声，低声道，"只可向知者道，难为庸人言也。"

4/　秦始皇陵

到关中已有十余日，韩信在闲暇之际把举世无双的咸阳城逛得也差不多了，内心除了震撼之外，就是慨叹和神往了。

不到帝都咸阳，还真不能深刻体会什么叫"富贵"和"显达"，此时此刻，韩信才倍觉贫贱的可悲、自身的可怜可叹。

他还专门慕名前往那位先前的楚国小吏、如今已是大秦王朝位高权重的人物之一——左丞相李斯的家，据说李大丞相的出行仪仗，排场之豪华连秦始皇看了都觉得过分，招摇过市可见一斑。韩信就在富丽堂皇、奢比天宫的李家府邸四周转悠了老半天才怅然离去，此时的他更深切体会到只有成功才是最重要的，才是压倒一切的硬道理。

一日，韩信刚吃过早饭，突然当家的进来拉起他就要往外走，还好大家多半都出去办事了，韩信无须过多拘谨。他们投宿的地方不在内城，所以几步路开外就是一处荒僻的所在，而在树林间正有一个小孩看住两匹马等在那里。

"上马，兄弟！大哥带你去个好玩的地方！"她的脸上挂满了笑。

"当家的，我久未骑马，恐有些生疏！"他一时犹豫着不敢上。

"呸！又叫'当家的'，我是你'大哥'，明白吗？哈哈……还男子汉呢，真没出息！"

被她拿话一激，韩信身子一弓立即跳上了一匹约有一人高的大马，然后把头一昂："大哥，咱们走！"

"哈哈，兄弟，那咱们走！"两人骑马飞奔而去。

当时还没有马镫，所以骑马很累很麻烦，再加上韩信确实多年没有骑马了，一开始骑得并不稳。那马一颠簸，他竟狼狈地趴伏在了马背上，"大哥"自然乐得前仰后合。不过韩信天生就对马匹有特殊的驾驭力，不多会儿，马背上的青年就变得雄赳赳气昂昂了。

"兄弟啊，我早就看你不凡了！"她在马上喊着。

"哦？是吗？何以见得？不会只是因为那把剑吧……"韩信在马上喊着，强劲的秋风就在他们耳边呼啸。

"哈哈！这个你不用管，剑算是吧，但也不全是……我当家不行，看人可准！"

"哦？是吗？大哥可不能糊弄小弟。"

"告诉兄弟，我家从前开了几十年的客栈，南来北往的人形形色色，我啥人没见识过，我相信兄弟你不会只吃这一碗可怜的商饭的。哈哈。"

"大哥，休要取笑兄弟，"韩信嘴上这样说，心里受用着，"我一个破落户，还谈什么出息……"

"大丈夫富贵之时，自当一鸣惊人，兄弟莫急……"

跑了好一阵儿，二人放慢了速度，这一路很欢畅，于是下马准备歇息一会儿。

此时风已经小多了，两个人把马缰绳拴在一处由它们去吃草，然后各自躺倒在一片草地上，惬意地欣赏起茫远无际的苍天。

韩信仍有一种异样的感觉，虽然他口口声声地叫"大哥"，可是他又怎么会忘记身边的这位是一介女流呢。不一会儿，她把身子凑近韩信，两眼直盯住他。

当他侧过脸来一下子碰到她的目光时，她赶紧转身正躺，还闭上眼睛装作睡着的样子。此情此景令韩信很不习惯，当他特别注意到她的胸脯起伏时，竟一下子窘迫起来。

"该死！该死！"这简直就是在冒犯"大哥"，韩信在心里不断暗骂自己。

又起风了，"大哥"忽然猛地坐了起来，"兄弟，你听！这是什么声音？"

韩信立马也坐了起来，他侧耳向着风吹来的方向认真倾听起来，"好像是一群人在干活的声音……"他判断道。

"我琢磨着也是，咱们可能是来到始皇帝的陵墓了，我听咸阳百姓都在议论此事呢。"

"不会吧，皇陵距咸阳城起码该有百里之遥，咱们才出门没几个时辰啊，难道这马是千里名驹？"

"看天色咱们是跑了不少路，其实这马也跟人一样，关键是要懂它的人来驾驭它，那样它才能跑得欢……"她的话显然别有所指，韩信心弦不禁为之一动。

韩信很早前也听人说起过这事。从这位始皇帝即位或亲政之日起，他就开始不惜代价地操办自己死后的事情，尤其在他一扫六合之后，他的内心无限地膨胀。

"怎么样，兄弟？有没有胆量跟大哥去看看？"她开始怂恿他。

"有何不敢，但还是要小心为是！此系重地，非同儿戏啊……"

"哈哈，好，那咱们就走！"

两个人又骑马奔驰了好一会儿，然后来到一处高坡下，把马在石头上拴好，接着两个人就小心翼翼地向山坡上爬去。

"呀！呀！"眼前的一幕令二人惊呆了，甚至觉得有些不可思议。两个人就那么趴在一块大石头后边，向着工地那边仔细瞧去。

巨大的劳动现场望都望不到头，到处都是一群群晃动的人影和举着黑旗①来回巡逻的士兵，还有简易的帐篷和工棚，形态各异的器械——在那座已然成形的巨大的封土堆四围，足足得有几十万

---

① 秦始皇服膺阴阳五行理论，认为秦是水德，所以尚黑。

人在喊着共同的号子，那震撼人心的声音如闷雷般汇聚起来，绝不亚于千军万马在冲锋……

韩信一时看得呆了，"大哥"在一旁重重地摇晃了他一下——原来正有一队秦兵向他们这边赶过来，而且还押着很多大车，愈来愈近了，大车上拉的东西也看得更加分明。最后，"大哥"和韩信竟不约而同地喊道："死人！"

"这就对了，怪不得我闻这里有股臭味呢，原来四处都埋着一车车的死人，"这时候她竟激动起来，"狗娘养的！"

"是啊，为了自己的陵寝而令万人丧命，轻人命至此……"韩信喃喃自语道，"等着吧，血债早晚要血偿！"

"唉！我若是个男儿就好了……"当家的竟有些黯然，这令韩信多少有些疑惑。

两个人不敢耽搁太久，就悄无声息地回去了。

5/　　指点迷津

黄昏将至，吴大早就等在那里了，不及韩信下来便愤愤然上前要牵回那匹马。韩信一跃而下，吴大只是耷拉着脸，也没再理会他，这反倒让韩信吃惊不已。

当家的这时候尽量装出一副不以为意的模样，她拴好了马后，就忙自己的事情去了。

接下来的几天里有不少正经事，莫名变得紧张了起来。当家的客室中一天里进进出出的人不下百十号，这其中大多还是陌生面孔。

韩信已从齐伯那里打听到，原来近几年来一向紧俏的皮革今年价格比之去年又翻了将近一倍，而黑市（多指个体商）的价格却涨得不多。秦地的皮革生意一向由大商家乌氏垄断，如果不从他家进货，就很难搞到足量的货，搞不到货的话就是白跑一遭；但成本若是太高，势必会受到黑市的冲击和影响，到头来还是白忙一场。因此，这让会集关中的各商帮都非常犯难。

"这事确实让人头疼，难怪当家的这几天都没个笑脸……"韩信嘟囔道，想着自己也应帮着尽些绵薄之力才好。

又过了几天，各商帮的头脑都会聚到广陵商帮，共谋应对之策。韩信也应邀参加会议，跪立在"大哥"一旁。

"实在逼急了老子，老子还真就不做这桩买卖了，让他娘的乌家自己雇万八千个货郎，去各地挑着零卖好了，哈哈。"一个大胡子半是调侃半是发泄地说道。

大家忍不住跟着他笑了一阵，另一个人认真说道："我们不做这桩买卖，黑市上一样有人会做！再说如果我们不做，朝廷的课税还不是一样照交，我们辛辛苦苦才跑一趟关中，难道只是为了来喝西北风？为今之计，还是想个辙让乌家把价格降下来，大家再推举出几位能言善辩者去跟乌家交涉一番才好。"

"没有用！人家不吃你这一套，诸位之中还有谁比陈公更合适？不一样被他们拒之门外！"那人说着就将手指向身旁一位庄重的长者，此人就是陈公。

"说来说去，乌家摆明了吃定我们，和他们讲理没用的，干脆……我们还是请朝廷给我们做主吧。"又一人说道。

"哼！朝廷？这乌家的后台就是朝廷，不然他这么横？老兄你不会连这个也不晓得吧？"

"晓得是晓得，可也不能明摆着让他欺负……"

"别说那些没用的，他就是欺负了咱们，把你欺负死，你又能拿他怎么样？最近这些年，他们就是在一步步地把咱们逼上绝路啊……呵，想当年，咱们山东商人威风的时候，他们乌家还不晓得在哪儿呢，真是三十年河东、三十年河西！"

"他们的手段也忒卑劣了，怎么能跟咱们那会儿相提并论？"

"翻这些老皇历还有什么用，过去的事都过去了！"

…………

"唉！眼看着这天一天天冷了……"

说着说着，大家便又陷入了最初的沉默，仍是没有结果。当家的和齐伯也都心急火燎，但无奈之下也一筹莫展，他们连话都懒得说一句，相互对视后就各自低下头去。

过了好一会儿，大家还是想不出妥善的对策，正准备散会明天再议。

当家的突然如梦初醒一般，转身看了一下后面的韩信，她觉得自己好像已经得到了答案。

此时已经有人站起身来想要离开，齐伯从身后推了她一下，当家的仿佛受了刺激一般，立马振作起了精神！她赶紧回身用她那特有的"男人腔"不紧不慢地对大家高声道："请诸位再耽搁一下，我的这位兄弟还有些话要跟大家说。"她坚定地指向韩信，但内心还是有些犹豫和惶恐。她觉得自己有些冒失。

听到这话，沮丧至极的大家只好再拿出一刻钟的时间，索性死马当活马医了。

好一会儿韩信才反应过来，当家的好像在叫自己。当家的表情有些凝重："这位是我的兄弟，他有话要跟大家说！"

"啊，是这样的……"他本来还没有准备好，尚怀疑自己的想法是否成熟，但此刻只能硬着头皮上了。

"兄弟靠前来！"当家的半是指示半是命令道。

"小弟先请问诸位，"韩信不再迟疑，身子向前移了几尺便道，"往年皮革价格何故一涨再涨？"

"始皇帝征发天下十二万户豪强入居关中，应该多是这些富贵人家买皮革做御冬的衣物了。"一人认真地答道。

"正是！那么小弟再请问诸位，当今这天底下有谁会不晓得皮革价格一涨再涨有利可图呢？"

"那自然是那些不穿皮革、不用皮革且赤身露体的蛮夷了，哈哈！"言下之意，就是此事已尽人皆知。

"是了，那么既然皮革生意有利可图，乃尽人皆知之事，那么又有谁不会争相做这有利之事呢？"

"哦，看来这位兄弟话中有话，兄弟不妨明言，为我等指点迷津。"说话的正是刚才那位被人提及的陈公。

于是韩信也未多礼，便直言其事："凡物有利，众人必趋之！方今天下几十万户充实北方边塞①，他们哪个不闻皮革之利？是故在下料定今年的皮革一定丰产，而且供应量定当空前……然则天下豪强人家入关已数年，该置办的皮革诸物已经不似往年那般抢手，需求量必当空前减少！是故小弟料定今年皮革一定有余，尤在关中地区……"

"那兄弟有没有进行进一步的访察呢？看看关中今年的需求？"陈公问道。

"小弟多日前已外出做过观察，虽然没能 —— 探访，但眼见应不是个例……我商圣陶朱公（即范蠡）有云：'论其有余不足，则知贵贱。贵上极则反贱，贱下极则反贵。'……故而小弟判定：不须几日，皮货还会源源不断涌入咸阳，届时即使乌家偏是不降价售与咱们，咱们仍不愁从小户手中廉价购得，各家起码将得所需之量的大半……"

"那如果乌家勾结朝廷，不让这些小户将货卖与咱们，那又将如何是好？"陈公表示担心。

"方今朝廷大兴土木，营建阿房巨宫，花费从何而来？利一乌家而损天下万家，孰重孰轻？朝廷难道不知道这天底下有多少人家的生计都已押到这皮革生意上……再者，若朝廷果真被乌家说动，咱们到时偏不就范，无非就是大家鱼死网破！而他乌家既在皮革生意上押足了老本，但最终无利可图，又怎好向朝廷交代？"

"朝廷不会来逼迫咱们高价强购乌家的皮货吧，如今这世道……"有人表示担心。

"我看不会，朝廷在大事上不会马虎的！"陈公认为这个朝廷只是残暴了一点，但不能算坏。

"兵法有云：合于利而动，不合于利而止……诸位可自行决断！"韩信说罢，众人一致向他投来嘉许的目光，先后异口同声表示感谢和夸赞："好兄弟，好见识！"

---

① 指秦始皇命大将蒙恬率30万大军北拒匈奴后，为巩固战果，在修筑长城之外，又加征了几十万户中原百姓实边。

大家最终欢欣而去，这时齐伯也忍不住靠过来，重重拍了几下韩信的肩膀，连一向看他不顺眼的吴大也对他展露了笑脸。看来读过书和没读过书就是不一样。

"大哥"欣慰之余得意很："哈哈哈，好兄弟！我的好兄弟！果然没让我失望……"

6/   变身红装

事情果然像韩信所预料的那样，各商帮没过几天就满意地从散户手中收购到了自己所需的皮革，无奈的乌家只好听之任之。但令大家没有想到的是，乌家毕竟家大业大，根本无须作降价处理，所以干脆把手上的皮货都囤积起来，等来年形势有利时再行抛售。只怕到时又将是另一番光景了，不知究竟谁能笑到最后。

就在广陵商帮即将返程之际，意外从天而降。一队二十多人的秦兵说话间就包围了商帮所在的驿站，接着一名百将领着一个小吏和几个士兵闯进来大声嚷道："搜查刺客。"

此时空气仿佛凝固了一般，尽管百将嘴上说不会连累无辜，可是大秦法网严密，苛刻的执法者也常常连坐，百姓是否触犯法网常常只在执法者一念之间，何况秦人执法者还歧视非秦籍百姓。

听到命令后，大家都放下行李包裹跟车马诸物，乖乖地站到了院子一角。韩信和当家的交换了一下眼神，就把最近常佩在身上的那把剑也一起解了下来，然后耷拉着头站到大伙中间。

秦兵里里外外查看了一番，并无异常，接着就开始翻箱倒柜大肆搜检商帮的细软。齐伯拿了在郡里开具的文书给百将看，可是人家根本不予理会，这一回事态严重，即使郡里的太守大人亲来也未必给面子。

翻着翻着，那把由当家的替韩信保管的宝剑还是被翻了出来。

"这里谁主事？"百将看过宝剑之后恶狠狠地说道。

当家的立即上前两步道："回大人，是小的！"

"抬起头来，"那百将盯着她细瞧了一番，"这把剑是谁的？"

当家的略微犹豫了一下，便直指不远处的韩信："回大人，是这位小工的！"

此言一出，正有些无所适从的韩信立即惊出一身冷汗。百将快速走到了韩信跟前，细细打量了他一番，厉声道："身怀利器，必有图谋！把这小子给我拿下，带走！"

"身怀利器，必有图谋"这类说辞绝不可能出自一个粗鲁的下级军官之口，显然是上面有意要借这种"莫须有"的罪名将嫌犯们一网打尽，宁可错杀一千，绝不放过一个。

百将语毕，一个小武卒就赶紧拿了根粗大的绳子上前把韩信绑了要将他带走。韩信知道此去即使不死也得丢半条命，他忍不住回头冷冷地看了当家的一眼，他没想到这个女人竟如此无情无义！

韩信没有反抗，他心知这是徒劳的。他被抓走后，大伙谁都没敢吱声，秦兵"虎狼之师"的威名总能令人不寒而栗。

不过，秦兵刚出门，当家的马上就让吴大等人把一个箱子提进了自己先前的房间。不一会儿，只见她身穿一身鲜丽的红装，步履匆匆出门而去，吴大抱着一个惹眼的小柜子紧跟在后面。

当家的和吴大最后到了咸阳城中一位官员的府邸，门房通报之后，二人就被邀请入内。府邸内还是一如既往的气派和威严，他们自然不是头一次登门了。官员已经在花厅就座，看当家的一进门，他便起身微笑道："春儿，你可有日子没登老夫的门了吧，十个月？一年？老夫都糊涂了……"

"大人乃千金之躯，小人一介黔首，岂敢上门轻易叨扰大人呢！"她还有些气喘，但已经跪伏在地。

"这孩子！又跟我见外，"他上前虚扶了一下，"可千万再别叫我大人，羞杀老夫！老夫当年那副落魄状，春儿你可是耳闻目睹的。还是叫我叔父吧，亲切！再说令尊对我有再生之恩，老夫岂能忘本？今日想必是又遇上什么棘手的事情了吧……"

"叔父圣明，叔父大人在上，小侄女再拜！"她还是毕恭毕敬。

官员微笑着默然不语，但他心里很高兴故人对他礼敬有加，这大大满足了他的虚荣心。当家的把刚才发生的事情都跟"叔父大人"说了，叔父沉吟道："一句'身怀利器，必有图谋'焉能服人？老夫亲自出马，廷尉府自当从轻发落……春儿你尽可放心！"

"敢问叔父大人，那他会不会受牢狱之苦呢？恕小侄女冒昧，叔父能否想办法尽快将人救出来，小侄女怕他遭遇不测。"

"呵呵，一个小工贤侄女竟如此上心……此事关系重大，必然牵累众多，朝廷自当对重大疑犯严加讯问。不过依我看来，这位小工嫌疑不大，料想还轮不到他被讯问……"

当家的躬身谢过，又道："侄女还有个不情之请，烦劳叔父大人费心……"

她的意思就是想请叔父大人把韩信的宝剑一并赎回，接着便转身从面有难色的吴大手中取过那个漂亮的小柜子，里面是价值二百金①的黄金珠宝，不是一笔小数目。

看着当家的呈送上的东西，这名颇为贪心的大人内心一阵激动。他捋着胡须道："难得贤侄女有情有义，这个忙我自当尽力相助。呵呵……"

当家的磕头谢过。就在她准备告辞之际，叔父大人突然关心地问道："秋儿的赎金可曾准备妥当，今年可是到了关节了？"

"不劳叔父大人费心，一切均已准备妥帖！谢叔父大人还记挂着妹妹，我代她向您老人家行礼了！"

"好！起来吧！那你们就回吧，再有什么事尽管来找叔父，能帮得上忙的我一定尽力……这里也是你们的家……"

听到这话，当家的便放心地回去了。

一路上吴大牢骚个没完，他觉得花那么多钱赎回韩信那把"破剑"实在太不值得，再买一把不就行了。可是木已成舟又有什么办法呢。

---

① 秦时以一镒为一金，一镒为二十两或二十四两；汉时则以一斤金子为一金。但此金多为黄铜之类，不一定就是黄金。

7/　身陷囹圄

韩信被人抓进了一处关押着百来号人的集体牢房，看这情形也没什么值得拷问的，恐怕会被直接处死。不过这里面积很大，同样的大牢房应该有好几十个，而且防守非常严密，四下岗哨林立，到处血迹斑斑，让人透不过气。

这下韩信的心反倒安定下来了，他料想自己暂时还不会有性命之虞，朝廷有的是让他服劳役的活，大兴土木可是好大喜功的始皇帝的一贯作风。他上回就听说始皇帝居然嫌弃咸阳城地域狭小、宫苑局促，所以又开始筹划起包括阿房巨宫在内的一系列浩大的工程。

而今，朝廷肯定是在设法解决过于紧张的人力、财力、物力等问题，倒霉的当然还是老百姓。同监的很多人也都心知肚明，大家正在七嘴八舌地小声议论、埋怨着。

只是韩信心底还隐藏着一股莫大的怨气无以消解，他怎么也不能原谅当家的竟那么轻易地出卖自己！女人就是不能和男人相提并论，她们生性善变，不能轻易相信。那么自己的母亲呢？母亲不是女人，她是来到这个世界养育、教导自己的神……

韩信一个人盘腿坐在地上，两只手平放在膝盖上，就那样静静地躲在一个阴暗的角落里，满眼失神地面对着黝黑斑驳的墙壁。第一餐牢饭他没心情吃，第一夜他也没有睡着觉。

到了第三天，韩信听说他们这批人可能要被押赴北边修"直道"。"直道"是当时一项重大的国防工程，北起边陲的九原，南至关中的云阳，绵延上千里。

秦始皇三十二年的时候，皇帝巡狩北疆，颇有感想。回到咸阳后，他先前派出的为自己到海中求仙的燕地人卢生也回来了。卢生之前的几拨人马大多都在海上失踪，因为根本就没有所谓的仙山。但卢生为了交差，便向皇帝行编造之能事，除了尽言鬼神之迹外，还向皇帝呈上了一份特殊的礼物——一份据说从仙岛带回的"录图书"。此书写着"亡秦者胡也"的字样，引起了既敏感又迷信的皇帝的高度重视。不久，秦始皇就派将军蒙恬领兵三十万北击胡人，掠取黄河之南的土地，以保障关中腹地的安全。

因此，自打"亡秦者胡也"的谶言进入始皇帝的心里后，这位五迷三道的皇帝就没一天安生过。

此外，韩信还听到传闻说为防止囚徒中途逃逸，要在他们这批人的脸上刺字，这下韩信的心里更加不安和怨恨。

最担心的事情终于要发生了。第四天一大早，一名廷尉署的官员向他们传达谕旨，刺字一事，按律当是如此。韩信不知所措：这该如何是好，一个贵族怎么可以被打上如此鲜明而耻辱的印记呢？

韩信想要反抗，但是他不敢轻易跟牢里其他人商量，况且他戴着镣铐。当初他刚被戴上镣铐的那一瞬间，真恨不得杀了当家的，他觉得自己这辈子都完了，竟然会以如此可悲的方式终结！可是冷静下来后他知道自己不该恨她，埋怨别人有什么意义，现在的他只怨自己时运不济，悔不该来处处是陷阱的关中。

可是思来想去，命在一切就都在，谁能说江湖草莽成不了真正的英雄呢？以后的事谁说得清，什么贵族不贵族的……也只得认命了。韩信仍然坚信很快就会迎来自己时来运转的一天，到时候他一定要让天下人都晓得他韩信的厉害！此时肉体上受点屈辱又怕什么……

突然，狱卒喊到了韩信的名字，韩信见大家一个个鸦雀无声，知道自己不可能逃得出去，没有胜算的险不能冒，况且没到生死关头，也没必要冒断头之险。

韩信横下一条心，还是忍了吧。然而他怎么也没想到，自己被一个狱吏带离了牢房。

此时，韩信的心底禁不住浮起了一丝希望。终于，奇迹出现了，还没容韩信反应过来，他手上的镣铐就已被人快速打开了。

"你被侍御史辛大人保释了，现在你可以走了。"狱吏面无表情地说道。韩信的头脑中一片空白，他一时无法反应"侍御史辛大人"是谁。

不过韩信还有些迟疑 —— 宝剑还没有取回。他想跟狱吏打听宝剑的下落，可他还是忍住了，他坚信宝剑最终一定会回到自己身边。

当腿脚还有些不太稳当的韩信走出监牢厚重大门的那一刻，他抬眼就看见了早已等在那里的当家的和吴大。

韩信的眼角湿润，他什么都明白过来了。韩信走上前，深深地鞠了一躬："大哥，受小弟一拜！"一切阴郁就这样云散烟消了。

吴大从身后取过那把宝剑，笑着骂道："给你！以后若再丢了，休想让咱们当家的那么辛苦给你弄回来……"

韩信接过自己的宝剑久久摩挲着，除了感动之外，他的眼睛里也透露出杀气，他已经恨透了那个牵累无辜、草菅人命的朝廷。回去的路上，当家的对他说这次回去之后就再也不来关中了，而且只要韩信愿意，他可以到酒馆或者驿站当伙计，账房先生也行。

"如果兄弟觉得委屈的话，要不当掌柜的也行，咱们还在一处，怎么样？"

韩信虚应着，他有点笑不出来。经历了短暂的牢狱之灾后，他心底更按捺不住了，他盘算着这次回去之后一定要有所作为，机会可以由自己创造。

不过，知恩图报的韩信还是向当家的询问了那位他一直铭记在心的"侍御史辛大人"。

原来这位辛大人也是楚国人，因为才干出众，最后就由县里提拔到朝廷任职，以后更因左丞相李斯大人的关照而步步高升。他其实也是一介贫寒之士，若不是当年当家的开客栈的父亲赏他一口饭吃，还送了上路的盘缠，恐怕就没有今日的辛大人了。看来，这扶危济困是当家的一家子的传统。

"兄弟，你也行的，大哥我就盼望着这一天！"

"嗯，只要我利器在手，就不会让自己身上的热血白流……"

这一次韩信没有含蓄。

8/   飞来横祸

商帮一行人已经远离了关中，韩信心里非常清楚，假如有朝一日他有幸再踏上这片土地，一定会以截然不同的身份出现。

怡人的秋天就要过去了，北风呼啸，寒意袭人，这个冬天韩信要在三晋大地上度过了，这里是他出生的地方，有一些东西确实值得他好好探询。

在韩信出生前约一百七十年，东周的周威烈王封原晋国韩、赵、魏三家为诸侯。这一事件被后人称作春秋、战国的分界，从此中国便进入了争霸之世。二十七年后，韩、赵、魏三国又废掉了晋静公，并将晋国土地全部瓜分，因此韩、赵、魏三国又被称为"三晋"。又一百五十多年后，三晋终被秦国并吞，从而开创今天这副局面。

追溯历史才能警醒当下，没有哪家的王权会永世相传。

商帮还需要到附近的山里置办一些药材，所以少不得要露宿山林一段时间。当家的和齐伯等人不方便去，本来当家的怕韩信再遇上什么危险，不让他去，可是韩信义无反顾非要走这一遭。

一行人夜晚点着篝火在幽寂的山林中宿营，实在冷得受不了的时候，韩信就到处捡拾干柴来添旺篝火，有时会望着篝火或者明亮的夜空发呆。夜是冷寂的，但他会因为寒夜中的一颗颗孤星感到无比宽慰，他知道那就是宿命。韩信默诵起了当年的兵书："十战而六胜，以星也。十战而七胜，以日者也。十战而八胜，以月者也。十战而九胜，月有盈者也。十战而十胜，将善而生过者也……"这是《孙膑兵法》的内容，探讨了用兵与星象的关系，但是过于神秘，他不敢尽信。蓦然仰首，一颗闪亮的流星划过东方的天际。韩信的心头为之一震，这不是好兆头。

一群人终于踏上归途，这时候当家的因为有急事，带着吴大和韩信两人先行一步。一路上，当家的情绪非常激动，热情地规划着自己的未来："兄弟，我告诉你，我要开一家大大的驿站，一定要比先前那家还要大，还要气派，就开在广陵的官道旁，那里过往行人多，生意肯定好。当然，还愿意跟着我混的兄弟都尽管来，绝不亏待了你们……"

"当家的，老爷子要是看你一个丫头家都比他有本事，还不得气得从坑里爬出来，再好好活他一回……"吴大倒先接了口。

"去你的！老爷子得高兴，这叫含笑九泉……"当家的又转向韩信，"兄弟，你说是这个理儿不？"

"是！大哥说什么那就是什么，这叫'青出于蓝而胜于蓝'，嘿嘿。"韩信也学会调侃了。

"转什么文，上次你在大伙跟前转的那几句咱到现在还在心里琢磨着呢，你这学问，忒大咧……"吴大倒是真心佩服韩信了。

"哈哈哈……"当家的更开心了，转身又对韩信说，"放心吧，以后咱们都是一家人了……"她其实想说要给韩信娶个好媳妇，但还是忍住了，她想给他一个惊喜。

三个人就这样一路谈笑着，旅程也变得没那么漫长了。

笑过之余，韩信总想认真地打听一下关于当家的那些事情，这已经不仅仅是好奇。可是韩信又不知道打哪儿说起，不好意思开口，只听当家的和吴大聊天的内容，才知道她于三年前才无奈嫁入经营广陵商帮的屈家。

有一次，韩信终于有机会和当家的独处时，终于鼓起勇气问了一些她的私事，而当家的却略带神秘地说以后一定都会告诉他。同样韩信也不多谈自己，他觉得没什么好谈的。他们就这样只是边谈笑边欣赏沿途的风物，没几天就踏上了东郡①的土地，他们没有再走原路，而是精心选择了一条回家的捷径。

那一天，他们投宿在一家热闹的客栈里，从来来往往的人们嘴里得知，前些日子附近掉下了一块巨大的陨石，尤为稀奇的是这块陨石上还有一些图纹，十分醒目。

---

① 郡名。秦置，汉因之。约当今河南省东北部和山东省西部部分地区。东汉以后，废置无常。

起初韩信没有在意这件事，可是当家的好奇心大，她知道很多人都含糊其词，不敢向她吐露实情。于是她悄悄买通了客栈的一个小伙计，方才问明，原来陨石上明明白白地刻着六个字——始皇死而地分。

当家的马上把这件事偷偷跟韩信说了，没想到他反应激烈，脸色一下就阴沉起来，非常惶恐。韩信心头萌生了不祥的预感："这不是好兆头！我们得赶快离开这个是非之地……"他太了解迷信神道之事的秦始皇了，皇帝老儿为防有人会拿此事蛊惑人心，一定不会善罢甘休的。

"嗯，明天一早我们就上路。"

"不，不行，我们得赶紧走，要不现在就走！以免突遭不测……"韩信表现得很不安。

"今晚就走？不行！别说咱们人得休息，马也累了一天了，夜里还那么冷，不累死也得冻死！"

"不行！大哥，你这次得听我的，'兵之情主速'，我们就是要争取时间，懂吗？"眼看韩信说得义正词严，当家的有些动摇了。

说着韩信就将她往门外拉，吴大这时候从外面进来了。于是当家的就把这事又和吴大商量了一番，吴大当然不同意韩信的意见，还说他"大惊小怪"。

韩信犟不过二人，最后意见折中——天一亮马上就走。

还不到二更，只听暗夜里传来了吵吵嚷嚷的人声。等到韩信明白过来时，刀已经冷冰冰地架到了他的脖子上。

客栈里的人统统被一大队秦兵驱赶到大路上，这时候已经可见四周满是星星点点的火光，那是一座座被点燃的房屋。韩信有点后悔事先并未四处查看一番。

韩信的剑又被一个秦兵给没收了，他知道这一次肯定没人会来救自己了。他要看准反抗的时机，反正这里曾是母亲的故乡，他相信母亲的在天之灵一定会保佑他。

客栈的几百号人最后被秦兵一同向西押去，没走多远，客栈也被点着了，队伍里突然冒出了店老板一家的哭叫声……

就这样走了大约一个时辰，他们被押进了一座死寂的山谷中。这时天还没有亮，韩信分明感受到了一股强烈的杀气。秦兵见人就抓，肯定作了周密部署。

韩信先是和当家的使了使眼色，接着是吴大。秦兵的实力不能小觑，他们的武力足以轻松镇压这帮手无寸铁的百姓，再说还配备着弓弩，三个人想要顺利逃走胜算不大。

这时候，韩信心潮起伏，他考虑在关键时刻是否要拉当家的一起走。想来想去，他终于下定决心——要死就死在一起！谁叫他天生受不得一点别人的恩惠呢。

最后一大帮人停在了狭窄的山谷里，凭借火把的光亮，韩信注意到此处地形险峻适合杀人埋尸，看来秦兵要对他们这些人下毒手了。在这千钧一发之际，那个手上拿着宝剑的军官恰好来到韩信跟前，韩信知道自己不能造次，要看准时机再动手。这群可怜的人不会因为自己振臂一呼就奋起反抗，他们早已被秦兵的架势震住了。可是不能先发制人却很要命。

该怎么办？韩信拉住当家的，二人一起向人群中缩了几步，他们不能成为秦兵的第一批活靶子。

"那个高个的，你出来！"拿着宝剑的军官突然注意到了韩信。

"坏了！"韩信心想，他们似乎发现了自己的意图。

"听到了没有？快点出来！"军官呵斥道。

韩信还是没有动，但他不能再犹豫了，必须放手一搏。"好吧，不能再这样被人鱼肉了，报仇雪恨的时候到了！"韩信想要冲上去跟他们拼了。

"啊——！啊——！"秦军开始动手了？真是天助我也！随后韩信惊奇地发现几个拿着弓弩的秦兵在离他不远处奇迹般地倒了

下去。

　　接着就是一片混乱，反应过来的秦兵在慌乱间开始了杀戮，他们不能放走一个活口。

　　好像是一群游侠来解救他们了。韩信看准了时机，大喊一声："乡亲们，跟他们拼了！"

　　接着，韩信就如猛虎下山一般扑向那个拿着他宝剑的军官。惊慌失措的军官尚不及反应，就被韩信一脚踹出一丈远，兵器也丢出了手。韩信赶紧捡起宝剑，宝剑出鞘，生平第一次他要用这把宝剑杀人了！手起剑落，半坐在地上的军官胸膛被一剑刺穿，鲜血溅了韩信满身。

　　两个手持长戈的秦兵见势向韩信刺来，他连忙拿剑去抵抗。"唰——"的一声，两把戈矛的锋刃全部被砍断，两个秦兵蒙了，韩信也蒙了，他不知道此剑居然削铁如泥。

　　韩信宝剑在手，犹如蛟龙出海一般，轻松取了两个秦兵的性命。而当家的和吴大也没闲着，他们从地上捡起秦兵丢下的半截武器，径直来到了韩信的左右。

　　"吴大，你快把断戈丢给别人，"韩信取了那名军官的长剑丢过去，"保护大哥要紧！"

　　"不要管我，小心你自己，我顶得住！"当家的无所畏惧。

　　韩信转身去细瞧她和吴大，二人并未原地待守，而是迎着冲杀上来的秦兵勇猛还击，各自放倒了一名秦兵。韩信松了口气，劲头更足了。

　　游侠们已经同秦兵展开了混战，遭难的百姓也开始激烈反抗。振奋的韩信又一连格杀了几名冲上来的秦兵，他看准了另一名军官手上的长剑和头盔，于是直取此人性命。那军官也不是吃素的，他在一连砍倒几名无辜的百姓后，转身迎战韩信。几个回合之后，韩信故意露出破绽，那人双手握剑刺向韩信的下腹。没想到韩信一个起跳，竟跳出了半人多高，他两腿叉开，那人刺了个空！韩信还击，正中那人面部。

　　"大哥，这把剑给你！"韩信欣喜地将军官的剑送到她的手上。

"兄弟，谢谢你还能想着我！我果然没看错你！"

"大哥，吴大，咱们寡不敌众，不要恋战，突围要紧！"

"不怕！有兄弟这等好身手……"

游侠也就十几个，而秦兵有一二百人，人数相差悬殊，兵器上也占优势，且都训练有素。他们被游侠的突袭打乱了阵脚，一旦镇定下来，可不容易对付。

杂乱的火光中，韩信迅速对突围方向作出精准判断，然后向目标疾冲而去，当家的和吴大紧随其后。这是韩信生平第一次大展身手，虽然他的武器精良且武艺高超，但毕竟缺乏实战经验，体力下降后感到有些力不从心。秦兵是正规军，实战经验丰富，善于相互配合。待韩信又格杀了几名秦兵后，自己身上也受了一点轻伤，情势越发危急。

但是令韩信喜出望外的是，游侠之中有一个人身手很是了得，他轻而易举就格杀了十几个秦兵，吸引了大量秦兵去围攻。这时候场面已然混乱，可还是没有一个人能够逃出秦兵的围剿，很多欲趁乱逃走且手无寸铁的百姓被秦兵疯狂地围堵，之后便是一阵血肉横飞，哀鸿遍野……

混战已入胶着状态，韩信明白如果不迅速突围，一旦别处的秦兵闻讯赶来增援，那就只能战死当场。所幸当家的和吴大也不是普通人，吴大的骁勇丝毫不逊韩信。三人渐渐和那群游侠靠拢，互为掎角之势。

有一刻，韩信和那个三十来岁、长身铁面的游侠并肩站到了一起，韩信忍不住向他表达感激之情："大哥，多谢搭救之恩！"

"兄弟，身手不错！可惜我今天出来得冒失了，带来的兄弟少了些！"游侠的那柄长剑上已经沾满了鲜血，直顺着剑身往地上流淌。

"大哥，不怕！到了咱们向秦贼讨要血债的时候了，哪怕我们今天都倒下了，明天一样会有其他兄弟上！"游侠向来是个无形又有形的组织，他们具有共同的信念——扶危济困、除暴安良，这也是"侠"的本义。

"好兄弟，说得好！这口气咱们早就该出了，不过就这几个秦贼还难不倒我！"

"杀！"

"还没请教兄弟尊姓大名？"当两人又凑近时，游侠小心地问韩信道。

"小弟名叫韩信，楚地人。大哥你呢？"

"哈哈，太巧了，怪不得我刚才听着你的口音有点耳熟！我也是楚人，我叫钟离昧！"

尽管他们杀得精神百倍，可形势看上去其实有些不妙，得赶紧突围，否则就要被秦军包围了。韩信和钟离昧互递了一下眼色，开始分头行动。

吴大寸步未离当家的身边，当家的只一心要跟着韩信。吴大看在眼里，下定决心道："韩信！你先带着当家的走，我断后掩护！"

"不行！吴大，要走咱们一起走！"当家的急切地说道。

"当家的，有你这句话我就死也无憾了！你们走！"吴大一边说着，一边将她往一旁推。

韩信感觉坚持不了多久了，于是他当机立断带着当家的向外冲，让吴大殿后。而钟离昧则从另一个方向突围，以分散秦兵的注意力，他手下的几个兄弟已经相继倒地，他也不敢再耽搁了。

韩信带着当家的迅速登上了一座山头，而吴大似乎已经抱定了必死的决心来掩护他们。就这样，当他们忍不住回头看时，吴大奋勇搏斗的身影已经永远地消逝在这沉沉的寒夜中……

10/　惨痛身世

他们跑了一天，实在走不动了，只好在一处深山密林中安歇下来。

他们躲到了一个小小的山洞里，韩信知道那帮穷凶极恶的秦兵一定不会轻易罢手，所以更要小心。韩信把极度伤心的当家的留在山洞里，独自去寻些水和吃的。所幸他有丰富的野外生存经验，再加上一点运气，没有费多少事就逮到了几只野鸡、野兔，并用随身携带的皮囊取了水，又想法子生好了火，把野鸡、野兔收拾干净后放到火上去烤。

这时候，天已经又黑了。

"大哥，大哥，"他还是没有改口，"先吃一些吧！"

韩信把一只已经烤熟的野鸡递给了她，可是她却死死地靠着洞壁蹲坐着，将头搁在两膝上。"我不想吃，你吃吧！"她抬头看了韩信一眼，只喝了几口水。

"大哥，你要想开点，身子要紧，也许吴大哥会脱身的！"韩信很想安慰她，毕竟看得出她对吴大的情意。

"我欠他的，这辈子也还不清……而且我们的盘缠也没了！"

"丢了就丢了吧，以后再赚就是。"

当家的没有再吱声，过了许久，当韩信又烤好了一只野兔时，她才终于想明白："是啊，活着比什么都重要！"说着她抓过鸡肉就大吃大嚼起来，韩信看她终于肯吃东西了，松了一口气。

等到当家的终于吃饱了，她才边拨弄着篝火边说道："你知道吗？那笔钱我其实是要拿去赎人用的。"

"赎人？大哥要赎何人？"

"赎我妹妹，亲妹妹，她叫秋儿。我要用这笔钱去彭城赎她，这是最后差的那一千金了，没想到……看来我也只能回广陵使劲求那个抠门的老家伙了……"

"原来如此，怪不得我看大哥前几日满面春风，昨晚咱们被抓时你又那般消沉。"

"我真是悔死了，悔昨晚没听你的，才有了如今的不幸。还连累了你们……"

"唉——"他苦笑，"估计这张网早撒下了，我们逃也逃不掉。"

接着两人都沉默了。

还是当家的首先打破沉寂："你能答应我一件事吗？"

"何事？大哥你直言，只要我能做到的，一定帮你做到。"

"好兄弟，算我没有看错你！"于是当家的讲起了自己和妹妹的事。

事情源于三年前那场意外的悲剧，那时候当家的一家子还在广陵一条驿道边开着一家不大的客栈，生活也算富足。那时候她的母亲已经不在了，只有她跟父亲及小她五岁的妹妹相依为命，虽然人丁不够兴旺，但是生活还是充满了美好的希望。那时她也不像现在这样只穿男装，除了爱练些腿脚功夫，她完全是一个待字闺中的少女，尽管她那时已经十九岁了。

有一天，一名秦国的军官独自在她家的客栈中歇息吃酒，结果酒喝多了，公然调戏起在一旁算账的她。她起初只想息事宁人，可是没想到那男人越来越放肆，于是她只能躲到后房去，父亲闻声出来应付。然而，没想到秦兵硬是拔出剑来要挟她父亲要见她，两个人开始争吵，而她也硬是躲着不敢出来。

最后，悲剧的一幕终于发生了——气急败坏的军官竟失手刺死了父亲，这时候她妹妹正好从外面回来，见此情景，疯了一样不管不顾把军官砸成了重伤。

事后，按照秦律，那个杀人的军官被处死，而她妹妹也沦为了官妓，被押解到彭城，因为当时年龄还小被暂时蓄养起来。按照当时的规定，官妓一般先要接受三年的歌舞技能培训才能见客。在侍御史辛大人的干预下，最终官府同意将妹妹先行看押三年，等到三年之后家人可付出五千金将其赎回，否则就只能公事公办。

身遭家庭变故、怀着丧亲之痛的她为了凑足那笔巨款，只能将自己家的客栈卖掉，而她也被迫嫁到了经营广陵商帮的屈家，嫁给已经病入膏肓的三公子。婚后不久她的丈夫就死了，早已没有退路的她只得和吝啬的公爹约定，由她负责到北方的远途货运，赚取相应的高额回报。眼看就要姐妹团圆了，如今又出了这样的岔子……也许这就是她的命吧。

听当家的说完，聪明的韩信也有点明白了：莫非大哥要把她的妹妹许给自己？她则嫁给一直以来都在倾力相助她的吴大？

"大哥，你这些年可真不容易啊！真是难为你了！"韩信忍不住说道，当家的脸上的那些风霜此时显得更凝重了。

"吃点苦受些难，想来也算不得什么，只是没想到眼下竟功亏一篑，还害了你们……"讲到这里她再也忍不住潸然泪下。

"那大哥的意思是不是拜托我想办法救你妹妹？"

"以后我要是有个三长两短……"讲到这里她忽然开不了口，她在内心深处同样倾慕着韩信，只是她竭力克制着自己的感情。

"休要说这些，只要有我在，大哥尽可安心。我明白你的心思，我一定尽力而为。大哥的事，就是我的事！"

11/ 斯人已去

两个人又聊了一段关于吴大的事。其实吴大爱慕当家的，这个韩信早就看出来了，只是没想到吴大竟可以如此决绝。韩信一向看不上吴大，可这一次却不得不刮目相看，每个人心底都有自己坚持的东西，甚至可以为此付出生命的代价。

当家的一直在为自己的未来感到彷徨，尽管她是个寡妇，但起初她并没想过接受吴大，寡妇再嫁根本算不了什么，彼时并无节烈之风。她希望能过上安稳的日子，吴大未必不能给她，还求什么呢！最后出于感激，当家的终于答应了吴大。

只是这一切都晚了，她只得感叹道："来生我一定嫁给他，哪怕刀架在脖子上……"她依然不改爽朗的性情。

空气一下子微妙起来，但韩信什么也不想说，他将一切都压在了自己的心底，他知道接下来的几天，日子会很不好过，先迈过这道坎儿再谈其他吧。

于是两个人在准备好接下来几天的食物饮水之后，就休息了。秦兵肯定会搜山，所以他们不能耽搁。韩信认为只要向南追上商帮大队就安全了，所以他们两个便开始没命地向南走，脸上身上多处被树枝划破，很是狼狈。可是他们在一处密林的尽头发现了两个秦兵，二人暂时停下了脚步。韩信疑惑怎么会只有两个人呢，可是他们等候了半天也没有见到其他人。当家的有些着急了，想闯过去。

"不行！等到天黑下来吧，那两个家伙竟跟没事儿人一样，这其中一定有蹊跷。"两个秦兵正坐在一根木桩上闲聊，连武器都摆放在了一旁。

他们又小心翼翼地换了个角度观察，终于发现那两人身后有一口大锅。这时，天就快黑了，对面树林中果真走出了一小队守株待兔的秦兵，他们手上拿的都是强弓劲弩。

当家的倒吸了一口凉气："这一回又多亏了你啊！"她用手轻轻地拍了一下韩信结实的胳膊。

"兵不厌诈，不过秦人玩这一套还嫩了些，他们只是一群杀人不眨眼的蛮夷而已。"

"是吗？"当家的突然来了兴趣，"我记得秦国从前有一个叫白起的人，打仗相当厉害，杀人如麻，有这回事吗？"

"有倒是有，不过白起只懂得角力，平原君赵胜就曾称道白起意志坚强，不能与之打持久战；但是白起在谋略上还差一等，凭借的不过是秦军的能征惯战罢了。"不过韩信打心里还是很佩服白起的，只是白起手中沾满鲜血，实在过于残暴。

"嗯，这都是命数吧！秦国有很大的地利优势，实力雄厚，谁也拿它没法子。再说他们真的都是一群只知道打仗杀人的蛮夷，想想真怕人……"她的认真劲儿竟在这时候上来了。

"嘿——"韩信突然失声笑了出来，他卖着关子说道，"天道幽深，哪是我等可轻易揣测的，做事只论成功不论其余……秦国之所以得天下，虽非必然，亦非偶然，半由人事半由天吧。"

"那你说，咱们大楚复兴有望吗？"

"那还用说吗？天下有材，楚居其半①，楚虽三户，亡秦必楚……"况且"三户"不是普通的楚地三户人家，而是指楚国公室

---

① 《左传·襄公二十六年》："晋卿不如楚，其大夫则贤，皆卿材也。如杞梓、皮革，自楚往也。虽楚有材，晋实用之。"因此楚地多人才的说法很早便有了。

的屈、景、昭三户王族，他们有守卫国家的职责，而其他王族可能是八户、九户甚至更多。

"哈哈！我家兄弟就是一位楚材，可以成功，成大功……"

只是没想到，当家的这一声竟成了绝响，成为韩信一生的痛苦和遗憾。

他们想趁天黑绕过去，这时候气温明显降了下来，二人便紧紧靠在一起取暖。此时的天空中，一轮朗月慢慢升了上来。

很不凑巧，当他们以为自己终于就要逃出生天时，当家的鞋子竟然跑掉了一只。由于韩信手抓得太紧，她当时紧张得要命毫无所觉，跑出很远后才觉出不适。

"大哥，我背你吧……要不你穿我的！"韩信小声说道。

当家的坚决不肯，可是不穿鞋怎么走崎岖的山路呢。于是只能回头帮她找鞋子……一个起夜的秦兵听到了动静，他谁也没有叫醒，独自提了弓弩慢慢地追了上来。而当家的不放心韩信，也悄悄地跟了过来。

终于，当她靠着月光隐约察觉韩信被人追踪时，竟奋不顾身地扑在了韩信背上，"小心！"她喊了出来。一支利箭已经稳稳地穿透了她的身体，她隐忍着剧痛，慢慢地倒了下去。

当韩信明白过来是怎么一回事时，没有大喊大叫，而是将手中的宝剑掷出，只听"啊"的一声，十几步开外的那个秦兵应声倒地。

这个时候，寒夜仍然是死一般的寂静。

韩信跑过去确认秦兵已死，他取回了剑，欲哭无泪，难过得心都要碎了，他清楚地知道这一箭意味着什么。

"我不能陪你走了，要照顾好自己！"

"大哥！你先别说话。"这一次韩信真的流泪了，他突然抱起她就走。

"放我下来，我真的……不行了！一定要救我妹妹，算我……我求你了……"她使劲抓着韩信的袖子。

"你放心，我们一起去救秋儿妹妹！"他继续快步走着，韩信无法接受她的死。

"我……喜……欢……你！"她勉强挤出了一个笑容，这一句话撕破了韩信的心扉，它是那样的凄厉和哀婉。

"但无论……如何……照顾好……我妹妹……一生一世……答应我……"

韩信已泪如雨下。当家的嘴巴还在艰难地嚅动着，可是他已经听不清她在讲什么了。

当韩信意识到这一切都注定是徒劳时，他终于停下了痛苦的脚步，而她的呼吸已经停止很久了……

第三章

落魄江湖

1/   血葬知己

秦兵队伍里少了一个人，他们很快便会发觉，因此韩信不能在附近耽搁太久。

但他又实在不忍心放下当家的遗体独自逃跑，她会成为野狼、野狗的口中食，想到这些，韩信的心中仿佛针扎般难受。算了，他什么都不在乎了，他的命本就是她给的。韩信把她身上那支罪恶的箭猛地拔出，又将她背到了一座高高的山坡上。山坡上有一棵大树，他就在那里把她放了下来，还在树上刻下了记号，想着自己有朝一日一定会再回来，哪怕就是来陪她一小会儿，他知道流落在异乡的孤魂需要抚慰。

想到这里，韩信不禁黯然神伤。

第二天早晨，已守了她整整一夜的韩信在追忆和回味完往事之后，便开始动手为她挖出一个足够深的墓穴。冬天的泥土死死地冻住，挖起来非常困难，倒是深处还算松软一些。可是韩信根本顾不了这许多，尽管自己已是满头大汗，可是她需要尽快安眠，自己也不宜在此地久留。赶快赶快，韩信在心底默默地祈祷，这也算是他最后可以为她做的一件事。因为用力过急过大，韩信的双手磨出了血，那把挖坑的剑也被磨得光亮，所幸还结实得很，可是这才不过刚开了个头……

秦兵也许想不到还会有人在没有掩护的山坡上滞留，总之这一天韩信还算顺利。

到了晚上，韩信竟又感觉冻得不行，他怕自己被冻死，所以找了个相对隐蔽的地方生起了火。管他呢，大家生生死死都在一起不是很好吗？于是韩信又继续挖到了半夜，才疲惫地睡去，而她一直在他的怀里。

第二天下午，韩信终于挖到了四五尺深，这时他才如释重负地把她放进去，然后向天立誓，再一把一把地将泥土慢慢地撒在她那可怜又单薄的身上，直至盖住全身。这时，山间的小溪还在流淌，于是他取来水洒向泥土，作为最后的仪式。

最后，当韩信把土全部盖在她身上时，他又在自己的手上划了一道长长的口子。热血从血管中流出来落在了土里，他坚信在不远的将来，这里一定会长出绚烂的花草与她为伴。

又是一个寒夜来临，这次韩信安然入梦。

一觉醒来之后，韩信已经不再惧怕北方冬天的寒冷了。广陵商帮他暂时不能回去，现在他只想着一件事，那就是去救她妹妹。

韩信只知道她的妹妹叫东方秋儿，人在彭城，其他的几乎一概不知。幸好韩信对彭城一带的情况也算熟悉，于是他就大步流星向彭城奔去了。

幸运的是，此时的秦军已经不似当年那般勇猛无畏了。即使官府下的是死命令，他们也不愿意过多地牺牲，所以对游侠、逃犯的追捕也不再尽全力，只是加强对往来人员的监察和管制，谁能受得了没日没夜餐风露宿地抓捕逃犯呢？所以韩信放心地走上自己熟悉的小路。

韩信在半道上遇到了几个游侠，其中一个居然是那晚和钟离昧一起搭救过他的人，这真是意外之喜。对方认出了韩信，惊喜之余，他领着韩信去见钟离昧，并告知韩信暂时可以和他们一起活动。

韩信没忘向此人打听那晚后续的事情：吴大果然牺牲了，一群游侠也死了四五个兄弟，伤了七八个。当韩信终于在山间一处小茅屋里见到钟离昧时，竟然有些激动得说不出话来。钟离昧也大喜过望，他很欣赏韩信这名快意恩仇的兄弟，不过他还没有见识到韩信谨小慎微以及有勇有谋的一面。

韩信向钟离昧说了一些别后的事情，好一肚子苦水，并把以后的打算也吐露了一番。现在的他尤其需要别人的帮助，他也知道一身侠骨的钟离昧肯定不会坐视不管。钟离昧确实很看重韩信舍己为人的品格。上次的"陨石事件"就有钟离昧的大力参与，正是他找人把那六个字刻上去的，只是他没想到最后会害了那么多的人，所以他才召集了很多反秦游侠来共同反抗秦兵的肆意屠杀。

"兄弟，都是我害了你们啊！"钟离眛万分后悔。

此时的韩信对钟离眛的态度非常纠结，既崇拜又憎恶，可是这一切都已经不重要了，当务之急是去救人，所以他非常大度地对钟离眛说道："这些孽终归都是秦人造的，大哥何罪之有！诸位皆是英雄儿郎，只求无愧于天地……"

"好兄弟！多谢你理解大哥。你放心，从今日起你的事就是我的事，刀山火海，我都陪你闯！"

韩信喜欢和性情中人相处，彼此胸怀坦荡，况且钟离眛的身手可称一流，游侠的势力也遍布天下。他终于感到有些安心了，十几天来的疲惫和不安就这样渐渐卸下……

2/   恍然如梦

韩信把秋儿的事情也说与钟离眛听了。钟离眛听完后好一阵沉默，这件事情的确有些棘手，赎金太多，一时之间难以筹措。

"而今秦贼的围剿力度虽然松懈不少，但因为咱们的兄弟越来越多，所以各方面的用度都颇为紧张，五千金啊，秦贼简直狮子大张口！"钟离眛说出了难处。

"钟离大哥，无妨！大不了兄弟就闯一闯这彭城！"

"嗯！要闯当然是咱兄弟一起去闯，想来这彭城也难不住咱们！"

"那是！不过……首先要确保秋儿妹妹的安全！"

"兄弟放心！我钟离眛该谨慎之处自当谨慎，反正他们在明，咱们在暗……"

只有来硬的了，好在这秋儿妹妹并不是什么重要人物，看管应该不严，而且钟离眛在彭城也有扎实的人脉，想来只要谋划周全，这件事情应该不难做成。钟离眛还对韩信说，一旦平安救出秋儿妹子，就直接带到江东的吴中一带去避一避风头，那里几乎是他们自己人的地盘了。

于是钟离眜和韩信就分乘两匹快马急匆匆向南边出发了，人多了没用，而且目标太大反而会引起注意。

几天以后，二人顺利到达了彭城，这一天晴空万里，集市上热闹极了。

就在韩信和钟离眜牵马欲物色一家合适的客栈时，一个非常熟悉的骑马身影突然从韩信身边掠过，韩信一下子呆住了。

"大哥！大哥！是你吗？"韩信此刻百感交集，恍惚之间他就觉得刚才从眼前经过的那个骑马的英俊后生就是她——已经死去的她，他的"大哥"。

对方好像听到韩信在叫自己，回头看了一眼后又继续赶路。这一下韩信万分确定那就是她，丢了马缰绳猛追过去，"大哥！大哥！你不认识我了吗？我是韩信啊，你的兄弟，韩——信！"很多在路边注意到这一幕的人都笑了。显然马上是个男装打扮的妙龄女子，一个呆子居然逮住人家叫"大哥"，简直太可笑了。

一直走在前面的钟离眜也听到了人们的哄笑声，回过头来看个究竟，原来是韩信兄弟在出洋相，为防节外生枝，他赶紧过去叫回自己的兄弟。此时的韩信已经上前牵住了女子的马，和她一块的还有一个敦实的汉子，见状就对韩信骂骂咧咧道："呀——！你小子疯了吗？是男是女分不清？"

可韩信根本不去理会，只是一手抓住马缰绳，一手紧紧抓住她的衣襟。坐在马上居高临下的女子遇到韩信这样唐突的行为，脸上却毫无愠色，只一味地俯身向他微笑。她的目光是那样亲切、温情，又那么似曾相识，韩信此时更坚信这就是他的"大哥"，他仰首傻笑道："大哥，呵呵……我还以为这辈子再也见不到你了呢，你也是来救秋儿的吧……"

女子仍坐在马上一语不发，转过身去就要打马前行，可韩信却偏不让人家走。一旁的汉子有些急了，他打马凑近韩信，俯下身狠狠地推了他一把，嘴里还骂道："疯子，滚一边去！"

这时钟离眜也过来了，他拿凶狠的目光瞪了那个粗暴的家伙一眼，对方当即就被吓住了。钟离眛丢下了自己的马上前拉韩信，他大约已经明白了是怎么回事："兄弟，兄弟！你再好好看看，人家可不是死去的春儿妹子！"

钟离眛尽力拉回了韩信，这时韩信才如梦方醒般自言自语道："她们长得太像了……"

"像吗？是你太想她了吧！走吧，咱们可还有正经事呢！"

韩信不得不承认，最近这段日子以来，他终日失魂落魄，每晚都会梦到她。他也奇怪自己和她怎么会有如此纠缠不清的情分。母亲去世后，韩信同样有很长一段时间精神恍惚，感到人生一片暗淡。他是一个生性孤独又深情的人，每一个和他相知的人都被他深刻在心底，永远铭记。

此时女子已经走出很远了，她忍不住又回头看了一眼依旧呆立在大路中央的韩信，那是多么温柔的一瞥，韩信仍然怀疑那就是自己的"大哥"。他使劲地拍了拍自己的头，希望尽快清醒起来。

3/　秋儿妹妹

韩信和钟离眛在客栈中住下，头两天钟离眛都忙着和兄弟们联络，这枝枝节节的关系就牵连起了整个彭城。等到事情明朗后，就由一位兄弟带着韩信去见他要找的"东方秋儿"。

在一个寂静的黑夜，韩信被人秘密带着穿过了一道又一道门户，最后进了一间小小的屋子，屋里倒有些许微光。那名兄弟在外面等着，就韩信一个人先行进屋。

不一会儿，门被轻轻推开了，一个窈窕的身影出现了。女子先是扫了韩信一眼，接着便大方地走近灯光，没有一丝拘谨，反倒是韩信的心跳有些加速。他已经可以看清女子年轻俊美的脸庞和简约的发饰固定的细辫。女子的纤手拿东西微微挑了一下灯芯，屋子里变得亮多了。她没有转身，轻启芳唇道："我是东方秋儿，你就是姐姐派来赎我的人吗？"

"哦，是！我叫韩……信，"他有些紧张，心虚得紧，"秋儿妹妹，是这样的，我们想……"

"你们想？想什么？我姐姐怎么没来？"她还什么都不知道。今年春上她和姐姐才见过面，姐妹二人又重申了约定，要在这个冬天把她从这个不自由的地方赎出去。

"啊，啊……你姐姐现在有些不方便见你，因为……因为她的生意上出了些问题……"韩信欲言又止，他撒起谎来很不自然。

"啊——我姐姐怎么了？快告诉我，她是不是出什么意外了？"女子上前扯住了韩信的衣角。

"没，没！你姐姐就是最近生意上不太顺利，所以……所以赎你的钱没凑齐……所以，所以就想……"

"什么？钱没凑齐？那我不是待在这鬼地方等死吗？天啊……"

"秋儿妹妹，你……你不要太担心，我们一定会想办法把你从这里安全地救出去，就算是搭上我这条命都在所不惜，你……尽可放心。"为了安全起见，韩信没忘了向门口瞅上几眼，他的语调开始变得低沉，语速也加快了。

"我知道你们一定有事情瞒着我，不然姐姐一定会亲自来看我的。也罢，我就先不为难你了。哪怕一死，我也要离开这个鬼地方……"

"好！你放心吧，我们的人马众多，而且把你从这里救出去之后的事情也都安排妥当了，只要你下定决心跟我们走……"

"跟你们走？对了，你有没有带姐姐给我的信物？"

这可把韩信难住了，当初当家的并没有托付任何信物，大约是疏忽了或是一时没带在身上吧。可是韩信又转念一想，这其实都应该怪自己心思不够细腻，怎么说也应该在她下葬时从身上翻出一两件物品充当纪念凭证。

秋儿有些着急了，她让韩信再好好想想。最后韩信只能无奈托辞说来的时候比较急，可能是她姐姐忘记嘱托自己带上信物，"我讲一件事情你就明白了，来之前的那天晚上，你姐姐私下跟我说过，你当初在母亲坟前埋了一件非常宝贵的东西，还立誓说有朝一日一定再把那东西取出来，有这回事吧？"

"好了，我这就跟你走……"

韩信悬着的一颗心终于可以落地了，当他回到客栈里一个人躺下来细细琢磨今天发生的事情时，忍不住想道：姐妹两个长得可一点都不像，妹妹比姐姐伶俐多也漂亮多了……

4/　老来侠骨

一个月黑风高的夜里，二人终于开始了营救行动。

尽管监营里戒备森严，可是对于像钟离眜这样的盖世豪侠而言，却仿佛如履平地一般，况且他们都已经布置好了，一切都在他们的掌控之中。所有事情都在悄无声息地按原定计划进行着。为了不让官兵看出蛛丝马迹，韩信建议钟离眜在把秋儿顺利接出来时，务必要让做内应的兄弟在她的住处附近适时地点上一把火，做出她有意自焚的假象。这样一来，官府到时最多追究到底是谁偷运火石这样的违禁品。当然，放火还须注意把握好分寸，不能让人过早察觉，最好这把火在他们平安出城后再猛一烧，让秦兵措手不及。

钟离眜点头称是，韩信骑着一匹快马在外面等着接应，他手里还牵着钟离眜的马，因为秋儿妹妹不善骑马，所以就没给她单独准备。不过，韩信毕竟没经历过这样的事，心里难免有些惴惴不安，手上的缰绳也早被手心里的汗水浸得透湿。

韩信拼命提醒自己要镇定，要勇敢无畏，更要像个男人！

可是韩信的顾虑成了真，秋儿恨透了这个让她白白丢失三年青春和自由的倒霉地方，她趁钟离眜不注意的时候，拿出自己早已私自准备好的火石点燃了柴草，她还不知道他们的全盘计划呢。

幸好钟离眜扑救及时，否则就功败垂成了，可是钟离眜没有想到由于这把火他扑得急了些，走得也太急，所以根本就没能完全扑灭。因此，当他们三个人终于聚首时，那星星之火已经燎遍了整间屋子……他们听到了从监营里传来的嘈杂声，当钟离昧看到身后清晰的火光时，他意识到出事了。韩信也看到了火光，他一面催秋儿上马大家赶快走，一面大声质疑道："钟离大哥！这火放得早了啊，你没有叮嘱好兄弟吗？驾……"

钟离昧跟在韩信身后一齐快马加鞭，他还没来得及回答，秋儿开口了："什么兄弟放的火，这火是我放的！"

"什么？你放的火？你……驾！"韩信还是忍不住回头看了眼身后的人，事已至此，他没有再说什么，只是隐约有种不祥的预感。

还好，两匹快马跑到南门时全城戒严的烽火还没有燃起，紧闭着的南门城楼上都是些正在熟睡的士兵。

已经在南门等候多时的同伴，手里正紧紧攥着开启南门的钥匙，翘首期盼他们的到来。此人看上去五六十岁的样子，长得矮小，脚也有些跛。就在他终于等来钟离昧一行人时，全城戒严的烽火恰于此时燃起，报警的钟声也敲响了。他赶紧为钟离昧打开了沉重的南城门，这时城楼上也响起了稀稀拉拉的嘈杂声，他知道事情已经败露了，反而一瞬间镇定下来，令在一旁注视着他的韩信很是诧异。

此人和钟离昧是故人，二人于危急之中再相聚，心急如焚的钟离昧不由分说便想把他拉上马，可是那跛老头却后退几步大声道："钟离兄弟，一路走好！改日你若见到子房老弟，一定别忘了告诉他，老夫对他的棋艺心服口服，早就知道他是有意让着我啊……"

钟离昧先打发韩信他们快马出城，他还想让跛老头儿跟自己一块走："马伯，赶紧上马！还是您老亲自跟张先生讲吧！"

马伯从袖里掏出了一把利刃，他不想连累别人，最后大声向钟离昧喊道："兄弟！你赶快走吧，老骨头送你一程！混了半辈子江湖^①，老骨头知足了……"容不得钟离昧反应，马伯已经往自己的

---

① 那时候民间的游侠的确已经形成了一个巨大的关系网络，比如《史记·游侠列传》中记载的秦末汉初的朱家（人名）："所藏活豪士以百数，其余庸人不可胜言。"而这些游侠或者说亡命徒所组成的反主流社会，就可以称作"江湖"。

脖子上狠狠划了一刀，当即就重重倒了下去。这就是真正的侠骨，丝毫不逊色于当年信陵君门下的侠士侯嬴。

此时城上的人已经发觉城门被打开了，千钧一发之际，钟离眜只好强忍悲痛和愧疚，打马快速向城外奔去。就在他的身后不远，有一队追兵打着火把朝他们离开的方向追去……

5/　疑似故人

钟离眜意识到一场恶战在所难免。

韩信那匹马上载了两个人，所以秦兵不消片刻就追上了他们。韩信知道钟离眜的性格，也知道自己的责任，就径自向预定目的地奔去。

秦兵最后被横刀立马的钟离眜拦了下来，还好第一批秦兵来得并不多，而且他们大概想抓活的，没人放冷箭。一阵秋风扫落叶般的攻势之后，钟离眜打退了秦兵的第一拨追击，只不过他的身上也留下了几处不小的伤口，连马也受了伤。钟离眜连伤口都懒得包扎，他已经不抱侥幸心理，秦兵一定不会善罢甘休，自己可能就要以"侠死骨犹香"来演绎最后的人生了。

果不其然，当钟离眜再次赶上韩信时，又有一大队秦兵疯狂追来。韩信回头看了看，也有些慌了，但他争执不过钟离眜，再说还有秋儿。

只是秋儿也颇具豪侠气，几次都要求韩信停下马来与秦军一决生死，可是韩信只一味对她说道："放心吧，钟离大哥英雄盖世，对付得了这些鼠辈！"

秦军这一回来了有上百人，他们不由分说就朝钟离眜放箭，钟离眜的马被射死，肋骨和面部各中了一箭，箭镞直穿脑后。可是，钟离眜没有死，他顾不得伤痛，只身徒步冲入敌阵，硬是杀得秦军后退了几十步，敌服其勇，再无人敢上前应战。

钟离眛夺下一匹马，策马狂奔，情势依然相当危急。

"不行！韩大哥你放我下来吧，要死也是我该死，我怎么可以连累钟离大哥和你，这是我咎由自取！"秋儿一面说着，一面就要伸手去夺韩信手里的缰绳。

"谁都可以死，但就你不能死！"韩信紧紧握住缰绳。

"韩大哥，你再不停下我可要跳了！"她望着身后聚拢的秦军和受伤的钟离眛，情急之下喊出了这句。

"秋儿，你疯了！"韩信顿时勒马，转身向她大吼道，"要死也是我们该死，这是我们欠你姐姐的，明白吗？"

韩信讲出这些话时非常激动，而且气量惊人，两只眼睛瞪得像铜铃一般大。秋儿怔住了，生平头一次有人愿意豁出性命保护自己，她非常感动，也非常知足。

就在这难于抉择之际，转机出现了……

一个黑衣人突然骑马从半路蹿了出来，只说了一声"我已在此恭候大家多时，快跟我走"，说完便打马狂奔。

韩信只得叫钟离眛赶紧跟上来。由于多头传递消息，钟离眛也搞不清接应自己的人究竟是谁，如何接应，在哪个地点接应，但他观察到对方沉着应对的样子，晓得是一个"老江湖"，便果断和韩信一起跟上了接应的人马。

当一群人跨过一座小桥时，追击而来的秦兵眼看就要登桥。正在他们三人顿显狐疑之机，只见黑衣人迅速下马将早已准备在桥头的一大车柴草推上桥去，那柴草堆上已经洒满了油料等易燃物品，刚一点着，火势就迅猛地蔓延开来。

这下子大队秦兵无可奈何……

三人都忍不住如释重负地笑起来，借着火光，大家彼此看了一眼对方，并向黑衣人表示感激，而那人却淡然得很。

韩信看到他露在外面的一双眼睛特别明澈有神，感觉似曾相识。又再去细瞅钟离眛，没想到钟离眛已经近乎一个血人，多处伤口汩汩流血，伤得的确不轻。黑衣人也注意到了，替钟离眛简单包扎了一下，然后对大家说了一句"快跟我走"。这几个字韩信听得真切，其中分明有女子的柔婉，这令他颇感诧异，又十分甘愿地跟上他赶紧走。

天快要亮的时候，他们终于在山林中一间很大的木屋边停下马来，木屋里黑黢黢的，空无一人。黑衣人似乎懂些医道，他点上了灯，又从里间拿出了一大包金疮药和白布来给钟离眜敷治。只见他的手法颇为娴熟，不一会儿就包扎好了，他让钟离眜躺下好好休息，然后去为大家准备饭食。钟离眜还想一睹恩人风采，哪里肯安心躺下，"其实咱们见过。"黑衣人把脸上的黑色蒙巾慢慢地摘了下来，这一下可让钟离眜和韩信呆住了。

"你，你……不是那天……"还是韩信怀着惊喜之情大声说道。

钟离眜也细瞅了一下恩人的面容，虽然她仍旧一副干练男子的打扮，但钟离眜还是认出了她："是啊，那天我兄弟……和你……"

"呵呵，"她爽朗地笑了，"怎得不是我，咱们可都是故人啊……我爹爹跟马伯是至交，所以晓得了你们的事。"

"哈哈哈。"大家都畅快地笑了，秋儿在一旁还不明所以，可也被深深地感染到了。

此时，细微的阳光已经透过小小的窗缝融进了屋内，韩信带着满腔的愉悦和激动悄然走出屋子，他还有些事情要做。

6/　结交报仇

疲惫的韩信还有些不放心，怕身后再留下尾巴，所以到门外想仔细查看一下四周的情况，他发觉这里确实足够隐蔽，而且也足够开阔。就在韩信满意地转身想回去时，秋儿找了过来，韩信仔细地打量了一下她，第一次看清了她的面容，秋儿长得的确有些特别。

"我觉得你们一定有事瞒我，姐姐的性格我知道，她总是没有勇气反抗。"聪慧的秋儿说出了自己的疑问。

韩信不想再隐瞒，是时候挑明这一切了，而且眼前的秋儿显然已经不是三年前什么都不懂的孩子。想到这里，韩信便决绝地说道：
"是的，你姐姐死了！"

"什么？姐姐死——了？"秋儿急切地抓住了韩信的双臂，眼泪夺眶而出，"这是怎么一回事？快告诉我……快告诉我啊！"

"秋儿妹妹，你先冷静一下！"

韩信把她领到了一个较为偏僻的角落，跟她谈起了他和她姐姐的伤心往事……

"不行！我要给姐姐报仇！"伤心的秋儿一边哭着，一边发誓道。

"怎么报仇？就咱们几个吗？我们要等待机会！"

"我去找该死的始皇帝报仇，听说他明年还会东巡，我要找个地方跟他算账！"秋儿的情绪很激愤。

"恨死始皇的人就咱们几个人吗？行刺始皇的人还少吗？可是最后呢……现在的始皇更加老奸巨猾，山东六国的人压根就别想近他的身，咱们几个人去报仇就只能是白白送死！"

自荆轲行刺秦始皇失败后，他的朋友高渐离借着为秦始皇表演的机会以目盲之身行刺，可惜换来的仍旧是失败。然而，被吓破胆子的秦始皇在诛杀了高渐离之后，下令不再接近山东六国的人。

"我不管！就算是死，我也要溅这个老东西一身血！"

虽然韩信有些苦恼秋儿的年轻冲动，可是也暗暗钦佩她身上那股无畏的豪气，这姐妹两个的确不同。正在韩信苦无说辞、左右为难之际，一个身影映入了他的眼帘。

"秋儿妹妹好胆量，这该死的皇帝老儿也欠着我家几条人命呢，改日我和妹妹一块去找这老儿寻仇可好？"说这话的人脸上含着一丝笑意。

"哦？姐姐此话当真？"

"妹妹啊，普天之下有几家和始皇没有深仇大怨？又有几家不是因这老儿闹到家破人亡？"

"怪不得姐姐和我们是一伙呢！唉……"秋儿的痛苦和怨气一下子舒缓了很多。

"对，咱们大家都是一伙的！可是得吃饱了饭才有力气报仇吧。

饭已经做好了，走，咱们先一块吃饭去吧！"

"姐姐这一说，我还真饿了呢！对，吃饱饭再去找那万恶的皇帝老儿报仇……"

就这样，秋儿的冲动被暂时压了下去，三人一同回到了木屋。

饭间，黑衣人向他们解答了疑问，她的名字叫英乔。

其实去接应的人本该是另一位师兄，也就是她父亲的几个徒弟中的一个，可是正赶上他有更棘手的事情要办，所以临时就由她出马。英乔的父亲是当地有名的医士和隐者，既通医道也兼怀侠义之心，而且还收了几个弟子。所以英乔也略通医术，那天在彭城他们三个人偶遇正是她到那里出诊。

现在韩信他们待的这间木屋就是英乔父亲早年为上山采药方便歇息而修建的，难怪韩信一进屋就闻到一股草药味，而且屋子里还有《黄帝内经》《难经》这样的医书，这让很久没读过书的韩信稀罕了好一会儿。

说到英乔的家仇，她唯一的哥哥早年也像父亲一样是一个大侠，急人之难，可是后来因为搭救一位朋友而献出了自己年轻的生命。说起来，这也是侠士的共同宿命，只是她的哥哥死得太惨烈了，秦法用刑严酷，不提也罢。

"其实，妹子你本不应该告诉我们这些！"老江湖的钟离昧道。

"不知道为什么，看到秋儿妹妹，我就忍不住都老实交代了……"英乔解释道。

"这就是缘分吧。"韩信跟着一齐笑道。

过了没几天，他们就要分别了，木屋毕竟不是久留之地，难保搜查的秦兵不寻上门来，所以他们决定尽快赶到吴中去。

静心休养了几天的钟离昧已无大碍，倒是秋儿已经和知心的英姐姐有些难分难舍，她也觉得英姐姐和自己的亲姐姐有几分相像，二人还约定有朝一日一定要联手手刃那该死的皇帝老儿。而韩信对这位自己一厢情愿认作是"大哥还魂"的恩人也怀着一种特别的情愫，可是他却不得不将这些不该有的想法埋藏起来。散了吧，大家有缘再聚，相信终会有这一天的。为了出行方便，秋儿特意换上了一身男装，她生性活泼豪爽，没几天工夫就在英乔的帮扶下学会了骑马。于是，英姐姐非常慷慨地把自己家的一匹马让给了她，并一再细心叮嘱秋儿务必要听两位大哥的，不要冲动。

"一路保重！"英乔最后拱手向大家道别。

"保重！""英姐姐保重！"江湖儿女不须更多言语，秋儿眼里已涌出了泪花。

7/ 韩信受辱

秦始皇三十六年的秋天，一位秦朝使者从关东夜过华阴平舒道，有人手持一玉璧拦住使者道："请帮我代为转交滈池君（指一湖神）……并且请转告他：今年祖龙死……"

使者晓得"人之先"的祖龙就是秦始皇，于是想要问明原委，可是那人却转眼消失不见了。使者只得带着玉璧面见始皇，原来这块璧正是八年前皇帝行渡长江时沉入江中的那块。

皇帝默然良久："山鬼们不过只晓得一年之内的事情而已！"言下之意就是苦撑过这一年，便什么事都不会有了。

钟离眜本来不打算随着二人去吴中，可是他听说秦始皇今年又要开始第五次东巡（那时以十月为岁首），而且近来谣言四起——今年祖龙死，各种怪异事件层出不穷，想来这天下真的就要大变了。总之，该是谋划大计的时候了。

一路上，钟离眜讲了他自己的故事。原来钟离眜竟然是春秋时代钟离国公族的后人，从小好浪荡、结交游侠，凭借一副了得的好身板和重侠重义的好口碑，成为游侠圈里的领袖人物。多年浪迹江湖的他虽然都快三十岁了，成家也有数载，可是至今尚无一儿半女，这次回去也正好顺便看看家里。

韩信和秋儿也稍稍讲了一些自己的事情，尤其秋儿讲到她被官府收押的这三年完全压抑了自己的天性，每天只做两件事情：上午练乐舞，下午做女红，而且监管大人对她们的要求很是严格，一点人身自由都没有。虽然她没有正式沦为官妓，可是也没少给那些大人当乐子，有时候舞一跳就是通宵，第二天整个人累得都爬不起来。

所以，她现在一冲出那座牢笼，就发觉自己总有一股使不完的劲儿。骑马初学乍练没几天，却可以骑得飞快，若不是两个大男人前后护佑，她非从马上摔下来不可。

大家难得这么开心，狂歌走马，笑傲江湖，一路上洒满欢声笑语……

待三人快到广陵时，钟离眜遇到了一个熟人。此人名叫龙且，虽不是游侠，但反秦立场坚定，长得虎背熊腰、威风凛凛、中气十足，一把长剑在背，身手想来不凡。

龙且天生一副桀骜不驯的模样，一点也不同于钟离眜的平易近人，见韩信生得清秀，根本就没把他放在眼里，连个招呼都没打。而他看秋儿却又显得色眼迷离，一点儿不加掩饰，所以韩信和秋儿都有些讨厌他。龙且此次北行的目的就是找寻钟离眜，让他跟自己一同去邀请三晋、齐燕等地的豪侠到吴中共商反秦大业，因为长年在外的钟离眜比他更熟悉这些人，也同钜野豪杰彭越等人相识。

钟离眜却认为天下豪杰如果都齐集吴中，很容易被秦人发觉，容易被一网打尽，而且仅仅依靠天下众豪杰的力量同秦王朝抗衡还为时尚早，不如先静观其变。

龙且觉得多日不见钟离眜，他竟变得胆小起来，坚持让钟离眜陪他走一遭。"钟离兄，我发觉你怎么变得跟个娘儿们似的，从前你可痛快呢！不尝试一下，怎么晓得会不会成功，反正要命就一条，怕他作甚！再说这也是大家的意思，你再好好考虑考虑……"

"老弟你别误会，这不是怕不怕的问题，我钟离眜就贱命一条，谁想取就让他来取，我有什么好怕的！良机有，但绝对不是现在，咱们应该再忍一忍。说不定过了这阵子，形势就明朗得多了……"

韩信在旁听完二人的对话后，思考了一番后说道："方今天下最具号召之力者，仍不外六国旧王室子孙，若请得动这些人来共商举义之策，则大事不难图也！只是这六国王孙诸辈历来各怀异心，恐难与我大楚合力同心，若我方起而对方隔岸观火、落井下石，岂不痛哉！不若我等养精蓄锐，一旦天下有变，则后发以制人……"

龙且听完韩信的发言后先是一怔，接着便很是不耐烦地说道："你小子懂个屁！先机你懂不懂，先下手为强！我看你还是领着那个漂亮的小妹子一边凉快去吧！"

钟离眜犹豫了一会儿道："委屈兄弟，你先避一下吧！"

韩信只得悻悻离开。钟离眜没犟过龙且，他觉得虽然大家未必肯来，不过先广泛地听取一下意见也好，于是就勉强答应龙且陪他走这一遭。

事不宜迟，第二天钟离眜就和韩信、秋儿道了别，好在这里距离广陵、吴中也不算远了。他临上马北去时，还专门把一包盘缠和一块铜牌交予韩信，叮嘱他到了吴中后先安排好秋儿的生活，又委托他给自己尚在乡下务农的妻子带个口信，说他这次一定回家。

韩信感激地目送钟离眜远行，转身和秋儿上了马，也正是在这一刻，他觉得自己无论如何都应该为眼前这个女子撑起一片天，应该活得像个真正的男人。

广陵也是春儿、秋儿的家乡，刚踏上广陵的土地时，秋儿好一阵伤感。离别家乡已愈三载，放眼故乡那仍旧熟悉的一切，她怎能不思念已经故去的亲人，心头又怎不百感交集？经历过那些刻骨铭心的痛楚，此时恍如隔世。

征得韩信同意后，他们就悄悄地来到了她父母的坟前。放眼所及，二月的南国已是一派和暖的阳春景象，田野中弥漫着野花野草的芳香……

8/　凶器无双

来到父母坟前，秋儿的表情格外庄重肃穆，这是每一个人都必须面对的惨痛而无奈的人生境遇。

物是人非，脆弱的心底徒增悲怆之情。秋儿黯然流泪，这让韩信想起了自己身处荒地的父母，他还铭记着母亲下葬时自己暗暗许下的诺言。

秋儿父母的坟头还是两座完好的大土堆，坟前竖着一块小小的石碑，一看就知道这是"大哥"立下的。秋儿突然想起了可怜的姐姐仍埋骨异乡，于是她买来一把铁铲，让韩信帮着自己在父母坟后堆起了小土堆，在一截结实的木头上使劲刻上了"阿姐之墓"四个字，然后重重地夯进土里。韩信觉得这个墓异常孤独和凄凉，于是又在上面添了不少土。但是这绝不可能替代那座他为她修造的坟墓，那里才真正埋葬着他逝去的感情。

突然，秋儿如梦方醒，来到母亲的坟前，拿铁铲使劲挖了两下，等到韩信凑过去看时，她已经从松软的泥土中挖出了一块平整的青石板，从石板下面取出了一个已褪色的长方形锦盒。

原来这下面竟是一个用石板垒成的小方穴，应该就是专门放这个锦盒的。难道这就是他和秋儿初次见面时无意中提到的信物吗？

秋儿双手捧住锦盒愣了许久，慢慢地打开盒子，里面装着一个锦袋，袋子的颜色还很鲜亮，韩信猜测这样精致的袋子里一定装着特别珍视的东西。当秋儿终于将锦袋小心地打开时，一道光芒直射韩信的眼睛——竟是一把匕首，一把非常特别的匕首！

"秋儿，这把匕首怎么看上去和一般的匕首大不一样？"韩信仔细盯着这把剑格（护手）突出、柄上盘旋一条毒蛇、尾端又有一个邪恶骷髅头的奇异匕首，向秋儿问道。

秋儿抿了抿嘴角："对！这是一把'徐夫人'①匕首！"

"什么？"韩信感到非常吃惊，"这就是传说中的'徐夫人'？侠士荆轲当年就是拿着它去挟持皇帝老儿的？"

"是！匕首的锋刃淬了剧毒，只要被它划上一刀，哪怕只是沾上一丁点儿血，也会立毙……"秋儿的眼睛里闪过仇恨，"我要拿它给姐姐报仇！"

---

① 此系人名，不指代妇人。

韩信没有劝阻："这东西是哪儿来的？如此稀罕之物，想来必定很昂贵。"

秋儿对他讲起了八年前那传奇的一幕，那时她才只有十岁……

一天，她跟着一帮小伙伴进山里玩，又是抓野兔又是抓野鸡，玩得甭提多开心。

后来有几个男孩子口出狂言，欺负说女孩子胆小，不敢玩捉迷藏。可是秋儿天生胆子就大，一赌气就什么也顾不得了，其他小女孩就在一旁干看着，她自己在深山里跟一帮男孩子玩起了危险的捉迷藏。轮到她藏起来的时候，她就拼命地往人家想不到或不敢到的地方藏，结果就躲进了一个黑黢黢的小山洞中。可是谁知她的头刚一伸进洞口，就被一双有力的大手给抓住了，她当时吓得一声惨叫，嘴巴立刻又被一只大手给捂住了，接着一个低沉而又嘶哑的声音传进了她的耳朵："小姑娘，别……怕！我不是坏人……"

凭着一丝微弱的光线，她看清了那个人的模样——一个上了年纪的男人，头发乱蓬蓬，身上脏兮兮，浑身的血腥气，再仔细看能发现这个人脸上、身上都是外伤。

也不知为什么，秋儿当时并没有感到多么害怕。那人问她身上有没有带食物，她把身上带的干粮全给了他。那人大概几天没喝水，完全咽不下东西，于是她小心谨慎地隐藏了自己的行踪，帮他取来了水。

两个人在一块儿待了好长时间，她没再多说什么，只是拿一双眼睛紧紧盯着他。眼看天就快黑了，他终于说道："小姑娘，看你这样勇敢，我送你一件东西好不好？"起初她不敢接受，但是他又说，"我明天就可能会死，你如果不要我的东西，那它就会被坏人抢走。"于是她只好勉强答应了下来。

他从怀中小心地掏出了一块布帛包住的东西递给她，并对她说道："小姑娘，这是'徐夫人'，因为锋刃上面用剧毒淬炼过，天下人都非常渴望得到它，你明白吗？

"你把这个东西拿回家好好藏起来，千万不能让别人看见或者知道。

"等到你长大了再把它拿出来，到时候如果你和谁有深仇大恨，就拿这把匕首去杀死他，呵呵……"

他还说了一些她无法理解也记不住的话，等到天已经完全黑下来时，他就让她揣好这把匕首赶紧回家。小伙伴们找不到一向疯疯癫癫的她，早就各自回家去了，而她还牢牢地记得，那晚有很好的月色。

她悄悄回到家后，把匕首藏在了一堵墙里头，那是她过去经常藏私房钱的地方。后来母亲死了，她也长大了，她觉得这样危险的东西不能藏在自家，于是就和姐姐商量后把它藏到了母亲的坟里，姐姐也不知道她藏的究竟是什么，还以为是和她们母亲有关的东西呢。

从那以后她照样经常去山里玩，也曾经又好奇地钻过那个山洞，可是送她匕首的那人却永远消失了。这一切就像神奇的幻梦一样再寻不得半点踪迹……

秋儿终于意犹未尽地将这把稀罕匕首的来历讲完了，韩信感到非常诧异：这究竟是一个怎样的人？他为什么要把这样一件举世无双的凶器送给一个不懂事的小丫头？难道他就真的不怕小丫头好奇心作祟，拿着这东西满街去耍吗？或者就算她真惹上仇家，难道真的可以拿匕首去报仇？种种疑问萦绕在心思细腻的韩信心头。不管怎么说，韩信觉得这绝不是一件好事，秋儿的性子更不能让他放心。当秋儿还在以骄傲、兴奋的神情审视自己手上那把"宝贝"时，韩信忍不住认真地对她说："赶紧收起来，这可不是好玩的！"

"不！我偏不！我就是要拿它去杀皇帝老儿！报仇！报仇……"秋儿激动地将匕首拔了出来。那锃亮又带些寒意的锋芒看得韩信很不舒服。

因为彼此相处的时间很短暂，秋儿的脾气韩信还有些摸不透，但是看人看本质，她的确是那种爱憎分明且有股不要命劲头的人。韩信已明显感觉到她慢慢开始信任甚至依恋自己，或许多少夹杂感激之情。所以他想让秋儿像自己一般惯于隐忍，三思而后动。

韩信自然还是劝秋儿不要冲动，不须多时他们就能够以血还血，何必拿自己的性命去冒险。秋儿却不耐烦地嘟囔道："忍！忍！忍！你就知道忍！有什么好怕的呢，我的命不值钱！"

"你的命怎么不值钱了，咱们大家的命都宝贵得很！该死的皇帝老儿的命才不值钱……"

"嗯，有人心疼这命就值钱……不过，若是过两天狗皇帝见阎罗王去了，那我们还怎么报仇？"

"父债子偿，我们可以报复在他儿子们身上！"

"一人做事一人当，欺负狗皇帝的儿子算什么英雄好汉？而且我听说狗皇帝的公子扶苏有可能要做太子，扶苏名声还不错，咱下得去手吗？"

秋儿这一说真是触到了韩信的痛处，他也早已耳闻扶苏的贤名。他不是反对秋儿向秦始皇复仇，而是他唯恐天下不乱，从此失去施展抱负的舞台，终生寂寂无闻。这正是他多年嗜读兵家之书落下的心理症结，他深信只有大乱之世、大争之世才出大英雄，就像那些嗜读纵横家之书的人，也是唯恐天下一统以至太平无事。

韩信沉默了好一会儿，"狗皇帝的陵墓气派得很，到时候咱们去掘了他的坟，再把他鞭尸问罪，你看这样可好？伍子胥就是这样做的。"说到这里，韩信就想起了他和"大哥"那次无意探得秦始皇陵的难忘经历。

秋儿琢磨了半晌，最后笑道："嗯，也只能如此了，还是信哥哥站得高、看得远呢……"

秋儿这一笑让韩信莫名有种熟悉感。于是他忍不住端详起了秋儿。两人的目光就这样不期而遇，待到韩信反应过来时，很是窘迫，"看我，老是痴痴呆呆的。"而秋儿只是莞尔一笑，善解人意地说道："信哥哥，我知道你心里在想什么！"接着，便一头扎进了他的怀中。

韩信知道秋儿是一个敢爱敢恨的女子，他也想过假如自己就这样平庸地度过一生，秋儿妹妹倒也不失为理想伴侣。

于是，韩信自然地抱紧了她……

不多时，二人又上路了，一路上韩信老觉得秋儿拿着那把厉害无比的凶器不太让人放心，不如拿到黑市上卖掉还能得些实惠。可是秋儿还执着于她的复仇梦，哪里肯听话，再说这东西卖掉容易再赎回来难，有朝一日未必就用不到它。不过，韩信的想法让秋儿有了另一番打算。眼看就要到广陵城了，这就不能不令秋儿想起姐姐，她又联想到了和姐姐多少有些瓜葛的婆家——屈家。姐姐为屈家东奔西走、风餐露宿、含辛茹苦了三年，现在姐姐不幸离世，难道屈家不该对姐姐唯一的亲人有所表示吗？况且姐姐当年把财产悉数变卖，所得钱财都让她带入屈家保管，即使姐姐那份归到屈家名下，可是那其中本该还有她的一份。一路上这样盘算着，秋儿便想到了要去广陵屈家讨要自己应得的那一份财产。她马上把这一想法跟韩信说了，正在为长远生计发愁的韩信自然极力支持。

已经是薄暮时分，二人白天出来活动有所不便，唯恐被熟识的人认出来，所以只得等到天色渐晚的时候再行动。他们敲开了屈家的大门，要求见屈老。刚吃过晚饭的屈老听说是已经"失踪好久的儿媳妇"妹妹上门时，自然乐意相见。秋儿要求屈老单独面见他们，于是屈老独自在一间灯火通明的内室中接待了二人。韩信注意到屈老大概六十来岁的样子，个子很矮，行动还算利索，脸上堆着笑，眼睛有些小，一副精明样，一开口就阴阳怪气的。

"你姐姐近来还好吧？她一个寡妇日子不好过，可也不能跟吴大这样的穷小子私奔吧，显得我们屈家不体面。你说是这个理不？"屈老说了一番可气的话，让人觉得可恶。

"什么？私奔？和吴大？"秋儿当即就火了，"老爷子你不要血口喷人！姐姐若是地下有知，一定不得安生……"

"地下有知？这是何意？"

"何意？你说何意？"秋儿表情黯然，"姐姐被秦兵放箭射死了，因为……"

"啊？你姐姐死了？秦兵怎么会放箭射她？"

"东郡那次惨祸死了不下几千人，你问我，我又该问谁去？"秋儿气愤地落泪。

"休得出言不逊，被朝廷的人听去了可不好！那吴大呢，他逃回来了吧？听说有一个姓韩的小子，也是和他们在一块儿的？"

"我叫韩信，吴大也死了，只有我逃回来了……"

屈老打量了韩信一番，捋着自己的胡须自言自语道："只有你逃回来了，你本事可真大啊！"

韩信听出了话外之音，这个老家伙可真难缠，怪不得"大哥"当初说到他时一脸凝重，"我是幸运，被几个游侠救了。"

倒是秋儿有些不耐烦了："好了，我不想多说其他，我这次来只为一件事，那就是拿回姐姐存放在屈家的财产，里面有我的那份，明白吗？"

"明白，明白！你就是快人快语，好！我也不喜欢弯弯绕。只是这事情有点难办……"

"有何难办之处？"

"你姐姐当初为了救你，的确把你家的财产都变卖了，可是为了你的事儿也没少上下打点，那些钱早花完了，我还给垫了不少进去。当然，咱们亲戚一场这就不谈了……对了，你姐姐没去赎你，你咋能出来？莫不是……"

"莫不是什么？是韩信大哥四处凑钱把我赎出来的。"

"那可是五千金啊！"屈老还是话里有话，他不确定春儿是不是真的死了。

"怎么？你以为天底下都像你们家一样一毛不拔吗？行了，你别唬我，姐姐用来打点的那些花费也不过几百金而已。她当初去监营里探望我时曾亲口说过，存放在你家的财产还有一千多金……零头不算，姐姐的那份也归你们，只要还我五百金，如此总可以吧？"

"你可真能开玩笑，就你们家那点家当也值千金？说出去谁信！"

这一下秋儿真的有些火了，她怒瞪了一下屈老，韩信暗地里推了她一下，秋儿不得不带着一丝哀求的口吻服软："您老人家发发慈悲，就当是看在死去的姐姐分儿上，人心都是肉长的啊……"

"你说得极是，可是行善积德总得有点积蓄作为前提吧，唉，眼下时日紧迫，生意一天比一天难做，我也正发愁呢！商帮里这么多兄弟，该怎么养活啊……难哟……"

韩信知道这老家伙铁了心不肯给钱，他也算明白为什么人们常说商人奸诈、见利忘义了，他最后对秋儿悄声说道："咱们这次还是先回去吧，等从长计议后，再找这老家伙算账！"

"不行！"秋儿大声地嚷了出来，"今天他给也得给，不给也得给！"

"你还年轻，我们的难处你有所不知啊！再说，你姐姐死得不明不白的，我们该管谁去要补偿啊……"

自始至终屈老都没有对春儿的死表示感伤或同情，秋儿对他这种没有一丝人情味的说辞感到气愤难平，于是她一个箭步蹿到屈老身前，亮出了那把夺命匕首："说，你今天到底给是不给？"

可是屈老不识货，他哪里晓得匕首的威名，只一面虚应着，一面故意提高嗓门说话。韩信已经察觉大事不妙，赶紧走上前去劝阻秋儿："秋儿！别胡来，要出人命的！"这时候屈家的两个儿子和几个下人闻声进来了，韩信转身只一扫就发现了齐伯的身影。还是齐伯先开了腔："欸？这不是韩信兄弟吗？你啥时候回来的？"

"啊，对！齐伯是我，说来话长，今天不方便细说，咱们还是改日再叙……今天这都是误会！"然后他又转身对秋儿说道："秋儿！别使小性儿了，咱们赶紧回去吧，省得犯了宵禁！"

屈家的两个儿子见老爷子没说什么只是在一旁静观，下人们自然也不敢造次，只有齐伯出来给韩信帮腔道："都是自己人，自己人！

误会，误会！韩信兄弟你快带着这位妹子回去吧！"

秋儿看这个情形只好作罢，她赶紧将凶器收了起来，转身就要跟韩信走出门去。可是不承想屈老为挽回颜面竟突然冒出了这样一句："老夫就不明白了，东方家怎么就生出了你们这两个赔钱货呢？"

走在后面的秋儿听得真切，她忍无可忍了。没等韩信反应过来，秋儿一个回身杀到了屈老跟前："让你侮辱我姐姐，拿命来！"屈老就势用胳膊去挡，没承想胳膊还是被划破了。此时的秋儿还算理智，赶紧回身拉着韩信往门外跑。

屋里的其他人还没搞明白究竟发生了什么，就见屈老突然重重栽倒在地，发出痛苦的惨叫声。大家赶紧上前去搀扶……

等到一大帮子人终于明白到底发生了什么事情时，韩信和秋儿两个早溜得没影儿了。

10/　急中生智

秋儿知道自己闯下大祸，二人得赶紧找个安全的地方躲起来。如今城里人生地不熟的，还是出城去才更让人放心。按常例此时城门该是都关了，可是秋儿偏偏抱着侥幸心理想去看个究竟。最后，当二人骑着马一路风风火火地到达南门时，内心无比失落。眼看危险一步一步逼近，被人关门打狗的滋味可不好受。韩信越发紧张，他想赶紧另想办法，总不能眼睁睁在这里等死。可是秋儿哪里肯走，她知道已经无计可施了，于是就找了城门边的一个小角落躲了起来。

正是这份固执的坚持，才使局面得以改观……

一刻钟过去了，两刻钟过去了。广陵城本就不大，官府应该马上就会有动静。韩信困极无奈，只得听天由命。韩信早知道秋儿不是安分的人，可是也不愿恨她、怨她，人固有一死，有几个人能真正做到快意恩仇？何况自己上次就该横尸荒野，苟活到如今已是侥幸之至。这样想着，二人的手禁不住紧紧地握在了一起。

不过，韩信打心底又坚信这并不是他的宿命，他下意识地仰望浩瀚的苍穹，忽而精神振奋起来，"秋儿，你怕不怕？"

秋儿先是沉默了一会儿，然后用力捏了一下韩信的手掌："怕，当然怕！我怕以后再也见不到信哥哥你了！"秋儿的语气很坚定，令韩信很是感动："别怕，秋儿！生生死死，咱们都会在一起！我从小就没几个亲人，认识你们姐妹是我平生的荣幸……放心吧，我们绝不会就这样轻易死掉……但是以后你这冲动的毛病应该改一改了……"

"嗯，我听你的！以后，我全听你的！"

"好，说话算话！"

就这样，两个人静静地等待老天的安排。天无绝人之路，倒霉的屈家可能一时没转过神来，以为屈老得了猝死症也不一定。

就这样度过了难熬的一个时辰，希望之光神奇地降临到韩信和秋儿身上——有一个载满物品的车队正朝他们这边过来，看样子应该要出城。韩信联想到秦始皇再次东巡的消息传得沸沸扬扬，这夜里还在忙活的车队指定与此有关。

二人急中生智，打起精神，瞅准时机趁着夜色悄悄跟在车队的后面。这是一个很能考验人的时刻，必须要拿出非凡的勇气来，好在夜色帮助他们掩饰了内心的惶恐。

"吱呀——"大门慢慢打开了，秋儿恨不得飞出城门外，不过她还是选择了等待，不能再鲁莽了。到城门口时，车队突然停了下来，车队头目领着城守巡视，韩信眼看就要暴露。

城守可能刚睡醒，多少有些心不在焉。韩信最怕车队头目起疑。当他们巡查过大半时，秋儿终于忍不住转头向韩信递了一个决绝的眼神。即使夜色漆黑，韩信依然感受到秋儿的悲怆和不顾一切的决心。他此时特别害怕秋儿会沉不住气，一再暗示秋儿要镇定。

就在这千钧一发之际，韩信突然开口向前面大叫道："你似尿黄河还似把华山？这等慢吞，休得急了俺……娘老子木得担待……"

话音刚落，所有的人都聚焦到韩信身上，连秋儿也愣得不行，大家都被韩信这口奇怪的方言震住了。不一会儿，见多识广的城守都没来得及和车队头目嘀咕两句便赶紧放行。这世道真的不可以常情度之。

韩信和秋儿顺利逃出广陵城后又悄悄脱离了车队。

"哈哈，信哥哥，可真有你的！你刚才说的那几句不会是关里骂人的话吧？"

"我是想学秦人说话来着，可是也没记住几句，只能开始胡诌，估计是架势镇住城守了吧。"

"那会儿，我急得心都要跳出来，好在现在又捡回来了！"秋儿在马上笑得前仰后合，她越是回想刚才惊险刺激的那一幕，越是忍不住大笑。

11/ 翩然起舞

两个人进了山，这时候已是后半夜，月亮的清辉洒满了小溪淙淙的古老山林，别是一番幽美。二人在一处小沟边停了下来，一边饮马，一边生火。他们拿出干粮，随便一烤就吃了起来。吃饱后，秋儿依偎着韩信，二人抬头看着安静的天空。

许久，秋儿终于长叹一声后道："信哥哥，你说一个人死后就什么都不知道了，那多没意思啊！像现在这样，我靠着你，安安稳稳地坐一辈子，不好吗？"

"好啊！但是别怪我啰唆，你这冲动的毛病实在不能让人放心，今后要是能够改掉就好了。我真害怕他们明天会追上咱们，那就麻烦了……"

"那就跟他们拼了，我这把匕首可不是吃素的，哼！"

"看看，又来了！你姐姐把你托付给我那是信任我，如果你有个好歹，让我有何脸面去见她！"

"呵呵……"

这时突然有一阵花草的香气隐隐传来，秋儿登时便站了起来，笑着对韩信说道:"信哥哥,我跳舞给你看吧,我跳的舞可好看呢!那些当官的有事没事都喜欢跑来看我跳舞……"还没容韩信表态,秋儿便脱去外衣,陶醉地跳起舞来。

韩信只好在一旁欣赏,他虽然不懂舞蹈,但是他知道秋儿跳得很好,跳得轻盈柔美,让他心旌摇荡。秋儿将目光投向韩信,搞得一向腼腆的韩信有些不自然起来,他不好意思再盯着秋儿看,就在一边拨起火来。

"信哥哥,我跳得好吗?"

"你跳得好啊,美啊!像天仙一样……"

"那就把我拿手的舞都跳给你看,让你一辈子记住我……"

许久,秋儿终于跳累了,她趴到了韩信跟前,两只眼睛盯住他,待缓过一口气来说道:"信哥哥,你娶我吧!我要做你的人!"说着就上前把韩信压倒在地。

"秋儿,你别胡闹了好不好?今晚上我们得好好休息,争取早点到吴中,明白吗?"韩信小心地把秋儿推到一边。

"嗯,我明白!那你搂着我睡吧!"

韩信有些无奈,于是他让秋儿靠近火堆,自己搂住她,二人便这样沉沉睡去。

不知过了多久,韩信突然被噩梦惊醒,敏锐的直觉告诉他麻烦要来了。

周围一片漆黑,韩信干脆坐了起来,又重新把火烧得旺一些。他忍不住多看了秋儿几眼,他在心里告诉自己:我不能失去她!我也不能辜负"大哥"!他想去亲亲秋儿的额头或者脸颊,可是又怕吵醒她,于是干脆作罢。不管怎么说,他都要保护好她,如果将来他封侯拜相,她就可以跟着自己同享荣华富贵。

这样一想,韩信便又睡过去了……

然而韩信的预感确实应验了。第二天中午屈家的一个儿子就带领着一班兵士骑着快马追上了韩信,这些人应该是连夜行动。官府认为这不是一起普通的杀人案,凶手使用的凶器是本案关键。

韩信认为不能再走大路了,于是二人钻入了深山,秦兵在后面穷追不舍，眼看一场生死搏杀避无可避。秦兵来了不下百人，即使将他们都分散开，韩信自己带着一个不懂武艺的秋儿，逃出去的胜算也不大。所以韩信只得把马弃了，尽量往可以藏人的地方钻。可是由于官兵中很多都是这一带的人，而韩信二人却不怎么熟悉地形，他们被逼到了一处悬崖边。

"信哥哥，怎么办？咱们跟他们拼了吧？"

"秋儿，不到最后时刻不要轻言放弃。"韩信拉住她的手继续跑。

"信……哥哥……我……"

这一次看来是真有大麻烦了，秋儿已经累得跑不动了。眼看二人要落入秦兵之手，韩信此时多么憎恨自己的无能和平庸，若他是个领兵的将军，又何至于会落到今天这般可怜的田地，连心爱的女子都保护不了……秋儿也终于清醒地意识到摆在自己面前的究竟是怎样的境遇，她不能连累信哥哥，如果要死的话，她愿意代信哥哥一死。

二人逃到了悬崖边，身后就是万丈深渊。

韩信拔出宝剑准备放手一搏，可是秋儿却停在那里纹丝不动，韩信赶紧向她喊道："秋儿！一会儿你就跟在我身后，一步也别离开我，听见了吗？"这时候几十个秦兵已经看到了绝境中的二人，都纷纷赶过来。秋儿没有回答韩信，只是不断后退。

"不好，秋儿这丫头可能要干傻事了！"当韩信意识到问题的严重性时，秋儿已经走到距离悬崖边缘不足一步的地方了。她大声向韩信喊道："信哥哥，今生今世我们的缘分就到这里吧……下辈子我还做你的人，一辈子都做你的人……"

她哭了，韩信也崩溃了，他想要上前拉住她，可是秋儿阻止道："信哥哥，不要过来！这是我们姐妹的命……你走自己的路吧！"

秋儿又转向那些已经围上前的秦兵，高举起手中那把匕首，破涕为笑："杀人凶器就在这里！有本事的就过来拿！哈哈……"秋儿的笑声在山谷中久久回荡，但人已经消失了……接着传来韩信撕心裂肺的哭喊声……

第四章　仗剑从军

1/ 群雄方起

一切不幸都已发生，任谁也无力回天。

那一刻，韩信也想随秋儿去了，可是这种死法太轻贱了，大丈夫应该有属于大丈夫的死法。于是，韩信放开手脚和那些追上来的秦兵搏杀，经过一顿猛砍猛杀之后，韩信自己愣是毫发未损，而那些秦兵无一不是血溅三尺，好一个"置之死地而后生"啊！

其他的秦兵还没找到这里，韩信双膝跪地，仰首向天大喊一声："苍天啊，你为何要这样对我？"

过了好一阵，韩信终于恢复了理智，他小心地擦拭干净自己的宝剑，迅速站起身来，开始了一个人的逃亡之旅……等到他整理、清洗好衣衫下山时遇到了两个人，其中一个年长者还认识韩信。

"这位兄弟莫不是韩信小友？"那位长者从身后叫住了只顾低头疾走的韩信。

韩信回头，呀——原来是故人，"哦，先生莫非是家师好友沧海君？"韩信的老师上官先生知交遍天下，韩信作为其得意弟子自然少不得在一旁作陪，所以还算识得几位英贤。话说沧海君也是张良的知交，想当年张良赴淮阳学礼，曾东见沧海君，得一力士，又得一重百二十斤的铁锥，这才有了张良在博浪沙刺杀秦始皇的壮举。

"呵呵，正是老朽！幸得小友还记挂着，看小友这般血气盈身、行色匆匆，这是打算去哪里啊？"沧海君平易和蔼，身边那位想来是他的随从。

大家都是同道中人，韩信也就不避讳了："还能向何方，亡命天涯呗！"

"哦？小友如此隐忍之人，难道也反了不成？"

"这年月，不反是死，反了或许得一生路！还没请教先生这是要去往何方？"

"老朽出门拜访几个朋友而已！顺便再观览一下天下形胜以度天年吧！"

"先生一世高贤隐者，如此屈身劳驾，不会只为这等小事，一定有什么天下大事惊动了先生……"

"韩小友果然少年英杰，那老朽就无须再瞒小友了……"沧海君找了一个僻静之处和韩信畅谈了一番天下大势。

沧海君近日观察天象，惊觉秦始皇已显回光返照之象，大限之期屈指可待，又有权奸赵高把持朝政，夺人主之志难测，始皇帝若亡，天下必再起波澜。而最让沧海君揪心的是豪杰并起、中原逐鹿之日还须少些生灵涂炭，只是不晓得何人再主天下沉浮，是故他才惴惴然巡游天下，权当尽些绵薄之力罢了。

沧海君一番高论听得韩信心花怒放，他知道真正属于自己的机会就要来了。他适当宽慰了几句沧海君，他也知道乱时刀兵之祸在所难免，而最后真正可以收服天下的必定是一位仁主。"先生尽可宽心，所谓'文武之道，一张一弛'，圣贤治道不能不细察也！天下张极，必当思弛，而暴秦张极，天下再度归心自当以弛为本，亦即仁义也……"

"有理！有理……"思忖片刻的沧海君竟恍如大梦初醒一般，"小友识见非凡，老朽果然上了年纪！天下人才当数汝辈啊，老朽实属操闲心了，呵呵……"

"先生心怀天下苍生，殷情高义胜我辈何止万千……"

这下韩信可算说到沧海君的心坎里去了，沧海君很是不忍韩信孤身一人到吴中去。他建议韩信不如随他一道去东海上先避居些时日，一旦天下诸侯蜂起，大丈夫再提三尺剑勘定天下不迟，有道是"天道后起者胜"。

有人愿意收留自己，韩信当然感激不尽，而且东海孤岛上也隐秘些，可以放松身心，尤其那里可以让他头脑冷静。经历了数次生死离别后，他很需要自我调适一番，顺便整理一下自己的思绪，沉淀一下心境。因此，韩信便爽快地应允了沧海君。

小岛上不过几十户渔民，沧海君是这里的长者和当家人，家里上上下下几十口人，家业还算可观，养几个吃闲饭的自然不在话下。韩信到了这里后，起初有些不适应岛上的气候，没几天也就与陆上无异了，当然台风来临的时候，他也唯恐小岛被惊涛骇浪所吞没。韩信每天除了陪着沧海君或他家的几个门客下下棋、聊聊古今天下外，就是一个人四处闲逛、钓鱼，他心里总不能忘记东方姐妹。每每想到她们，眼角就湿湿的，豪情男儿居然忧伤至此，心底的悲凉止也止不住。

　　有时候，韩信也会跟着渔民们去近海捕鱼，总吃闲饭他也有些不好意思，他同这里恬然自足的人们相处愉快。此处完全是世外桃源。因此，韩信难免幻想若是自己将来功成名就之后，不妨就来这里隐居，安稳地度过余生。当然，他还想着要找一个中意的爱人陪在自己身边，不然满肚子话语向谁去说？他们再生一大堆孩子，尽享这人间的天伦之乐。

　　此刻，天下风云突变。

　　七月，秦始皇在东巡的路上一命呜呼。权奸赵高勾结左丞相李斯矫旨赐死了公子扶苏及大将蒙恬，改立秦始皇的小儿子胡亥为帝。从此，昏君在上，奸臣在下，天下再无宁日，整个大秦王朝也开始摇摇欲坠……

　　第二年（前209）四月，二世为收拢人心而大赦天下。韩信辞别沧海君回到了故乡淮阴，他要回家去坐观形势。

　　秦二世的惠民之策治标不治本，他那暴虐、愚顽的心性根本未加收敛。因此，到了七月，被压迫得再无生路的平民陈胜、吴广二人，便在大泽乡领导九百兄弟揭竿而起反抗秦朝暴政。就这样，一场轰轰烈烈的农民起义终于爆发了。这是中国历史上第一次真正意义上全国范围的农民起义。

　　起义军迅速得到了广大同样不堪压榨的老百姓的广泛支持，他们杀死当地官吏，望风归顺，义军一路势如破竹，很快在陈县①建

---

① 今河南淮阳县一带，曾是楚国的都城。

立起自己的独立政权，号曰"张楚"，陈胜自称陈王。接着，陈胜四下派出得力干将不断扩大战果，将一方帅印授予一个名叫周文的人，令其向秦王朝的腹心地区——关中进击。

周文文才武略颇为出众，还没等秦人有招架之力，就已经率领义军叩开了函谷关，直逼咸阳。一时间天下无不为之欣喜震动，反秦大业即将胜利，不料秦少府①章邯在关键时刻率众大力反扑义军，打了义军一个措手不及。章邯足智多谋，掌管着各大工程营造的他为了弥补兵力不足，就向朝廷建议释放修建骊山陵墓等处的几十万囚徒，编入秦军中以暂时抵御义军，此时正忧心如焚的朝廷当然应允。结果这一建议直接导致了进攻关中、尚未立足的义军失利。至十一月，周文败死。

吴广、陈胜等人也相继被杀。

然而，天下鼎沸之势已成。八月，张耳、陈馀等起兵于赵地，武臣更自立为赵王；韩广攻略燕地，李良攻略常山，张黡攻略上党。九月，沛县人刘邦又起兵于沛地②，下相③人项梁、项羽叔侄起兵于吴中，狄④人田儋起兵于齐地。

各路诸侯豪杰进展之势如火如荼，令前往各地镇压的秦军顾此失彼。

第二年（前208）春，项梁、项羽叔侄在平定吴地之后，即率八千江东子弟渡过长江开始北进，不久他们又顺利渡过淮河继续北进。

此时，仍在家乡静观形势的韩信再也坐不住了，他思量再三，把"宝"押在了项梁、项羽叔侄身上。据钟离眜当初所言和一些传闻来看，项梁、项羽叔侄不但是楚国名将项燕的嫡系后人，而且叔侄两人也都颇通兵法，尤其在吴中一带颇能服众，很是受人拥戴，想来应该是最有希望成就一番大业的。再说，韩信已经做了二十多

---

① 官名，始于战国。秦汉相沿，属于朝廷的重要官员"九卿"之一。掌山海地泽收入和皇室手工业制造，为皇帝的私府。

② 今江苏沛县。

③ 今江苏宿迁市西南。

④ 今山东高青县东南。

年的楚人了，到了其他诸侯那里未必不会遭人排挤。

阳春三月的一天，韩信悄悄去父母坟前道别。他知道，此一去刀林箭丛，必定九死一生；然沧海横流，男儿成名亦在此时……

2／　定陶之役

韩信义无反顾地上路了，他已经有些抑制不住自己内心的兴奋，他等待这一天已经很久了。

当时项梁的部队已经到达下邳，四方豪杰如陈婴、蒲将军等都慕名率众前来投奔，其中不乏像英布这样的一流猛将。英布又名黥布，因为"连坐"遭受在脸上刺字并涂墨的"黥刑"。

此时的项军大约有六七万人，已经具备相当规模。故地重游，韩信不由得心潮起伏，但他没有忘记先到恩师坟前探望，以告慰先生的在天之灵。接着便大步走向军营的募兵处。可是韩信怎么也没有想到，当他对掌管人事的差官说出"我通兵法"四个字时，引来的却是好一阵哄笑，那差官正言道："兄弟啊，这里可没人希望你通什么兵法，你只要能打仗，服从军令就行！"这差官看上去也就三十多岁，却像出身行伍多年的老兵一般。

韩信认为对方肯定是看自己太年轻，所以也没有争辩什么。好在那差官倒也不乏豪气，他又仔细看了一下韩信虽然英武却偏瘦的身躯，还有眼睛里射出来的锐利目光，尤其是身后背着的那把宝剑，最后爽快地说道："好吧，兄弟你可以留下了！不过委屈兄弟先干一名伍长吧，只要是人才，总会有用武之地和高升机会的！"按照《司马法》中的说法："五人为伍，十伍为队，一军凡二百五十队。"伍长不过是个最基层的小军士。

韩信有些失望，但是又有什么办法呢，也只有从底层一步步做起，这样想着，他的心也就暂时安定下来。

几天以后，韩信慢慢发现项军中多的是生猛如虎狼的奋勇之士，但是他们都没有军旅经验和军事素养，只知一味逞匹夫之勇，殊不知大兵团作战与个人单打独斗迥然有别，集体作战讲究军事素养和团队配合，战略战术更不用说。只要配合得好，几百人就可以横扫万人的乌合之众，所以兵贵在精而不在多。按照韩信的想法，以角力取功业是下下策，再说以他那体格也不允许，韩信一直追求的是"上兵伐谋"。他只有等待机会，况且他也需要在战争中参悟、体验兵家制胜之道。

没过几天，项军就在彭城一带与自立为楚王的景驹军进行了一场大战，双方打了整整一天，对方大将秦嘉被杀，景军投降，景驹本人也在逃亡的路上被人杀死。而韩信所在的部队是预备队，只在最后打扫了战场。此战胜利后，项军的威势进一步壮大，沛公刘邦向主帅项梁借兵，项梁慨然应允。项梁接连派出部将追击以扩大战果，项羽作为得力大将被派去进攻襄城，结果苦战多日后才拿下该城，项羽一怒之下血洗了襄城。

按照项羽的逻辑，在这场战争的非常时期绝不允许出现第三方，否则一定要毫不手软地消灭。事后，项羽将此事向叔父汇报，项梁没有太当回事，他也觉得不多杀些人不足以立威。

最重要的是，项梁接受了一位名叫范增的七旬老谋士的建议，将流散在民间的楚国王族后人——放牛娃熊心立为楚王，号"怀王"，借以凭吊楚国那位身受秦国侮辱而死的先王"楚怀王"，并定都盱眙①县。项梁自封"武信君"，掌握实际的军政大权。

一百多年前，贪婪的楚怀王被秦国派出的著名纵横家张仪所骗，一改"合纵"政策而同秦国"连横"。后秦国阴谋败露，楚怀王一气之下又多次兴兵讨伐秦国，结果连连败北失地，从此楚国一蹶不振。十四年后，秦人又诱骗他到秦国做了人质，秦王胁迫他割地，但被他拒绝；两年后，楚怀王出逃未遂，一年后耻辱地病逝于秦国。

项梁再立一名"楚怀王"，也有让楚人发愤图强的用意。与此同时，天下的抗秦形势已经再次发生变化，六国反秦大联盟即将

---

① 约在今江苏省盱眙县一带。

形成。

可是，由于秦将章邯出色的指挥水平和秦军实力的强大，中原地区的起义军多半遭到毁灭性打击。章邯在打败陈胜以后，又接连打败了新立的魏王及齐王，而魏王弟魏豹得以逃脱，齐王弟田荣又改立其侄为新齐王。但是章邯的军队还在不断向他们展开进攻，形势不容乐观。

七月，大雨连绵，项梁率领主力部队进攻亢父。这时候他接到了齐相田荣的告急书，说他们正在东阿遭到秦军的猛烈围攻。于是，项梁掉转矛头直接奔向秦军的主力部队——章邯军。此战由于楚军新锐及项梁指挥有方，而秦军又屯兵于坚城之下良久，疲惫的章邯军失利，被迫向西逃窜。项梁则率兵继续追击，又多次战胜了章邯，因此楚军顿生轻秦之心。项梁让项羽与新投奔的刘邦率领一支主力部队去进攻其他地方，这样一来就分散了楚军兵力。

此时，秦王朝也在为楚军的强大而震恐，不得不拼命组织力量支援章邯。当时，楚军中有一位名叫宋义的将军看出了形势危急，他劝告主帅项梁要提高警惕，可是却没有引起正得意的项梁的足够重视：“章邯小儿何能为也，别人怕他，老夫却不惧，看老夫明日收拾了小儿！”骄兵必败，在八月一个漆黑的夜晚，用兵诡诈的章邯率领大批秦军悄悄偷袭了在定陶一带疏于防守的楚军……

那一天正值韩信守夜。从军以来，韩信在战场上的表现并不出色，由于秦军溜得太快，他斩敌首级只有个把而已。韩信作为一名士兵，还不甚了解对方主帅的厉害，但是从秦将章邯一贯的战术来看，这个对手绝不容易对付，所以韩信总是无法安心。他手下有四名兄弟，年纪都差不多，也都是新入伍的，体格还不错，也正经操练过几回。军队当然就要有军队的样子，项梁确实是用兵行家，还在吴中的时候，项梁就常常按照兵法教导宾客及子弟，大家都很服他。

这几个月来，韩信同兄弟们已经混得比较熟了，他不希望这些朴实勇敢的兄弟就这样横尸异乡。但是，该来的迟早要来，敏锐的韩信多次向上面建议须在军营周围加强布置岗哨，可是几个月来一直都是大雨倾盆，谁也不相信秦军会踏着泥泞、忍受疲惫半夜偷袭；即使秦军果真来了，等待他们的也一定是以逸待劳的楚军的重拳回击。

尽管项梁治军挺像那么回事，可是他毕竟流落江湖多年，身上难免沾染上一些自由放荡的江湖习气。比如他好纵容手下，下不了决心加强军队的纪律性，这样不仅失了民心，也不能保证军队的战斗力。为此，韩信没少在军队建设方面提出自己的想法，比如加强军队的纪律性；针对楚军单兵作战强但不善于组织配合的特点，韩信建议在每个作战单位实行"连坐法"，一旦某作战单位的官长战死，此单位没有战功的话就要集体连坐——伍长死，则全伍都要遭到重罚，情节严重者要斩首。韩信确实没少在暗地里批评楚军是一群"乌合之众"，可是又有谁理会这样一个骨子里充满傲气的人呢。大家都害怕承担责任，都喜欢由着自己的性子来。

然而越是这样越令韩信感觉到危险将临，"出其不意，攻其不备"是兵家要诀，况且相比之下，秦军主力部队在不断增兵，而楚军主力则不断地变得骄逸和分散。韩信不敢再想下去了，只好整天衣不解甲，随时准备战斗。很多人看到他睡觉时居然还一副累赘装扮，都纷纷嘲笑他胆怯，然而韩信才顾不得这些。

此时已是后半夜，突然天开始放晴，满天的灿烂星斗让夜空格外明亮，而周围则是死一般的寂静，夏虫都好像紧张得不敢嘶鸣。

这里是城外围的防御阵地，也是主力密集所在，营地里的篝火一片紧连一片，煞是壮观。然而这时候韩信却不禁想到，假使项梁被秦军杀死，自己以后又该去投奔谁呢？他脑子里过滤了一下天下诸路豪杰，思来想去，项梁的侄子项羽最得他的心。项羽勇猛善战，长于冲锋陷阵，尤其通晓兵法，虽然过于迷信武力，可是就打天下而言真是没的说，而且据说他待人也还不错，能够与人共患难。只是目前韩信还未有缘得见项氏叔侄的真面目，一仗紧接着一仗，全军至今还未进行阅兵大典。军中早就有传言说项羽可力敌万人，是一位当世无双的真豪杰。韩信放下心来，任岗哨上的家伙偷懒打瞌睡也没去叫醒他，扬汤止沸又有什么用呢，还省得再遭人白眼。

当韩信也困得拿一面盾牌挡着打瞌睡时，四下喊杀声大起。

韩信睁开眼睛就看见从远处射来的铺天盖地的火箭，整个楚营立马被烧着了。韩信赶紧站起来准备迎战，而很多人为了逃命，慌乱之间甚至都还没来得及穿上衣甲、抓起武器。一刻钟后，蜂拥而至的秦军发起了猛烈进攻。

眼看一匹无人乘骑的战马从面前跑过，韩信立即上马，一手拿着盾牌，一手挥舞着自己的宝剑，指挥手下的四名士兵向定陶城方向冲去，他想去支援守城部队，而外围阵地早被秦兵冲垮了。可是，由于秦军攻势迅猛凌厉、部署周密，当他到达定陶城下时，发现大批秦军已经在向城边围拢过来。韩信突然不敢进城了，他料定定陶城守不住，到时候成了秦军的瓮中之鳖就追悔莫及了。于是韩信赶紧改变主意向西逃去，他不敢向东突围，因为那里有秦兵的埋伏部队，足智多谋的章邯一定会严防项梁余部同项羽会合。

果然，西面的秦军数量不多，此时整个定陶四周已经被震天的喊杀声吞没。楚军完全被打散，其中不少人都像没头苍蝇一样乱打乱撞，韩信知道自己独自突围风险极大，于是他在向西的路上一个劲儿地高呼："兄弟们！都跟我来！"此时的韩信精神抖擞、勇猛异常，轻而易举就砍倒了数十个秦兵，因此赢得不少楚兵信任。可喜的是，他们几百号人就这样撕开了秦军包围圈的口子。

不过毕竟刀剑无眼，加上又是半夜，秦军惯于使用长戈弓弩，韩信肋下重重地挨了一戈，腿上也中了箭，好在受了轻伤的战马倒无大碍。当他身后的喊杀声渐渐消匿时，才发现竟没有一个弟兄跟上来，疲惫和伤痛令韩信痛苦地趴伏在马上动弹不得，他不得不扔掉了沉重的盾牌。

天快亮了，韩信渐渐失去了知觉……

3/   老人救命

一场大雨浇醒了昏迷中跌下马的韩信，好在天还没有黑，他挣扎着爬起来，身上的伤加上饥肠辘辘令他头脑发晕，马儿就在身边乖乖地啃草。

这里是一处荒野，韩信想寻一户人家借宿，于是他使尽全身力气爬上了马。他不甘心就这样死去，那些理想还一样都没有实现。不知道马儿走了多久，此时夜已经很黑了，雨也小多了，韩信终于看到了希望——十几步外隐约透出了光亮，应该是一间乡野小屋，韩信用力打马来到屋前，一直捂着的伤口似乎也不怎么疼了。他狼狈地滚下了马，一边喊着"救命"，一边敲起了那户人家的门。

这沉沉雨夜的不速之客啊……

开门的是一对老夫妻，在这干戈四起的年月，他们对这样一个浑身是血的伤兵并未表示惊诧，而是把他小心地扶到屋里躺下。老汉看样子很有经验，他在老婆婆的帮助下找到了韩信的伤口，从里间拿出一把药粉抹上，然后又为韩信仔细地裹上了白布。

这时候韩信全身早已发烫，情况看来有些不妙。不一会儿，老汉煮好了一碗姜汤让几近昏迷的韩信喝下，然后对老婆婆说道："这个小伙子恐怕挨不过今晚了，我去找老薛来，让他想想办法吧！"

"这黑灯瞎火的，还下着这么大雨，老薛肯来吗？"老婆婆一边喂韩信，一边疑惑道。

这时老汉已经穿好了蓑衣，他头也不回地答道："他要是敢不来，明儿你就到他家给我收尸去！"

"嘿！你个死老头子，快去吧，救人要紧！"老婆婆在韩信额头上放了一条湿毛巾。

没一会儿，韩信就失去了知觉。当他清醒过来的时候，已是第二天的中午。天已放晴，屋子里面一片透亮，一个人也没有，小桌上放着一些药物，看来那老人家确实把救命的"老薛"给请来了。韩信昨晚虽然发着高烧，但耳朵里听得还算真切。

韩信想坐起来，可是头昏沉得厉害，他已经两天没吃东西了。他有气无力地喊了一声，外面有人进来，是那老汉和另外一个打扮奇特、神采奕奕的老人，想来这就是那位薛医士了。

"不错！不错！真不错！果然年轻力壮啊！"医士捋着自己长长的白胡须笑吟吟地说道。

韩信无力地张了张口问道："老先生何意？我的命是不是您救的？"

"亏得老薛及时赶来，不然你肯定小命难保，'老薛头儿'可是我们这一带的名医，还不谢恩！"

韩信连行礼的力气都没有，老薛怎么会在意，他笑吟吟地说道："年轻人莫要谢我，还是谢你自己吧！是你救了自己啊！"老薛的意思正是韩信靠着顽强的意志力挺过了生死关头。

这时老婆婆已经摆上了热腾腾的饭菜，大家畅快地吃喝了一番，韩信还是由老婆婆照顾着，他也只能吃上一点。遭受如此重创，他需要慢慢恢复。

等到下午时，韩信终于能下地了，老薛试探着打听了韩信的情况，并告知他武信君项梁已经战死，"此地不宜久留，我看小兄弟还是跟我到山里休养几天吧，免得在这里生了事端！"

韩信当然明白他的意思，得胜后的秦军一定会四处搜查，继续待在这里于人于己都很不利。那老两口儿明白老薛的好意，不便再挽留韩信，于是给韩信的马套了一辆车。当韩信出门的时候，他终于忍不住流下了感激的泪水，他坚持要把身上带着的钱财留给两位老人，可是人家却怎么也不肯收。最后韩信只得慨然下跪道："小子将来一定厚报二老！"

"这小子器宇非凡，谦逊有礼，我看他不会食言的，呵呵！不过到时候你两口子是否健在还很难说，哈哈……"老薛在一旁忍不住打趣道。

老薛一语成谶，等韩信七年后成为楚王派人找寻恩人时，才知道两位老人早在楚汉战争期间不幸得瘟疫死了，后人也都因为战乱失散了。

韩信先是把马车赶到了老薛家，休息了一晚，第二天就解马直奔山里去了。所谓"狡兔三窟"，这位戏谑却又处处透着睿智的老薛不是凡人，韩信虽然在山路上颠簸得浑身不舒服，可是始终都怀有一种安全感，他相信自己这一次遇到的肯定是位贵人。

薛家世代行医，到了老薛这一代，医术更加高超，尤其精通针灸技法。当地有一个姓陆的大夫自称医术不次于老薛。有一次，县令病了，请老陆为他针灸，可是刚扎进一半针就断了，老陆吓得脸色全白，忙说道："非请老薛来不可！"结果老薛轻松化解危机，保住了县令的性命。老薛高明如此，同他在一起，自然是韩信的幸运。此外，山中景致幽美，恍如人间仙境……

4/　再会英乔

老薛的几间茅庐就建在地势开阔的山谷之中，近处是一潭碧水，房屋四周环绕着葱郁的林木，好一方恬然自足的小小天地！茅庐中还住着一老一少，老的大约有他这把年纪，小的是个十几岁的少年，祖孙二人给老薛看房，间或照顾老薛的生活起居。

韩信伤了骨头，没几个月的休养肯定好不了，所以他只得老实陪老薛下下棋、聊聊天或者钓钓鱼。开始几天韩信还觉得新鲜，能和老薛交流一些当下的识见和观感，可是总憋在这个小地方让他觉得乏味和焦虑，而且老薛崇尚道家，韩信的功利思想总少不得被他调侃几句，道不同难相与谋。有一天，二人坐在一块钓鱼，韩信满脑子想的都是多钓几条，越大越好。可是不知为什么那天的鱼就是不上钩。于是韩信着急了，三番两次将钓钩提出水面。

"年轻人要静心，钓鱼的目的不在鱼，贵在修炼心性！"老薛忍不住说道了两句。

"先生所言极是，不过我却认为，'钓鱼'不为鱼，何必钓之？"

"此'鱼'非彼'鱼',此鱼乃心中之'鱼',不须向外物而求也。"

"先生妙语,不过既然此'鱼'非彼'鱼',那此'钓'该非彼'钓',亦当不须向外物而求……"

"好小子,把老夫给绕进去了!想老夫钓了这大半生,确乎多不是为鱼,而是为求心内自安、心无旁骛,就同那姜太公一般。"

"先生高人,我辈不及!其实,小子若无肚腹之急,所钓之鱼亦可以不取,即所钓并不为鱼也!只图一时快感罢了,否则岂不无趣……"

韩信感觉此时无趣得很,鱼也不似从前那般爱钓了,他现在满脑子想的就是赶快回到鼓角争鸣的沙场上去。他有些害怕一辈子待在这种孤绝的地方。此时他内心越是孤独寂寥,就越能体会自己建功立业的急迫之心。

一日,山谷中忽然来了两位客人,他们的到来彻底改变了韩信的生活。

当韩信中午时分从外面提着几条小鱼悻悻地回到茅庐时,那个看家的少年对他说道:"韩大哥,先生家来客人了,好像是老相识呢!你也快去瞧瞧吧!"

听说来人了,韩信一下子就提起了精神,"哦,是吗?那得看看去,兴许外面有啥好消息呢……"接着他便快步向堂屋走去,在远处他就已经听到屋里传来其乐融融的谈笑声。当他推开门进屋时,一个非常熟悉的身影紧紧抓住了他的目光,韩信像木头桩子一样愣在那里。"大哥!你来了……你还好吧……"屋子里除了韩信、"大哥"、老薛,还有一位上了年纪的老先生,两位老人都被韩信这一声"大哥"叫得一脸愕然。

"大哥"也有些忍俊不禁,她也认出了韩信:"原来是韩兄!没想到在这里能碰到你啊……你且再仔细看看我,我是英乔啊,前年咱们见过。"

"英乔?"韩信急忙在脑海中搜寻了一番,可是他分明还在怀疑她就是"大哥"。

于是英乔接连说出"彭城""秋儿""钟离昧"等几个字眼，最后韩信终于清醒过来，苦笑道："咱们真是有缘啊，居然又见面了！看我还是这股傻劲儿……"

在一旁跟着老薛发笑的那位老人正是英乔的父亲，他这次带着女儿来投奔老友，一来为着会会故人，二来也是为躲避战乱求个安生。只是没想到英乔又遇上了傻乎乎的韩信，真是让人感叹人生的奇妙！

韩信再不觉得无聊孤寂，英乔可是一个难得的交谈、倾吐对象，再次相聚于江湖，真是人生一大快事。他们先叙了一下别后的情形，当韩信重温那段痛苦不幸的时光，尤其讲到秋儿被逼跳崖的那一幕时，两个人忍不住流下了伤心的泪水。两个多好的姐妹，韩信只恨命运太过残酷，更痛恨自己的无能……

"我觉得自己不配活在这个世上，我是一个无用之辈……"韩信用拳头狠狠地击打着自己的胸膛。

"韩兄！你不要这样自责，谁没有低谷之时？想那不可一世的始皇帝，年幼时不也一样在赵国做过人质而备受欺凌，后来初登王位时又受制于人……"

"我怎么可以和皇帝老儿比呢，我若能于乱世之中苟全性命，就已经福大命大了……再说，失去的永难追回，人世无常令人心寒呀！"

"实在没想到胸怀大志的韩兄也有英雄气短时……既如此，那你就在这深山之中孤老终生吧，大家的血也白流了……"

真是一语点醒梦里人，韩信当下就悔悟过来了："是啊，大家的血不能白流，这把宝剑就是见证！"说着便拔出了那把与他形影不离的宝剑，猛地劈向身旁的一块大石头，石头擦出一道火花崩裂开来！而韩信因为身上带着伤，没一会儿就疼得把剑摔到了一边。此时，两个人不约而同地相视大笑。

轮到英乔聊聊自己了，她其实很希望再见到韩信。她实在没什么好说的，还是老样子，都快成老姑娘了。但是热心的她听说了不少坊间的消息：自从武信君项梁战死后，楚怀王已经下令迁都彭城，项羽、刘邦、吕臣等人也都跟着回防到了彭城一带，楚军也大致统一了指挥；怀王还将占据魏地二十多座城池的魏豹封为魏王，楚军的影响力仍然不小。秦军主帅章邯暂时放弃进攻楚军，选择北渡黄河伐赵。赵军惨败，邯郸城也被秦军摧毁，如今赵王歇和赵相张耳都躲在了距离邯郸北面不远的巨鹿城中继续坚守，秦军另一主将王离①正率军加紧围攻巨鹿。

"形势到现在还很不明朗，虽然如今秦军占据上风，兵威正盛，可是天下反秦的大旗已经四面大举，数年之内应该不会倒下……"韩信充满信心地说道。

"是啊，现在秦兵大举围攻巨鹿，各路诸侯想必都要去援救巨鹿，看来双方在巨鹿附近得有一场生死大战了……"英乔预见道。

"或恐不然！如今秦兵势大，锋气正锐，各路诸侯各怀心思，很难拼死相救。"

"韩兄所言甚是，天下诸侯纷争不休，只苦了百姓们！"英乔黯然。

"一治一乱，大乱之后说不定就是大治，这可能就是轮回，有什么可伤心的呢！人生一世，转瞬即逝，只求别自甘沉沦才好……"

"韩兄胸怀高远，应该多多提携我辈才是！"

"呵呵，说笑吧！倒是我真恨不得身体明天就可以恢复，老憋在这里实在不是事啊……"

"这你可有些着急了，大丈夫不愁没有建功立业的机会，养好了身子才是关键！况且这也是个难得的思考的机会！"

"嗯，我知道！"韩信虚应着，可惜身边缺少一张地图。

"要我也是个男儿就好了，可以陪着韩兄一齐上阵杀敌……"

太过熟悉的说辞，韩信想到这是"大哥"在几年之前说过的话。

韩信再次死死盯住眼前的人——这是怎样一种巧合？总之，诸多相似不能不让他产生怀疑：难道冥冥之中……

韩信想不下去了，失神之余竟忍不住抚摩那张似曾相识的面庞。

---

① 系秦国名将、主持灭楚之战的王翦的孙子。

不过，当他颤巍巍的手刚碰触到英乔的脸上，"怎么，又想她了？"韩信立即被这一声问话惊醒，方才觉得自己有些冒失。

"哎呀，看我，一天到晚净瞎想……我剁了这只手去……"韩信说着便要起身，可是却被她小心拉住了……

此时已是黄昏，他们紧紧地靠坐在草木葱茏的山丘上，清凉的晚风袭来，真有种说不出的温柔与惬意……

5/　欢喜女婿

第二天，英乔专门换上了鲜丽的女装，用心打扮了一番。当她进到韩信屋里时，韩信愣了好一会儿才认出她来。韩信不免有些窘迫，英乔仿佛换了个人一样，那独特的女子美令他有些无所适从，空气一下子变得微妙起来。

英乔羞涩地问道："信郎，你看我 —— 美不美？"

她居然改口叫他"信郎"，韩信心里欢喜得很，忙不迭道："美！像鲜花一样！"

"嗯，只要信郎觉得我美，那就是真美！信郎，你再来抱我一下吧！"英乔实在忘不了韩信的沉毅英武，朝思暮想能再见到他，这一次她可再不能让机会白白溜走了。

韩信虽然觉得这样有些唐突，可是又怎能拂了她一片心意呢？

这一次两人的心都跳得厉害。

韩信刚把英乔小心地揽在怀中，外间就传来了一阵哄笑声，原来是两位好奇的老人在偷听。韩信忙把她松开了，想到外间看个究竟。"信郎，让他们笑去吧，不用理他们！"她幸福地环抱着韩信的身躯。一阵让人迷乱的芳香幽幽散发，这一下，韩信浑身也不疼了。

两位老人在外面听得真切，不过他们马上就知趣地离开了。

"没想到啊，我英某人今日竟在薛老兄这儿得一快婿，呵呵！只是不知这人可靠得住？我家丫头可一句实话也没跟我说过。"

"靠得住，靠不住你这当爹的操得了心吗？看看你那宝贝闺女让人家迷得掉了魂似的……"

"你净胡说！没看那天我们初来的时候，是这小子先被我家丫头迷住……"

"人家那是认错了人，谁叫你家丫头老一副男儿装扮。换了我也会喜欢跟这个英俊后生称兄道弟，不过你家丫头这红装一换也照样动人……"

"说正经的，这后生到底如何，配不配我家丫头？"英父有些心急。

"哈哈，看把你急得……放心，不配你家丫头的货色值得我大老远把他请到这里来？这傻小子进取心很强，见解、器量都不凡，远在同辈之上，尤其是深谙用兵之道，他师父你也该有所耳闻，就是下邳那位上官子……怎么样，白让你捡了个宝贝女婿！不枉我这一番周折……"

"是不错。"

"别高兴得太早！我担心这孩子不怎么晓得全身而退，或恐将来木强则折！"

"哦？还是你用心，不过我看这孩子还年轻得很，也许以后会悟得谦让、进退之道，急不得啊。"

"但愿如此吧！"

两位老人又聊了一下韩信的家世，薛老也只知道韩信父母双亡，早已孑然一身。可怜、可叹之余，反让英父更加中意了。

就这样过了没几天，两个年轻人进进出出越加亲密，真就有一种相携走天涯的况味。但最后那道坎儿韩信还是迈不过去，英乔和"大哥"的神似让他没来由地感到敬畏。不过一件偶然的事情让他们最终捅破了这层隔膜。

这一天，两位老人有事一同出去了，两个年轻人也正要出门。这时候突然跑来了一个上气不接下气的农夫，说他的兄弟"没气了"，想请"神医"薛大夫去瞧一瞧。情急之下，英乔让这人简单描述了一下病人的症状，然后一面让看家的少年赶紧去找薛大夫，一面从薛大夫的药房里抓出一大把药草和一大包银针，打算自己先去试试看。

二人急匆匆地跟着那人先到了他兄弟家，满头大汗的英乔探了一下他兄弟的鼻息——只有出气。她立刻解开那人的衣服仔细看了一下，"还好，可能有救"，接着就在一张桌子上铺开银针忙活起来。只见她从一大包银针中取出了最长的一支找准穴位下手，少说刺了也得有五六十下；前面针灸完，又翻身刺后面，不过她倒也娴熟自如，不急不躁，这让在一旁提着心仔细观看的韩信暗暗惊服。

等到针扎完，酒也备好了，英乔拿了铜盆装酒，盆中放入药草，煮过一会儿后将汗巾浸于盆中，然后拧干。她在病人身上使劲擦了一通，"再等半个时辰，如果有动静就到外面叫我！"说完，疲乏的英乔领着韩信先出去了，那一家人就在屋里盯着病人。

"死人你也能把他救得，这可是怎么回事？"

"待会儿再告诉你，咱们先闭了眼睛求一求老天爷吧！"

"好！"韩信果真就听话地闭上了眼睛，英乔深情地看了他好一会儿，喃喃自语："如果他能起死回生，我这辈子就跟定你！"然后她也紧紧地闭起眼睛……

韩信没有再说什么，闭着眼默默期盼着奇迹出现。

6/　　新人诀别

奇迹真的发生了，病人最后苏醒过来。

这时候薛老和英父也赶来了。老薛和英父在一旁欣慰地捋着胡须微笑，那家人连忙向英乔下跪表示感谢，韩信忍不住啧啧赞叹"好一双神妙之手"，说得英乔的脸上又红起了一片。

在回去的路上，韩信好奇问道："你给人家治病的药草叫什么名字？真神奇！"

"韩——信——草！"英乔不假思索地说道，其实她是哄他玩的。两个人对视大笑。韩信忽而一阵兴奋涌上心头，抱住她再高高地举着转起圈来："英——乔！你太了不起了，从今往后，你就是我韩信的妻子了……噢……"他们的欢笑声响彻了整座山谷……

既然两个孩子有情有意，两位老人索性彼此各代表一方给他们办了喜事。从此以后大家都是一家人，韩信再次感到了久违的家庭温暖。拜堂的那天，百感交集的韩信忍不住流下了眼泪。新婚后的韩信更显英气勃发，而英乔也比从前妩媚娇柔得多，一切都非常圆满。

幸福的时光飞也似的过去了。到了十月，韩信的伤好得差不多了，他不能不重新考虑自己的前程。英乔虽然在感情上绝不希望他离开，不希望眼看着他去涉险，可她非常能理解一个男人的抱负，再说一个大男人若一辈子只守着儿女情长也让她瞧不起。

于是英乔悄悄地把夫君的这份心思转告父亲，老人沉思半晌，虽然这是他早已预料到的结果，可是事情真到了这一步，他到底还是有些不忍。

"老兄！别担心，你这个宝贝女婿我看命硬得很，这小子注定要交好运，封侯拜相也在情理之中……"

"我倒不求他富贵，只要在外头平平安安就好！像这次他遇险，亏得遇上你，不然小命儿难保……话又说回来，此一时彼一时，有了上次的教训，想必他会小心从事……唉，也只得往好处想……"

"人你是指定留不住的，不如干脆点，让这小子到了外头也不须牵挂，轻装上阵胜算才多……怎么样，想好了吗？"

"如今动乱之世，尸横遍野，咱们能苟全性命至今也该知足了，那就由他去吧……"

此时秦军围困巨鹿城有一个多月了，可是赵军仍在拼命坚守，只是如果再得不到有力支援的话，破城是早晚的事。楚怀王已经任命宋义为"卿子冠军"（就因为他上次正确预见了项梁的失败），统领数万楚军全力救赵。目前楚军已经北渡黄河驻扎在安阳附近。慑于秦军威势，楚军已经二十多天没敢动弹。因此韩信可以直奔安阳。

送别的那日天色有些阴沉。英乔强颜欢笑，老父亲也装着乐呵呵的，老薛叫人去给韩信牵马。该说的话都已经说过了，该叮嘱的也都叮嘱过了，韩信毅然上马。"好好等我回来！"说完，他又看了眼两位老人，攥着缰绳一拱手绝尘而去。

"小子！别回头，你若回头就不是我英家的女婿！"大家忍不住大哭起来，薛老轻轻地拍打了一下英父的肩膀。

韩信再没有回头，他一往无前地奔向自己的理想。

第五章

多情郎中

1/ 英雄初会

几天后，韩信顺利到达安阳。令他大喜过望的是，他一下马就在这里遇上了故人 —— 钟离眛。

此时的钟离眛已是楚军中的一名都尉，和将军头衔只有一步之遥，而且他还是将军项羽的得力干将。之前韩信刚投军那阵，钟离眛正四处联络诸侯，所以韩信虽然打听过他几次，可一直无缘得见。这一次可好了，没想到见到了钟离大哥。

钟离眛对韩信丝毫没有拿架子，仍是一片故人之情，这令韩信感动不已。二人简单地述说了一些别后的事情，韩信就想借着这个机会让钟离眛将他引荐给仰慕已久的项羽。钟离眛虽然还不怎么识得韩信的出众智谋，但是以韩信的才干只做一名伍长却是大材小用，再说如今正是用人之际，于是他就乐得做顺水人情了。

第三天，韩信终于得见项羽，这是两位顶天立地的英雄第一次会面。

项羽端坐在大帐中，钟离眛侍坐在一旁。韩信入见，行礼毕，抬起头来仔细凝视这位传说中的英雄。年纪轻轻的项羽果然生得虎背熊腰、目光如炬、器量宏伟至极，不愧为"万人敌"，令韩信的心为之一震！最后，两个人的目光相遇，韩信识趣地暂且低下头去。

"听说你熟读兵法，身手也了得，想在我这里求得什么？"项羽声音洪亮地问道。

"在下想为将军参赞兵机！"韩信拱手道。他非常自信，但并不了解项羽的自负。

"哈哈，果然是狂妄之徒！你没打过几天仗，就敢说为我参谋兵机，本将军且问你，你凭的是什么？"

这的确有些难以应对，但韩信还是勉强作答："凭在下有一颗决死之心，愿为将军效犬马之劳！"

"嗯，你这样想最好，不过本将军可不想领着众兄弟徒做那孤魂野鬼！我且问你，你看我们为今救不救得赵国？"

依韩信之计，救赵的确是冒险之举，可是以项羽那快意恩仇的脾性，以及他同秦人新近结下的杀叔之仇，他非救赵不可。项羽一定在等待机会。因此，韩信选择博取项羽的好感："在下愚见，唇亡齿寒，我们当救赵！依眼前的急迫形势，救命如救火，我们更当速速北进救赵！"

"可是你不知道秦军几十万大军正张开口袋等着我们去钻吗？到底只是个纸上谈兵的狂妄之徒！"

"将军所言极是，不过我等蒙受武信君大恩，有仇不报非丈夫也，一死又何足惜！"兵家最忌感情用事，可是直觉却又告诉韩信，项羽有的是吞山纳河的气量。而且，韩信听说项羽是"重瞳子"①，从前也只是听闻过"五帝"之一的舜帝是这样，看来项羽果然天赋异禀。

"哈哈，够胆识！你可比宋义那厮强多了，暂且先留下来做我的执戟郎中吧，也算跟随我左右。"

执戟郎中类似于项羽的侍卫长，不过项羽在两百多亲随侍卫中安排了四个执戟郎中，所以韩信的地位也不过一般，倒是显示出了项羽对他的信任。钟离昧舒了一口气，任重道远的韩信只得先走这一步。

韩信上任伊始就见到了急匆匆赶来为项羽出谋划策的老范增，他知道这智计不凡、善出阴谋的老头精于人事，对于兵机只是外行。除此之外，韩信还见到了已经同样成为项羽干将的龙且。

龙且看了他好半天，才回想起先前的那档子事儿，这不是那个曾经遭他羞辱的韩信吗？"兄弟，你那娇滴滴的小美人儿呢，你怎么没在家陪着她啊？她一个人会寂寞的……"

"她已经死了！"韩信面无表情地说道。

"哦？你小子到底是个懦夫，连自己的女人都保护不了，她是

---

① 其中一只眼睛里有两个瞳仁。

被人杀了？"虽然这龙且有些流氓习气，可也是个真性情的人。

"是，我就是来为她报仇的！"韩信仍旧面无表情地说道。

"报仇也该有个报仇的样子，哪天老子领你去打先锋，就不知道你小子怕不怕死……"说完，龙且就笑着进大帐了。

十几天又过去了，眼看楚军已经在安阳驻扎了一月有余，粮草供应慢慢接济不上，士兵们已显露冻馁之色。赵国那边反复来人请求增援，形势已经危急万分。但楚军主帅宋义却每天只知置酒会宾客，妄图笼络人心以扩充自己的势力网，丝毫没有北进救赵的意思。

作为楚军副帅的项羽急得团团转，他又带上韩信等几名亲随到宋义的军营中，继续苦口婆心地劝他北进。可是看项羽出营时的气愤样子，结果应该好不到哪里去。这天晚上，项羽脸色骇人，露出了杀气。

十一月的一天早晨，蓄谋已久的项羽终于忍无可忍了，他急匆匆地闯入主帅营帐，一怒之下取了宋义性命，然后便提着人头出帐对大家说道："诸位，宋义这厮与齐国等合谋背叛我大楚，怀王已得密报，所以特命我暗中取了狗贼首级。今后，但凡再有敢不服楚王号令表里不一的小人，下场如他！"说着，项羽把宋义的人头往众人跟前一丢，众皆骇然。

不管大家相不相信项羽的说辞，主帅毕竟已死，大家又都慑于项羽的威势，只得一致推举他做代理上将军，接替宋义统领楚军。事后，项羽一面派人诛杀在齐国的宋义之子以斩草除根，一面又派人到怀王那里报告。事已至此，有名无实的楚怀王只得正式任命项羽做上将军，钟离眜、龙且等人自然跟着升职。

楚军在安阳停留了四十六日之后，终于再次踏上了北进援赵之路。可喜的是，此时前齐王田建的孙子田安在攻下济北一带后，也带了人来助楚军一臂之力。

开弓没有回头箭，一向威风凛凛、傲视群雄的项羽自然也晓得这一遭自己已经没有退路，他仔细盘算了一番后，心里也不免有些打鼓。好在士气可用，"楚虽三户，亡秦必楚"，秦楚之间的仇怨不共戴天，怎么都没有理由不去放手一搏！

"自怀王受辱、大楚一蹶不振以来，一百年了，加在咱们楚国人身上的耻辱终于到了该血债血偿的一天了！"大家纷纷摩拳擦掌起来。

与此同时，沛公刘邦同在楚怀王的授命下正率兵西进关中和项羽做东西呼应，以吸引一部分秦军主力，减轻项羽部的压力。刘邦这一路虽然经受了不少挫折，可是总能化险为夷，尤其是他还得到了像张良这样的贤能高士的辅佐，因此总体进展相当顺利。

本来楚怀王就和手下诸将约定"先入定关中者王之"。也就是说，谁先平定关中，在推翻秦朝分封天下时就把关中一带割让给他称王。项羽当初很希望和刘邦一同西征，可是偏偏有人向怀王建议："大王，项羽为人残暴，动不动就滥杀无辜，恐非长久之计！咱们应该派出一支仁义之师伐秦，所以也应该只派一位宽厚长者做督帅，否则秦人的反抗一定会很激烈，到时候局面可能就难以收拾了。"怀王果真采纳了这个建议。这个建议成全刘邦的同时，也变相地成全了项羽。

这本就是一个造就英雄的时代。

2/　愤然敢死

项羽又名项籍，本是下相人，和韩信的家乡离得不算远。项羽自小父母双亡，跟叔父项梁生活，后来因为项梁杀了人，他们为躲避官府和仇家而辗转各地，最后就到了吴中。

项羽身材高大，力能扛鼎，所以一贯热衷好狠斗勇的吴中子弟都非常敬畏他。他少年时读过些书，因为实在不喜欢就放弃了，后来又学过一段时间剑术，结果也没有学出什么名堂。项梁对他很不满意，而项羽却振振有词道："学习读书写字，只够用来记自己的姓名罢了；击剑也只能拿来对付一人而已，真要学点什么，那我应该学足以对付万人的技艺！"于是项梁就教授他兵法，这回项羽非常高兴，但是等到他略懂兵法大义后，不想竟又半途而废。因为项羽的天资太过出色，他怎么也不想像常人那样付出足够多的努力。倒是他的气魄很是令叔父刮目相看。有一次秦始皇东巡的马车路过吴中，在旁观瞻的项羽忍不住对叔父道："我要取代他！"项羽就是这样胆气惊人，最后在叔父的带领下，与众人在吴中举事。

当时的巨鹿战场，秦将章邯率领秦军二十多万主力与秦将王离所辖包围巨鹿的十几万人隔一条漳河南北呼应，章邯修筑甬道通过漳河把粮食输送到王离部，这样王离就没有后顾之忧。在项羽到达巨鹿前线前，各路援赵大军虽已齐集，但谁都不敢轻举妄动，只有张耳属下的张黡、陈泽二将突出重围，从北面的陈馀那里搬回五千救兵，结果一战就被秦军全部歼灭，各路诸侯更畏秦如虎。

项羽盘算着，若拿自己的区区几万人马同秦军的四十万人马硬拼绝对不行。于是他就主持召开了一场军事扩大会议，想先广泛听取一下大家的意见。结果争论来争论去，反而闹得军心有些不稳了，尽管大家和秦人有仇，可到底还是怕死。

项羽有些着急，但他依旧隐忍未发，他知道大主意还得自己拿，关键的一仗也是在赌命。项羽略有所思地看着大家，虽然手下干将中不乏主动请战者，但他罕见地保持冷静。"亚父"范增一向以擅长占卜闻名，这一次他只说凡事皆大顺，然而底气不似以往那么足。

"五百年必有王者兴，其间必有名世者[①]！始皇帝死才不过一年，而天下诸侯蜂起，故而乃见其非有道'王者'也！今自周平王创东周基业已五百余岁，真王者之兴，正在此间！恰在汝辈之中，也未可知……"范增最后这样勉励大家，可是却少有人应声。这件事让在一旁侍立的韩信深思了好久，他已揣度出项羽的矛盾心境，但更知道项羽并不畏惧任何东西。因此，作为楚军中的一员，战死沙场就是他的命运，他所要考虑的已不是该如何侥幸逃过战斗，而是要像项羽那样谋划如何赢得这场寡众悬殊的战斗。

到了真正考验自己、证明自己的时候了。

[①] 这是儒家的理论，见《孟子·公孙丑下》。

会场中陷入了沉默，韩信终于按捺不住自己，突然躬身对项羽大声启奏："禀上将军，臣下有言欲奏！"韩信的突然出声惊吓到很多人，大家立马将目光投向这个冒失的小子。

沉思中的项羽也被震了一下，可是他马上就反应过来了："哦？你有何高见？不妨说来听听。"

"臣下无他高明识见，只愿为上将军陈说破敌必胜之理……"

有些人开始哄笑起来，果真是一个没头没脑的家伙，那些冠冕堂皇的话还轮得到你一个初出茅庐的小子啰唆。项羽一摆手让大家肃静："好！快讲！"

"臣下觉得唯今只有两个字可以为我军辟得一条生路……"

"哪两个字？"项羽急不可待地问道。

"敢——死！"

韩信话音一落，大家又哄笑了一回，项羽示意他继续说下去。

"士怀敢死之心，则战无不胜！愤然敢死虽我大楚男儿之本色，然行阵之中、生死悬于一线之际，难免就有欲侥幸偷生者，所谓'千里之堤，溃于蚁穴'，以此我军逢强敌则必危矣！若绝踌躇之心，唯一往无前之意，凭我数万大楚好男儿，何愁不破强敌？愿上将军三思……"韩信没有将话明说，他只是希望能启发一下项羽。

语毕，项羽击案而起，慨然直视韩信道："正合吾意！正合吾意！但此事更当从长计议……"

这一回大家听得还是有些迷糊，不过既然上将军都大加赞许了，大家也只得怨怪自己兵书读得少了。

最后项羽经过一番深思熟虑，决定先行派出一员猛将率领一支劲旅试探秦军，要像一个楔子那样紧紧嵌入漳河两岸的两股秦军中，以此断绝北围巨鹿的秦军粮道，并借此扰乱军心。若能顺利将章、王两部分割，那么那些作壁上观的诸侯各部也会积极行动。

结果既令项羽大喜，又令他怒气挥剑将几案砍作两段。喜的是由猛将英布、蒲将军率领的先遣兵团已经得手，怒的是那些诸侯仍在继续小心观望，而眼巴巴待在巨鹿北面一筹莫展的赵相陈馀只得再次派人恳请项羽出兵。求人不如求己，细心的韩信从过去的经验中早已深知诸侯们不可靠，项羽这次也终于体验了一回。

恰在这个生死关节，另有一位不速之客正迎着风雪急切地奔向项羽的军营。她已经在冬日里跋涉了千余里……

3/ 美人如花

这时候已近腊月寒冬，可是天却不怎么寒冷，河面不过才结了一层薄薄的冰。

这一日午后，天上飘下细细的白雪，楚军大营中已经几天不得休息的项羽终于暂时躺下了，韩信等亲随守在大帐外。这是韩信两年多来再次见到北国多情的雪，那些北方寒冬里的惨痛往事不免又浮上心头……

一阵嘈杂声打断了韩信的思绪，只见一辆急驰的马车向他这边行来，在离他几十步远的围栅门口停住了，两个女人从马车上下来，径直奔向韩信。当确定是两个陌生人靠近大帐时，韩信迎上前去将她们拦住："上将军营地，不得乱闯！"

这时候只听一阵窃笑，原来是几个老兵在嘲笑他这个呆子有眼无珠。

"我们要见的就是上将军，你快让开！"其中一个女人说道。

"不行！上将军在休息！"仍未开窍的韩信不识趣地把长戟横在了她们面前。

就在此时，韩信忽而嗅到了一阵女子独有的香气，一时间想到了妻子英乔。

还没等那个丫头再次开口，另一个人便掀开裹得严严实实的帷帽，缓和着语气说道："我是上将军夫人，有急事要面见上将军！"由于寒冷，她吐出了一阵云烟般的白雾。

待韩信细看她时，他立即被她那绝伦的美色震慑住了，他平生还没见过如此美艳娇柔、妩媚风流的女人！他不敢相信自己的眼睛——这个世界上居然还有这么美丽高贵的女人！

韩信就这般直勾勾地盯着说话的女子，若不是那个黄毛丫头一把推开他，他还真不知道要失神到什么时候。女子也被眼前这个没有礼数的傻小子看得低下了头，脸上泛起了红晕。

还没等韩信应允，二人已经闯进去了。韩信无奈："这……"

没想到女子回过头来看着他说道："你是个好样的！上将军有你这样的郎中是他的福气！"她说话的语气令人如沐春风，那柔情款款的褒扬似一滴甘露落在韩信枯槁的心底。

"好丫头，你还是到马车上等我吧！"女子转身对那个丫头说道，丫头立马笑嘻嘻地跑了回去，顺道回头朝不识趣的韩信顽皮地扮了个鬼脸，又使劲地"哼"了一声。

上将军夫人迈着轻捷的步子走向大帐，背影柔和完美，韩信一时愣神了，他不免想到娇妻英乔和眼前的这个女人相比算得了什么？这个女子已经是项羽的夫人……

终于回过神来的韩信预料到大帐里会发生些什么，他将那些亲卫都支得远远的，自己也站到了大帐帘口的几步开外。那帮小子还在笑他的傻样儿，不过韩信无所谓，今天有幸见识到世间绝色是何等倾倒人心，而此时此刻自己在她面前又是何等卑微……

大战在即，夫人闻讯而来正是为将军壮行。韩信到底还是没忍住支起耳朵偷听，帐内传出了夫人的担心，可是项羽劝她无须多虑，他已经做好了一切安排。然而这并没能消除她的担心，她开始低泣，此时在部下面前一向威严肃立的项羽只得软言相劝。

大帐内两个情人之间虽在低语，而帐外的韩信依旧听得真切，他的心底迅即腾涌起了一股无法平息的巨浪，这是一种怎样激烈冲撞的心境啊！这一幕让敏感至极的韩信铭记了一生，影响和改变了他的一生……

夫人并没有久留，一个多时辰以后项羽将她送到帐外，小心地扶到马车上，再目送她远去。韩信此时正躲在一个不起眼的角落中恣意地怀想着心事。黄昏时分，风雪更大了，等雪没过了脚脖子，韩信才怅然而归。

大丈夫亦当如此也！韩信不得不再一次激励自己。

4/ 破釜沉舟

第二日天就放晴了，项羽率领五万多将士陆续渡过漳河向巨鹿挺进。

为了避开章邯军的锋芒，以免节外生枝，项羽把渡河的地点尽量向东转移了一些。结果证明是项羽多虑了，秦军对项羽此举未予理睬。项羽的心里直犯嘀咕：也许这是一个阴谋，章邯就是要放他过河，然后再把退路堵死，到时只有殊死一搏。

等到楚军全部顺利到达北岸集结时，项羽突然下了一个破天荒的命令——把全部渡船凿沉，销毁所有做饭工具，全军将士只许带三天的口粮去同秦军在巨鹿城下一决生死。军令甫一下达，全军上下顿时一片哗然，不少人立即对项羽提出了异议："这岂不是要自绝我军退路？我军必须在三天之内战胜秦军，否则绝无生还可能……上将军三思！"

此时的项羽决心已定，再无人可以动摇其意志，他还亲自监督部下执行命令。无奈，大家只有服从命令了。

这天晚上，项羽下令全军好好休息一宿为明天的决战做准备，这可真是一个让人紧张的夜晚。一直处于亢奋状态的韩信坐不住了，他有些话想对上将军说。

韩信不是投机分子，因为他对于秦军怀有刻骨的仇恨，既是国仇也是家恨，而且百余年来，列国一直遭受秦国的欺凌。一报还一报，这就是天道。可是，打仗不能只顾硬拼，只依仗血气之勇，归根结底要费些谋划的心思和气力。这个时候，韩信也不想再多说什么，即使说了项羽也未必肯听，而且时间也不允许，因此他只得一个人悄悄走进项羽的中军大帐。

项羽还没休息，他正用心地擦拭着自己的那把宝剑。这把剑比韩信的那把长，而且更宽、更厚，重达三四十斤，普通人完全挥动不起来。韩信慢慢走到项羽身边，项羽闻声抬起头看了他一下："这么晚了，你还有什么话要对我说吗？"

"启禀上将军，臣下只有一事想说与您听！"

"哦？何事？但说无妨。"

"臣下只记得《吴子》兵法中有言：'昔齐桓募士五万，以霸诸侯。晋文召为前行四万，以获其志。秦缪置陷陈三万，以服邻敌。'"

"说下去！"项羽似乎有了些兴趣。

"'强国之君，必料其民。民有胆勇气力者，聚为一卒。乐以进战效力，以显其忠勇者，聚为一卒。能逾高超远、轻足善走者，聚为一卒。王臣失位而欲见功于上者，聚为一卒。弃城去守，欲除其丑者，聚为一卒。此五者，军之练锐也。有此三千人，内出可以决围，外入可以屠城矣……'"

韩信对兵法的熟知让项羽刮目相看。项羽丢下手中长剑若有所思："我明白了，你的意思是让我精心挑选一批奋勇有力的敢死之士，给秦军来一个猛虎掏心，最好直取主帅王离的性命，先行打乱他们的阵脚？"

"正是此意，掏心之法的关键仍在于我军单兵战力胜于秦军，急攻迫战可速战速决！还望上将军三思！"

"你兵书背得是很熟练，可是却没有读透啊，"项羽来了精神，"此次我军与秦军之战，不是他死即是我亡，况我军已无退路，更当速战速决……你也当明白，此役，我军人人皆是敢死之士，必奋勇争先，求与敌短兵相接！那么还有必要先行破敌中军吗？"

"可是这样我军的胜算更大呀，望上将军三思！"

"不然！如此或恐我军其余将士怀抱侥幸之心，只寄希望于先行破敌中军，而非同心协力。"

"上将军明日可以秘密布置下去，再说……"韩信还不死心。

"好了，休要多言，本将军心意已决！"

"可是……"

"没什么可是，你赶紧回去，本将军要睡下了，但愿咱们明晚还得相见……"

韩信知道多说无益，于是知趣地退了出来。回去的路上，韩信苦笑：你项羽敢赌，可你仅仅是赌自己的性命吗？你赌的是我们大家的性命啊……事到如今只有听天由命了。反正自己已无所畏惧了。

这一晚韩信强迫自己什么都不再想，什么都不再惦念，最后倒也安然睡去。

第二天上午，全军吃过早饭被召集至一片开阔的空地举行誓师大会。半个时辰以后，全军整队部署完毕，韩信站在高处向四下眺望，底下是一片乌压压的人潮，一片甲胄、铁马与戈矛刀剑的海洋，人人精神抖擞，气势威武雄壮……看到此情此景，韩信的心也禁不住加速跳动起来……

作为主帅的项羽没什么多余的话要嘱咐，诸将也都环立在他的周围。项羽一扬手，全军皆肃然。他挥臂高呼："敢死必胜！报仇雪耻！"接着，全军也跟着一齐高呼了数声"敢死必胜、报仇雪耻"，那声音震天一般响彻云霄……这一天终于到来了。面对此情此景，百感交集的韩信恨不得大哭一场，项羽也备受感动。

战鼓擂起来，号角吹起来，出发！

楚军勇士们一排接着一排喝下壮行酒，头也不回就直奔战场，坚实有力的步伐在雪后泥泞的路上留下一串又一串脚印……至于动情的韩信最后有没有哭出来，谁也没有在意。

西风猎猎，战马嘶鸣，人声鼎沸……

5/　巨鹿之战

当韩信追随项羽奔赴战场时，他突然注意到这位顶天立地的英雄总忍不住回头找寻着什么，韩信跟着回头却并未发现有何异常。项羽再一次回过头去时，停下了马。韩信觉察出了异样，他终于明白项羽要找寻等待的那个人出现了 —— 虞夫人！

一切悄无声息地继续，仿佛什么也没有发生过。大军继续向目的地有条不紊地开进，项羽也在停留了不多时后继续前行，他的斗志更加昂扬，坐骑也如惊龙一般一往无前，他再也没有回头。

韩信也仿佛换了一个人，他始终觉得身后有人注视着自己——那是美人的目光。

两军开始了紧张的对峙。

项羽一贯善于排兵布阵，这应该是从项梁那里学来的。这一次作为全力进攻的一方，他却只是简单地把全军分作三部分，分批次向敌人展开猛烈的进攻。每战项羽必身先士卒，而他也乐于如此，这也是大家情愿为他出生入死的原因。由此，他与将士们的感情非常深厚。项羽经常下到军营中对将士们嘘寒问暖、关怀备至，甚至愿意为受伤的将士吸吮伤口脓血，或者为伤痛中的将士难过流泪。

在韩信看来，大约也只有吴起可以做到这一点，而吴起却未必发自真情。因此韩信觉得此战楚军没有理由失败。

谋事在人，成事在天。

楚军的第一轮进攻在列队后两刻钟便开始了。作为掩护，那些手持盾牌的重装步兵一律在前，而冲击力强大的骑兵紧跟在后，毕竟秦军的弓弩箭阵可不是吃素的，这一次骑兵的任务是迅速破局。

那一刻，韩信的呼吸都快停止了，楚军前锋如一头猛虎猛地扑向严阵以待的秦军……

尽管有盾牌和甲胄的保护，可是秦军的箭矢如雨，防不胜防，不少人的盾牌都被利箭射穿，楚军当即扑倒了好一片。可是这丝毫阻挡不住楚军的攻势，他们踏着兄弟的尸体疾速向秦军逼近，身后的号角声也吹得更雄壮有力。转瞬之间，眼看楚军前锋就要靠上去了，这时候，只听项羽一声大喊："掷——枪！"于是，随着军官此起彼伏的号令，千万支飞矛①直向秦军的前军队列呼啸而去……

这一招大出秦军意料，秦军的先头部队根本躲闪不及，当即就乱了阵脚。原来楚军为了与敌人短兵相接给每人都配发了短剑，而

---

① 像标枪之类的东西，在西方古代战争中比较常见，可能是因为中国弓弩的先进逐渐淘汰了标枪吧。

长兵器如戈矛之类就成为楚军的秘密武器。就在秦军慌乱闪避之余，前军的队列当即就被冲杀上来的楚军撕开了口子，而且越来越大。不一会儿，韩信也随项羽迅速闯入敌阵，项羽在马上一手拿着盾牌，一手挥舞着长剑，对着将士们高喊道："往里面冲，不要回头！"然后义无反顾地冲到了队伍最前面。韩信使用的是一杆能钩能刺的长戟，作为一名合格的扈从骑士，首要考虑的还是攻击敌人的马，以竭力压制上前包抄主将的敌骑兵。

大量楚军像一群疯子似的杀入秦军的中军阵地，秦军的总体阵形有被冲乱的危险。这一次，愤然敢死的楚军打了秦军一个措手不及，不顾一切的对手才最可怕，秦军连忙调集兵力去稳固中军阵地。

可是，其他方向的秦军很快被冲上来的楚军冲得七零八落，他们被看似毫无章法的楚军打晕了。双方鏖战了一个时辰，楚军尤其是项羽早已经杀红了眼，杀出了冲天的豪气，节节退避的秦军根本没有招架之力，只得硬着头皮顶上，他们最终没有摸清项羽使的是哪一路数。

此时的秦军早已不是先前如野狼一样的秦军了，因为他们最宝贵的核心凝聚力已经丧失，辉煌时代随着秦始皇的驾崩烟消云散，这一点将在以后章邯的败亡过程中体现得更明显。此时的楚军也早已不是从前的楚军，这是一支真正饱尝过亡国毁家之痛的哀兵。楚国的虎贲之士历来以身轻矫捷闻名，他们最拿手的就是与敌人近战，而一贯擅长方阵作战的秦军由于轻敌和疏忽，到底也未能成功阻止楚军的第一轮攻势。

就这样，双方又激战了一个多时辰，楚军的第二轮攻势开始了。

此时的秦军阵地上已经尸横遍野、血流成河，尽管他们人数众多，可是始终未能真正巩固自己的中军阵地，双方多次交手，形成艰难拉锯的局面。秦军主将王离也急得快跳出阵了。然而等到第二轮楚军到来时，第一轮楚军仍旧没有一个人退去，反而越战越勇，仅仅项羽一人就砍杀了数百秦军，他已成了令敌人胆寒的战神！韩信紧随在项羽身边，他也砍翻了数十匹战马，只是他的头盔、铠甲穿戴得有些紧了，一时热得不行。

又坚持了一个多时辰，当第三轮楚军也急不可待地攻上来时，韩信便随着大队人马先撤下去了。奋勇无敌的上将军尽管身披数创，却无丝毫消歇之意，任谁劝阻也没用，其他的郎中则很快顶上韩信等人的空缺。已经满身血污的项羽成了一头发狂的雄狮，他的咆哮声震彻整个战场上空……

全军将士受到项羽的强烈鼓舞，胡乱填了一下肚子后便不顾身体的疲劳和创伤又迅速投入了战场。因此第四轮攻击时楚军几乎全军出动。

楚兵杀声震天，无不以一当十，秦军终于支撑不下去了，开始慢慢向西退，楚军紧紧上前咬住，无奈的秦军只好全部撤回。巨鹿城在经受住了秦军百余天来的残酷围攻之后，第一次看到了真正的希望！城内的赵军自然不会轻易放过秦军，出城紧紧咬住试图前去增援的秦军。

两处秦军得不到有力的呼应，阵脚大乱，主帅王离不得不一次又一次地向驻守在漳河南岸的章邯求援，可是由于英布所率楚军的奋力阻挡，章邯一时间根本无法增援王离，况且还有一条漳河横在面前。章邯怎么也没有想到今日楚军如此勇猛善战，王离竟然如此不堪一击。他知道自己失策了，局面眼看失去控制，情急之下的章邯竟久久说不出一句话来。

不要说秦军已经被楚军的气势彻底压制，连那些在不远处观战的各路诸侯也都感到了极大的震恐。他们之前在巨鹿周围修筑了十几座坚固的堡垒，再没派出一兵一卒增援巨鹿，而项羽却义无反顾地出手了，还是如此漂亮、干脆、强劲、彻底，他们又怎能不对那摧肝裂胆、气吞山河的楚军产生由衷的敬畏之情呢！

眼看就要天黑，第一天的殊死较量自然以楚兵的完胜而告终，秦军在丢下了数万具尸体后继续向西逃窜。而这个时候，那些作壁上观的诸侯已经坐不住了，他们堵住了秦兵继续西窜的去路。无论如何，这对整场战役的完胜还是做出了一定贡献。

最刻骨难忘的一晚过去后，第二天一大早，楚军便向已是强弩之末的秦军展开了更加凌厉的攻势。不过这一次的战术略有不同，为收灭秦全功，项羽派出了钟离眜、龙且、季布、周兰等几位大将，分别从左右两翼对已然不堪一击，却仍在做困兽之斗的秦军实施两面包抄。最终，楚军主力部队在各路诸侯军的协助下，又经过五次（前后共九次）全军突击，并在付出牺牲一万多人的代价之后，如风卷残云一般令昔日不可一世的秦军遭到了彻底覆灭的命运——秦军副帅苏角于乱阵中被杀，而主帅王离则被生擒（后亦被杀），另一大将涉间因拒不投降选择自杀。

经此一役，楚军主帅项羽的赫赫威名成为整个巨鹿战场上的最强音——楚军将士一直在大声欢呼"上将军无敌"，而那些诸侯虽然在最后关头也尽了一把力，可还是不得不向"伟大"的项羽低下自己高贵的头颅。

气吞如虎的项羽下令召见诸侯，这些诸侯将领进入楚军的营门时不约而同地跪了下去，并纷纷屈膝前行至项羽的大帐外等候他的发落。当项羽面向他们时，他们之中再无一人敢仰视这位雄霸之主。

巨鹿之战绝不仅仅是楚军的神话，更是项羽的神话——此战后，他由人变成了神！

志得意满的项羽自然吃软不吃硬，毕竟下一步他还须依仗人家，于是项羽一扫先前的不满与不快："都起来吧，大家的难处我知道……"诸侯们一起推举这位战神为共同的上将军，甘愿服从他的领导，紧紧团结在楚军周围。

这样，以楚军为首的联军总兵力一时之间达到了十几万人，此时的他们已经有足够的实力去对付握有重兵的章邯了。可是，过去的经验告诉此时已伤痕累累、疲惫不堪的项羽，章邯这位对手值得自己格外重视。

6/　佐命红颜

　　正在大家为这场来之不易、一雪前耻的胜利而欢欣鼓舞时，有一个人却并不显得那么高兴，仍是平静如常的样子。在这场殊死战斗中，虽然韩信也斩获不小，可是相比其他人，尤其那些身手比他好得多的人，他的功劳几乎可以忽略，尤其他的主要任务是保证主帅的安全，所以手脚就因此受到了很大束缚。更可气的是，在战斗中他的马竟然失足了，这自然也使他更加深刻地认识到自己成名成功的优势绝不在徒逞匹夫之勇上。是啊，他应该走不同的路，而且他的路可能还很长。所幸秦军主力尚在，秦王朝这具庞大的躯壳尚在，未来无穷变数尚在，他还有的是机会……

　　楚军残忍地处死了抓来的秦军俘虏，这令韩信感到不安，如此一来，怕是其他秦军更要拼死抵抗了。他向项羽建议采取一些怀柔政策，借巨鹿一战新胜而形成的强大威势尽量消解秦军的抵抗意志，如此正可不战而屈人之兵。

　　可是与秦人怀着不共戴天之仇的项羽没有采纳他的建议，项羽自负地一笑，反问韩信："本将军且问你，巨鹿一战我军因何得胜？"

　　"回上将军，首功当然在上将军您指挥有方，其次则赖全军将士奋力死战！"

　　"本将军且再问你，我全军将士又为何得以全力死战？"

　　韩信沉默了一会儿，他并不想直言这是项羽的一点用兵伎俩，是他故意把大家放到了"死地"。最后韩信揣摩出项羽的心思，回答道："是仇恨！"

　　"对！既然今日咱们是来向秦贼讨要血债的，那不杀尽秦贼又何以讨要？将士们又何以一泄多年怨愤……你的意思我明白，今日杀人也是立威，一来正可令秦贼晓得——不投降或者晚投降，都注定是死路一条！二来也是杀给诸侯们看，呵呵……韩郎中，你明白否？”

"回上将军，在下明白！只是依在下看，秦贼家小俱在关中，若令他们望风归降，恐怕不易……且巨鹿一战已扬我大楚军威，诸侯们已战战兢兢……还望上将军三思！"

虽然韩信是很含蓄地指出项羽的目光短浅，可他还是不耐烦了："好了，今日咱们先到这里，改日再从长计议！"

然而，形势的发展居然真的超出韩信的估计，他怎么也没有想到昔日不可一世的秦军最后居然真的投降了。这是政治的威力使然，这一点令专擅军事的韩信有些茫然。

巨鹿之战后，为躲避楚军新胜的锋芒，章邯军便暂时退驻到离漳河稍远一些的棘原，而楚联军则随之驻扎到漳河南岸与之对峙，双方一时间并未交战。不得已下，韩信于一天深夜再次闯入项羽的营帐中，他还想继续上次的话题，还在奢望尽快得到项羽的赏识。

韩信在营帐中不期然又碰到了令他难以释怀的虞夫人，他忍不住多看了两眼："禀上将军，在下有一些十分要紧的话要禀告您！"

项羽算是个明白人，也确实觉得韩信这小子非同一般。于是他连忙将虞姬请到别处。虞姬临告退时忍不住多看了两眼韩信，那应该是好奇和期待的目光，她大概是希望自己的男人一切都顺利。韩信有这种直觉。

大帐中就只剩下他们两个人了，韩信先拱手道："恭喜上将军，贺喜上将军，天下已经全然掌握在您的手中了！"

"哈哈哈，这话从何说起啊，咱们可都是大楚国的子民！天下只在一个人的掌握之中，那就是怀王！"项羽还在故作姿态。

韩信也没有绕弯子，他的话虽显得突兀，但经过一番深思熟虑后再三鼓足勇气："今日在下愿为上将军献上平天下之策……"

"哦？你好大的口气，"项羽立时站直了身子，他小心地环顾了一下四周，缓和道，"不过念在你待我一片忠诚的分儿上，不妨说来听听吧！"

"是！恕在下斗胆直言！巨鹿一役，今日之形势已从根本上改变敌我实力对比，而上将军您更是立下了不世之勋，威声震荡宇内！

故而上将军今非昔比，您更当做长远的计划……"说到这里他停顿了一下，关子还是要卖的。

"嗯，有些道理，说下去！"项羽是一个不甘于人下，更不甘于沉沦的人，这一点明眼人都能看透。韩信只希望他能把抗秦大业更加顺利地进行下去而已，毕竟目前唯有项羽具备这种威望和实力。

"是！在下以为，自春秋至战国，历五百岁余，其间诸侯干戈不息，生民深为其苦，是故天下一统实人心所向！只秦贼一时侥幸罢了，但人心却终是如此……故而不宜杀戮太过，免生再多仇隙……《老子》曰，'以正治国，以奇用兵'，实则国与兵非无干之二事，兵可以定一国，而国亦乃兵之根本，故而用兵者尤不能不察治国之道！我兵家《吴子》曰'内修文德，外治武备'，《尉缭子》亦曰'伐暴乱，本仁义'，是故立威之外更当立德，唯上将军兴仁义之师、行仁义之政、成仁义之名，则天下必归心也……望上将军三思！"

"哦？不然吧，本将军只听说有仇必报，若对秦贼心存姑息，恐怕将士们不会答应！况且区区秦国当初何以据天下，难道百余年来都是兴仁义之师？儒家孟子不也说过，尽信《书》，则不如无《书》吗……天地本不仁……"

"回上将军，书总是好的，关键只在如何读罢了！故先贤之言诚多至理！儒家亦有所谓'一张一弛，文武之道'，实精辟之论！放眼今日，天下百姓苦于数百年来战乱不息与秦之苛政，是为厌'张'，而又必当思'弛'——和缓安顺，故而大势所趋，天下必终归于一仁主！若上将军上承天道，下顺民心，则天下亦不难掌握……"

"哈哈，你看得太长远！果真是个轻狂之徒，且先退下！"项羽让韩信绕得有点晕了，他一时真没想那么长远，也没完全适应自己如今担当的重要角色。在项羽眼中，大丈夫快意行事才是最重要的，得不得天下是其次。

韩信仍旧不死心，他还想继续阐发一下自己的宏论，可是这一次项羽又开始听得不耐烦了。他还没搞清楚这仗到底打到哪天是个头，韩信居然已经替他先想好攫取天下的事情，这有些可笑，他也怀疑韩信的动机。

再说他项羽是有不臣之心，可是让他像秦始皇一样据有整个天下这种事，还真没想过。秦王朝的失败经验告诉他，天下还得诸侯各自为治，无须搞大一统那一套。此外，不让他项羽杀人，那还不如先把他杀死。

对待项羽的麻木不仁，韩信只得大摇其头。也正是从他走出项羽的大帐开始，韩信对项羽感到了由衷的失望！他甚至开始怀疑这位伟大的上将军在见识上终究不过是鼠目寸光，尤其他还很自负，总听不进别人的言论，不能集思广益。仅凭一己私智怎么可能斗得过全天下人的才智呢？李斯还讲过"泰山不让土壤，故能成其大；河海不择细流，故能就其渊"的道理呢。韩信真的有些难过了，脑子里一团混乱，最后牵马到四野中狂奔了一阵……

一个多时辰以后，马儿累了，韩信的心也倦了，他正要牵马回营，却在半道上被一个人拦住了，这个不是别人，正是上次那个黄毛丫头。

那丫头把韩信领到了不远处的树林边，原来是上将军的夫人要找他，令韩信顿生受宠若惊之感。她身上的香气是那样醉人，韩信慌忙间向她行了礼，一并为上次的事请求她包涵，而她只是嫣然一笑，算是什么都不计较了："我知道你对上将军忠心耿耿，而且你也很有见识。可是你也知道上将军这个人什么地方都好，就是太固执，还望你别灰心，我自会在一旁多规劝他一二的。"

听完这话，韩信心里一天的阴霾瞬间一扫而光，还生出几丝欢欣："辅佐上将军，为上将军分忧是我们做属下的本分！只是唯恐我们的建言不够剀切，不中上将军的意！"

"你过谦了……"

于是她把刚才在一旁听他们密谈的情形跟他说了，韩信没想到她如此上心，而且居然也是个难得的明白人。她不无忧虑地说道："眼下这情势，上将军已经骑虎难下了，不进则退……当局者迷，可咱们这些旁观者不能迷。大家出生入死争的就是一个好结果，上将军有时确实有些意气用事……还望你多多提醒上将军，我一个妇人家到底懂得不多，但我一定不会忘记多在上将军面前为你美言的……"

好一个知书达理的上将军夫人，不愧为一位红颜，项羽果真有大福气。韩信不禁对她更生仰慕之情："愿为上将军及夫人效犬马之劳！"

从这一刻起，除了先前的三段情缘，她是第四个让韩信铭记一生的女人，更是他为之追求一生的女人。

7/ 刘邦入关

章邯确实被项羽的巨大威势给震慑住了，善于谋略的他便想先让楚军得意一阵放松警惕再见机行事，因此对于楚军的挑衅与进攻多有避让。可是面对章邯军的屡次失利，尤其巨鹿一役的惨败，焦虑、浮躁的秦二世当然不能坐视不理，为此他专门派出了使者去军营中严厉斥责了章邯。按照大秦律法，章邯已经构成了失职之罪，但这是非常时期，临阵易帅乃兵家大忌，所以二世给了章邯立功赎罪的机会。

章邯变得更加惶恐不安。朝政在权阉赵高的把持下乌烟瘴气，章邯已经听说左丞相李斯由于实在不愿意眼睁睁地看着赵高葬送整个秦王朝，便开始抵触赵高，与之产生龃龉。结果，李斯遭到赵高的栽赃陷害，最后于咸阳集市被腰斩，除了其子李由仍将兵在外，夷三族。

朝政一团乱，无奈之余，章邯只得派出手下的长史司马欣去都城咸阳，试图向朝廷详细说明前线的军情战况，尤其是代他解释下一步打算。可是不承想，司马欣到达咸阳之后，一连三天都在宫门外等候觐见，握有实权的赵高就是不予接见。司马欣知道朝廷已经对他们很不信任了，所以赶紧返回前线，不过这一次他相当警觉，没有再按原路返回。不出章邯预料，赵高果然派出人马追杀。侥幸逃回前线的司马欣对主帅章邯道："现今赵高这厮已大权独揽，他指鹿为马,其他大臣都不敢不仰其鼻息。而今若我们得胜,一收平乱全功,那么赵高一定会嫉妒我们的功劳,不会轻易放过我们。若不幸战败,朝廷就更有理由治我们的罪了……唉,左右都是死,或恐还有其他出路,所以还望将军您三思。"

"这个……这个……真的大势已去了吗……"

章邯慌了手脚,行事变得犹豫不定。

在楚联军方面,嗅觉灵敏的陈馀也写信给章邯,望他认清形势,并拿武安君白起和大将蒙恬的例子开导他。为此,章邯犹豫难决,秘密派人到项羽那里去进行试探性的谈判。可是项羽狡诈得很,他想要秦军降低谈判的价码,并且希望对方赶快投降,他根本就不吃章邯这一套。因此,在谈判进行时,项羽就接受了"亚父"范增的建议,秘密派遣威猛的蒲将军绕远道对秦军发动了突袭,结果疏于防备的秦军再次失利,士气明显低落。

也就是在这个时候,很多原六国地区兴起的新诸侯或豪强势力都望风归顺了项羽,想以此在抗秦大业中分一杯羹。楚联军人数达到了三十万这一空前规模,相比秦军,他们已开始在数量上占据优势。这令项羽乃至整个楚军的信心大大增强。欢欣鼓舞之际,韩信建议项羽向秦军展开全面进攻以促使其赶快投降,这与项羽的打算不谋而合,因此这一次他很干脆就采纳了。

项羽振作精神,再次亲自督率大军进攻秦军,章邯再也顶不住压力了,他征询了一些人的意见,最后下定决心——向项羽投降!自商鞅变法秦国强盛之后,这在秦军的历史上还是头一遭。

由于楚联军人数大大增加以致粮食短缺问题频现,项羽也在征得诸将同意后,接受了章邯的投降请求。他在殷商王朝的废墟附近与章邯约期举行了会面,双方盟誓之后,胆战心惊的章邯为取得项羽的宽宥和同情,流下了不少委屈的眼泪。不管怎么说,终究也是一位英雄的眼泪,项羽不能不为之所动。章邯还对项羽讲起了赵高操纵朝政大权陷害忠良的种种情形,把朝廷失政及战争的责任都推到了赵高一人身上。这一招果然奏效,一向非常欣赏章邯的项羽原谅了他并封其为雍王(属关中),还将他小心地安置在楚军中,一来是避开那些心怀不满的秦兵的报复，二来也是作为人质。项羽又任命司马欣为上将军统率原来的秦军，充当楚军的先锋。

秦二世三年（前207）八月，巨鹿之战在经过了长达九个多月的艰难较量之后，终于以楚军的完胜而告终。经此一役，楚军由弱变强，韩信感叹这是一个战争史上的奇迹。

楚胜秦败，整个天下都为之沸腾。

与此同时，沛公刘邦在经历过一番曲折和艰难之后，于同年八月率领数万之众开始向通往关中的重要关隘之一——武关发动强大的攻势。由于刘邦以"仁义"得天下，因此他受到的军事和政治阻力都比项羽小得多。秦王朝人心尽失。

眼看秦帝国的大厦将要彻底崩塌，赵高唯恐秦二世会迁怒自己，便开始称病不上朝。没几日，他觉得这也不是个长期的办法，干脆一不做二不休发动一场宫廷政变，杀了秦二世，改立少年子婴为王。赵高迫于形势紧急，为求缓兵之计，他刻意去掉了新君子婴的"皇帝"头衔，改回原来的"秦王"旧称。子婴倒是年少有为，他不愿意做赵高的傀儡，因此即位仅仅五天就设计将赵高一门尽数诛杀。可笑这个赵高竟弄巧成拙。

九月，刘邦大军顺利突破武关一举杀入关中。接着，刘邦军又在蓝田与一支秦军主力交锋，结果刘邦军从背后偷袭，再次一举击败秦军。至此，关中的秦军主力全军覆没。

十月，刘邦率领大军抵达秦都咸阳附近的霸上，回天乏力的秦王子婴见大势已去，于是便将自己拿绳子捆上亲自到霸上向刘邦请降。大喜过望的刘邦自然答应了子婴的投降请求，并允其不死。接着，刘邦部便开始了对关中地区的辖制，为了严明法纪禁止暴乱，在萧何等人的建议下，刘邦乃与关中人民约法三章——杀人者死，伤人及盗抵罪。他还下令免除秦朝的苛法横敛，死葬生养，与民休息，获得了广大关中人民的衷心拥戴与支持，老百姓都唯恐他不在关中称王。

真是一派除旧布新的可贵气象。

项羽在平定黄河以北的地方后，便率领六十多万大军浩浩荡荡杀向关中，他是不会让一个流氓出身的刘邦独享胜利果实的。当然，关中还有那么多的美女财货，还有那么多新鲜的东西，项羽手下的将士们觊觎已久了。在这次行军路上，项羽居然又干出了一桩令整个天下为之震动的大事。这场莫大的悲剧再一次让韩信伤透了心。

8/　　新安惨祸

北风萧萧，落叶飘飘，正如韩信此时的心境一般，他已然失望、寂寥到了极点。

天道轮回，当初秦国得势的时候，东方六国诸侯中官吏、士卒、屯戍役夫甚至刑徒，凡到过关中的，无一不曾遭受沿途秦国官吏士卒的欺侮、迫害乃至摧残，这也是韩信耳闻目睹甚至感同身受过的，加之刻薄寡恩又是法家的一大特色，所以关东人民为此积怨极深。

因此当风水轮转过来六国诸侯重新得势时，他们自然就会向秦人施加报复，其中有些人还会变本加厉。报仇本来就是那个时代的风尚，游侠的大量涌现就与当时人们重视"结交报仇"思想有莫大关联。

在项羽的大军中，诸侯的官吏士卒为泄私愤，都把秦军吏卒当作俘虏随意役使和欺辱，因此这些秦军士卒都对率领部队投降的主将心怀怨恨。这时候他们还没有得知秦朝灭亡的消息，私下便议论开了："章邯将军欺骗我们降了六国诸侯，现在能进关中灭秦最好，假如不能，诸侯再把我们俘虏到关东去，秦朝又杀尽我们的亲人，那我们究竟该怎么办好呢？"因此秦军士卒的情绪就开始反常。

韩信虽然也恨透了那些曾经作威作福的秦人，当年也恨不得把秦人全部杀个精光，为死去的亲人、爱人报仇雪恨。可是如今的他不愿也不能这样想了，秦人终究杀不光、灭不完，而如果山东诸侯继续对秦人大开杀戒，那么彼此之间就会种下更深的仇恨，无穷无尽。因此，为整个天下的平安计，不如大度些化干戈为玉帛，这样才能安定长久。然而其他人不会这样想，他们关注的只是眼下的局势。因此，当有人将秦军士卒暗中议论的危险言论告知项羽时，一场惊天动地的大屠杀便开始紧张酝酿了。

起初，项羽一时拿不定主意，他把英布和蒲将军等主要将领召集到一处，想先听听大家的看法。他并未通知其他诸侯，因为他们毕竟是外人，不能真正信任。

由于英布本人就是秦王朝暴政的直接受害者，他的意见举足轻重。经过一番秘密会商，大家的意见达成了一致：秦军官吏士兵人数很多，不便于将来有效地控制，况且他们心有怨气，到了关内不听命令的话肯定会出危险，索性趁这个难得的机会把他们都杀掉算了，免得夜长梦多。只留下将功补过的主帅章邯、长史司马欣、都尉董翳等秦军将领一同进入关中，以获灭秦全功。韩信恰巧在场，当他听闻这个惊天的结论后，赶忙向项羽建议道："属下斗胆禀明上将军，秦军士卒二十余万众，不能轻杀！再说他们已经投降了，杀之无名，一旦把他们都杀了，将来秦人一定会像我们今天仇恨他们一样恨我们，届时子子孙孙将永无宁日，望上将军三思！"

项羽不以为然地说道："亏你还是个山东人！想当初，秦将白起在长平一次就坑杀了四十多万赵军，结果呢？赵人仇恨秦人又怎么样，最终不还是让人家骑到头上了？再说秦人有何面目要把仇恨都计算到我们头上，血债血偿，这就是报应你懂吗？当年白起杀赵人不是一样师出无名吗？"

"可是上将军，此一时彼一时。昔日天下未定，秦赵互为仇雠，秦人坑杀四十万赵军，多半出于无奈！白起到死不还在为此悔恨不已吗？今日天下已定，若我们再怀着私愤而大批坑杀秦人，天下将永无宁日！今日我们对秦人怀莫大仇恨已经是对秦人的报应了啊！若我们还报，则有朝一日彼亦还报……望上将军三思、三思！"这次韩信双膝跪地，苦苦哀求。大约虞氏那天的一番话的确起了些作用吧，他已经顾不得尊严了。

一旁的龙且突然不耐烦地开口了："上将军，别听这小子胡叨叨，这小子就是胆怯如鼠，我龙且不信凭咱们东方六国的力量偏偏制服不了一个秦国，单凭咱们上将军的威名，秦人不得吓尿裤子，哈哈……"

"龙将军，前车之鉴，东方六国先时不正亡于一秦国吗？"韩信反诘道，一时令龙且无话可说。

已经成为将军的钟离眜自然也少不得在旁，他一向军务繁忙，和韩信来往不多，但他到底还是心向韩信，插口道："不如这样，咱们入关时先不许秦人进入，再把他们的武器都给收缴了，等到咱们的目的都达到了，再把他们一并给放回去。"

"不可！秦人诡计多端、阴狠险诈，而且反复无常，咱们此去关中，少不得就会给秦人些颜色看看，来日他们必定还会为此与我们作对，不如永绝后患的好……再说，即使他们没有反心，也难保来日不会被其他诸侯利用！"这次说话的是英布，虽然大家都晓得他最仇秦，可是他讲出的话却句句在理，不失名将风采。

"启禀上将军，武力不可轻恃，冤仇不易轻结，杀人者终被杀！即使侥幸躲过，也会报应于后人，望上将军三思！"说话的人叫陈平，韩信忍不住看了他一眼，他庆幸还有人同自己观点一致。

陈平是阳武户牖乡人，距离此地并不远；当项羽部略地至河上郡时，他才新来投奔。陈平并不晓畅军事，却善出谋划策，最后成了大汉的开国功臣之一。

剩下的人中说话有些分量的就是范增，不过这个老家伙看重的并非杀不杀人，而是应该杀之有名："籍儿，今时不同往日，我们不是在战场上杀人，所以应该杀之有名。师出有名才能够服人。依老夫看，不如这样吧，人既然留不得，不如公布秦军造反的罪名，使天下人尽知我不得已而为之的苦衷……"

项羽又为此犹豫了好一会儿，他终究是位快意情仇的意气之士，眼里揉不进一丁点沙子。这既是他的性格，也是他的命运。知趣的韩信不再开口。

这天深夜里，项羽向楚军及诸侯各军秘密下达了坑杀秦军的将令，且在第二天二更时分一起动手。当时，他们所处的位置是新安^①城南。

　　为了尽量争取时间，韩信第二天一大早就设法找到了黄毛丫头，让她把写好的一封信交给虞夫人。

　　等到下午时，韩信如约在一处密林旁边再次见到了她，不过看她的样子很是愁闷幽怨，韩信觉出一定是她没能让自己的夫君回心转意。两个人默然以对，她突然伤心地哭了起来，韩信劝慰道："夫人莫要悲伤，您的话上将军一点都听不进去吗？"

　　她拿出帕子擦拭了下眼睛，惋惜道："那还不至于，上将军只是说军令既已下达，则无从更改，否则就无信可立了。"

　　韩信知道这是项羽的推诿之辞。以项羽的自负，断然不会在此等大事上听凭一个女人的臆断，这一点韩信早应该想到，只是他到底还是扭不过心底的那份冲动，始终怀有一丝热切的希望。

　　事已至此，回天无力的韩信也便不再多说什么，他也不忍心难为这位绝世佳人。也就是从这一天起，韩信才真正意识到项羽绝不会是那个最后拥有天下的人，也许有朝一日取项羽性命的人就是自己。从感情上，项羽待他也还算厚道，不重用也不轻视，然而他的超世之才却因项羽的刚愎自用被埋没，他太想成就一番不凡的功业以扬名后世、跻身显贵了，可是项羽到底没有给他这个机会，更没有给他这个希望，在绝望之余，他开始有些痛恨项羽了。

　　眼前这位风华绝代的佳人属于项羽一个人，凭什么他韩信就只能眼睁睁地在一旁暗自心伤？难道他一辈子就要这样在项羽的阴影下苟活吗？难道他就真的不能轰轰烈烈一回吗？即使成功不是他的宿命，但大丈夫只有奋斗过才无悔，更无愧……韩信看着虞姬离去的背影，暗自发誓：有朝一日，我一定要得到她。

　　在这一天晚上，血腥、惨烈的大屠杀开始了。想当初，秦将白起坑杀四十万赵军的时候，还留下了二百四十个活口，他们都是些孩子。

　　楚军的准备非常充分，保密工作也做得相当细致，秦军已被相对集中、有效地监视起来。诸侯各军响应的热情甚高，出乎项羽的意料，也更坚定了他的决心。二更一到，大屠杀开始的号角声如黑云覆野一般响彻四周。

瞬时，整个新安城南的四围只听到一片紧连一片的惨叫声、哀号声、喊杀声，伴着四起的恐怖火光，这让在一旁发愣的韩信发出了"人间地狱"的慨叹。那些秦军士兵虽然已处于绝对劣势的境地——先是被搜走了武器，接着又被禁食，后来又被分派到诸侯联军中圈管起来，可是求生的本能到底让他们开始拼死反抗，结果遭到了更猛烈的扑杀……

秦人的反抗终究是徒劳的，联军已经将他们严严实实地围了好几重。这样残暴的场面，韩信实在是看不下去也听不下去，他干脆一个人躲到远处的山顶，向苍天大号了几声，然后趴伏在地上抽泣起来。

当韩信忍不住再次向四下张望时，耳目所及使他终于更加深刻地感受到在一夕之间取二十多万人的性命是多么骇人的一件事！这令他想起当年白起坑杀四十万赵军时，又该是怎样一种森然恐怖的场景，恐怕那血能够最终汇流成奔腾的大河吧……

仅仅用了上半夜，秦军就已经差不多被楚联军杀光了。为了掩人耳目，在下半夜的时候他们便开始掩埋尸首。联军借地势连夜挖好几百个大坑埋葬这些可怜的秦人的尸骨，所以等到第二天尚不知情的新安百姓一觉醒来时，他们肯定会纳闷：怎么突然之间城南那块儿就多了那么多土山包，最高的竟达数丈，这是动用了很多工程器械才完成的……

第二天大军临出发时，项羽检查过昨晚的屠杀现场之后不尽唏嘘，他有了些许悔意。

想当年长平之战后，秦军趁势包围了赵国都城邯郸，时秦主将为王陵，结果秦军初战失利，而白起因为深知形势不利不愿领兵继续攻赵。接着，秦王使王龁代王陵为将继续围攻邯郸，但仍然不能攻破此城。这时，楚国派出春申君以及魏国公子无忌共领各路援军数十万救赵，秦军最终兵败而退。显然诸侯义无反顾出兵援赵不仅出于自身利害的考虑，也是怀着对秦人极大的不满。后来白起的不得善终自然令这种不满得以缓解。

其实，韩信应该让虞姬告诉项羽，白起死的时候说过"我固当死"，唯有一死才能稍稍平息赵人乃至天下诸侯的怨怒。白起的下场必定也会是项羽的下场。

可是他没有说，韩信知道——从这一天起，一切都不再似从前那般，一切都已开始改变。

第六章

登坛拜将

1/ 分封天下

在鸿门宴上，韩信竟与张良不期而遇，他们已经有七八年没见面了吧，但是偶一相见还是迅速地从人群中认出了对方。正是张先生的一番话才使迷茫中的韩信决心弃项羽而改投刘邦帐下。

在项羽率领大军即将进入关中时，有些被项羽的气势吓住的刘邦情急之下命人牢牢把守住函谷关，拦截项羽大军入关。刘邦既害怕项羽到了关中之后抢夺那些本该属于他的东西，甚至杀了他，又想等楚怀王帮他主持公道，届时再放项羽大军入关。可是这当即就惹怒了性情急躁、不可一世的项羽，他马上命英布率领一支奇兵绕到函谷关后面打了刘邦军一个措手不及，刘邦失利，项羽带领大军浩浩荡荡地杀入关中。

项羽手下的很多人都以此劝说他趁着好机会干脆杀掉刘邦以绝后患。范增对项羽说，刘邦一贯贪财好色，可是这一次他进关中后反而规矩起来，足见其人志不在小，将来可能对楚军不利。范增善于阴阳术数、占卜望气，他远远向着刘邦所在的方位卜了一卦，回来之后就报告项羽："籍儿，大不利！老夫细观刘季一方果有王气，今不除之必生后患！"刘邦营中出了一个奸细名叫曹无伤，他让人捎信给项羽说刘邦要和他作对。于是，项羽决心灭掉刘邦。

项羽的军队驻扎在鸿门一带，他召刘邦前来解释先前的误会。刘邦因为自己的势力尚小，故而只能硬着头皮去见项羽，一并向他请罪。此时项羽率领的楚联军仍是四十万人的规模，而刘邦军才不过十万而已。

韩信觉得刘邦能以"仁义"号令天下，想来应该是一位英明的仁主，必有其过人之处。虽然他也听闻过不少关于刘邦流氓无赖、好色薄行的传言，可是大丈夫当行事不拘于小节，他自己不也是被乡里人看不起。韩信与刘邦的家乡离得很近，虽然彼此素昧平生，但也算半个故人，所以韩信打心底不愿看刘邦被杀，只可惜他人微言轻，根本起不了作用。不过韩信又听说足智多谋、游遍天下的张良此时就在刘邦帐下，想来以张先生的运筹帷幄，刘邦应该能够逢凶化吉。韩信对刘邦的结局拭目以待。

一个分外寒冷却阳光明媚的上午，项羽的大帐中迎来了刘邦、张良一行人。韩信自然一眼就认出了张良。张良气色透着一股病气，不过这根本算不了什么。韩信始终认为张先生临此大事依然神情自若，气度豁达，透出一股不凡的气质，让普通人望尘莫及。

韩信依据判断马上认出了刘邦，但是他又宁愿自己的判断是错误的，因为"刘邦"的长相和气度让他有些失望，这分明是一个粗野的乡下人。而且刘邦只知向大家赔笑，哪有王者风范，年龄看上去起码要比项羽年长二十岁。

正在韩信犹疑、失落之际，张良却抛下众人径直来到韩信面前。"重言老弟？重言老弟……一向可好？当初下邳一别想来已是七个春秋，不过老弟的才华可是令为兄终生难忘啊！"张良向他客气地拱了拱手。

韩信顿时清醒了过来，想来张良看到他今天这副不成器的模样会大失所望吧，不过张良却没有半点讽刺和轻视的意思。"哎呀，张先生！原来是张先生，这么多年了，而今他乡重逢故人……先生休要取笑小弟，难得先生还认得出小弟，实是小弟三生有幸！有礼，有礼！"

韩信有些不好意思面对张良的目光。他们两个长得有些相似，都是细挑高个儿，白白净净，怪不得都能一眼认出彼此。这反而更增加了韩信的窘迫。张良早已是普天之下尽人皆知的风云人物，韩信怎么也不敢将眼前这个纤弱不堪的张良与那个带领壮士半道刺杀秦始皇的张良想象成同一个人。那冲天的豪气和侠气，怎么就源自这样一副孱弱的身躯呢？

洞察入微的张良到底看出了韩信的心事："呵呵，重言老弟啊……别丧气灰心，你还年轻，将来有的是你建功立业、施展抱负的机会！为兄也当逊你三分！'君子藏器于身，待时而动'……"

"先生何出此言，我一介破落户还谈什么抱负，不过混一碗安生饭吃罢了，可别再羞杀小弟！"

"你这个小子跟为兄还这般外道！行，大丈夫知耻而后勇！放心，为兄不会看错你，努力！不过咱是自家兄弟，为兄忍不住还得提醒你一句'鸟则择木，木岂能择鸟？'。方今天下群雄并起，老弟还当擦亮眼睛啊！"

"先生所言甚是，小弟当谨记在心。"韩信终于要说出自己心中的疑问，他将张良领到了一个僻静处，"小弟有一事要请教先生，敢问这沛公何许人也？"

"呵呵，问得好啊！为兄就知道你一定要问这个，实不瞒老弟，沛公为人不拘小节，慷慨大度，有容人之量、知人之明、待人之厚，更有用人之急，只是……"

"只是什么？"韩信有些急不可待。

"只是……呵呵，天机不可泄露！为兄今日就先卖个关子，有朝一日若老弟追随了沛公，那便得你自个儿去好好体会了。为兄先失陪了，今日事急，咱们兄弟改日再畅叙一番……"

"好！"韩信只好将张良亲自护送到项羽的大帐中，但头脑中还一直琢磨着张良给他卖的那个关子，这很是令他不解。

张良显然非常看好刘邦，不然也不会为其鞍前马后。

果不其然，项羽在鸿门宴上到底违背了自己的初衷，他未能除掉刘邦。一方面，是曾经被张良搭救过的项伯（项羽的族叔）出了一臂之力。在鸿门宴上，范增看项羽实在不好意思下手，就暗中指使项羽的族弟项庄以舞剑助兴的名义，试图乘刘邦不备一剑刺死他。可是最终却被项伯阻止了，项伯正是为了报答张良当初的救命之恩。另一方面，刘邦的身边有一位猛将，也是刘邦的连襟和发小，名叫樊哙。项羽听闻樊哙的天生神力故而颇为忌惮，也是有些怕惹麻烦，所以没敢直接动手。最重要的是他被刘邦那副忠厚长者的形象迷惑住了，不愿意杀掉刘邦这个昔日的得力盟友，毕竟刘邦也曾为推翻暴秦做过贡献，当初巨鹿之战时他吸引秦军主力，可谓功莫大焉！而且刘邦的为人真让人一时挑不出毛病来。因此最后在张良积极的斡旋下，重义气的项羽暂时放弃了杀掉刘邦的想法。

此后，急不可待的项羽统率大军杀入咸阳，这里曾经是让诸侯将士们最憎恨和垂涎的地方，因此一番大规模的烧杀淫掠在所难免。就这样，昔日盛极一时、繁华如梦的帝都在这场腥风血雨、数月不息的漫天大火与烟尘中彻底毁灭了，很多文物、典籍等也被粗暴地付之一炬……

毫无疑问项羽正是这场浩劫的罪魁祸首！

韩信脚踏在这片烟尘未绝的废墟之上时，百感交集，一时不免悲从中来。他早就知道终究会有这么一天，这里积郁了那么多人的血泪和仇恨！只是他怎么也没想到，不过短短数年，这个曾经不可一世的秦王朝竟彻彻底底地崩塌了。咸阳城的西面还坐落着仅打好地基的阿房巨宫①，东面是气派至极的秦始皇陵，可是这一重风雨摧残更映衬出人世的无常和时运的多舛。

最让韩信揪心的是他个人的命运，只有改变了自己的命运才有可能改变整个天下的命运。如今还不是他长吁短叹的时候，他应该振作起来。

丈夫处世兮立功名，立功名兮慰平生，韩信使劲握了握腰间的宝剑。

终于到了诸侯军队杀无可杀、抢无可抢、烧无可烧的时候，项羽便开始和群雄安心坐下讨论瓜分天下的大事了。这一次项羽眼里再没有楚怀王，他早把这个傀儡丢一边去了，只是象征性尊他为"义帝"，又分了江南的一小块封地让他到那里终老。天下是他一个人说了算。

项羽根本不在乎楚怀王先前与诸侯的约定，硬是把刘邦赶出了关中，而改封到闭塞的汉中让他去做汉王。刘邦的得人心让项羽很嫉妒，也很忌惮！关中就让章邯、司马欣、董翳三位秦军降将三分，章邯为雍王，封地紧靠南面的汉中，这样还可以起到监视、压制刘邦的作用。即使这样，项羽还是对刘邦不放心。当张良要离开刘邦

---

① 据今天的考古学家的探究发现，其实阿房宫并没有正式建成，它的高大巍峨、奇丽壮观不过是后人所附会的想象而已。但可以肯定的是，它的地基部分已经完成了大半。

去辅佐韩王以尽自己作为一个韩国臣子的忠道时，他建议刘邦把通往汉中的栈道全部烧毁，以向项羽和诸侯表明忠心，定然会安心做汉中王。

对于刘邦的安置问题，大家暂时达成了共识，整个天下是这样具体分封的：

1. 以刘邦为汉王，统治巴、蜀、汉中之地（地域不小），都南郑。

2. 三分关中，以章邯为雍王，王咸阳以西，都废丘；长史司马欣曾在栎阳做狱掾时一度照应过项梁，所以被封为塞王，王咸阳以东，至黄河，都栎阳；都尉董翳，劝章邯投降有功，为翟王，王上郡，都高奴。

3. 项羽欲自取梁地，于是就迁魏王豹为西魏王，王河东，都平阳。

4. 瑕丘人申阳乃赵相张耳的近臣，不过他先拿下河南郡，并迎楚军于黄河之上，所以就立申阳为河南王，都洛阳。

5. 韩王成待在自己的故都，都阳翟。

6. 赵将司马卬平定河内，数有功，乃立为殷王，王河内，都朝歌。

7. 迁赵王歇为代王。赵相张耳平素贤德，又一同跟随入关，所以立为常山王，王赵地，治襄国。

8. 当阳君英布为楚将，常做开路先锋，有大功，立为九江王，都六县。

9. 番君（少数民族的首领）吴芮率百越协助诸侯，又一同跟随入关，立为衡山王，都邾县。

10. 义帝（楚怀王）的上柱国共敖将军击南郡，功劳不小，立为临江王，都江陵。

11. 迁燕王韩广为辽东王，都无终。燕将臧荼从楚救赵，并跟从入关，故立为燕王，都无终（今天津蓟县）。

12. 迁齐王田市为胶东王，都即墨。齐将田都从楚救赵，并跟从入关，立为齐王，都临淄。另项羽渡河救赵之时，田安攻下济北数城，又引其兵合从项羽，所以立为济北王，都博阳。前齐相国田荣数次皆有负于项梁，又不肯带兵从楚击秦，故不加封赏。

13. 成安君陈馀（因为生张耳的气）弃将印而去，未相从入关，故也未加任何封赏；但在别人的劝说下，念陈馀毕竟伐秦有功，才发慈悲地改封已身在南皮的陈馀拥有周边三个县的统治权。

14. 番君将领梅铜功劳也不小，被封十万户侯。

15. 其他未被分割的大片领土自然就都是项羽的，包括中原的梁地、自齐国以南的两淮、江东等地，项羽自号为"西楚霸王"。这样算是给天下人尤其在场的诸侯一个基本满意的交代。很明显，项羽有意抬高新诸侯而贬抑旧诸侯，他的最终目的还是为了拉拢这些易于控制的新诸侯。

不过韩信早看出项羽在逆天而行，这些贪心的诸侯不会有真正餍足的时候，彼时他们一定会起来再次激烈火并。而且因为项羽是凭借个人的权威、好恶分封诸侯，毫无公平可言，所以很多人自以为立下功劳但是却未得分封，尤其是那些根本没有得到任何封赏的诸侯自然会对项羽产生极大的不满。不难预料，不久之后整个天下还将重新陷入一片无休无止的征战杀伐中。天下汹汹，还当是真正的英雄力挽狂澜，机会总是留给有准备的人。

关中形胜，虎踞龙盘，是个极为难得的帝王立业之地，因此很多有眼光、有头脑的人都站出来劝说项羽，希望他能够留在关中称王，以稳固霸业。可是思乡心切的西楚霸王却坚持要回故里，并且还要到距离故乡不远的彭城去建都——那里可是个令韩信不堪回首的地方，仅凭这一点他就不能再回去，他无法面对那些熟悉的脸孔。

于是，汉元年（前206），项羽大军带足了关中的美女财货，浩浩荡荡东归而去。此时根本无心分赃的韩信早已心凉到了极点，眼前的这些东西于他而言，太可怜、太微末，也太可笑了。

2/　因祸得福

韩信打定主意要追随刘邦，他顾不得那么多了，对项羽，他已经失望透顶。新的希望总是诱人的。

临行之前，韩信还想着去看看虞夫人，也正因为她，韩信才更觉有必要走到项羽的对立面。韩信在她的营帐外面徘徊了半天，始终没有勇气向她辞别，因为他唯恐让她看出自己的心思，以好言好语甚至一官半爵挽留自己，他受不得别人的好。

最后，韩信头也不回地策马向西而去。

"报——大王！今日清点人数，逃众三百零七人，郎官以上七十人！其他诸侯各军逃众亦不下千，他们多是向西追随汉王刘邦去了！"属下如此向项羽报告。

"都是群小人，本王懒得跟他们计较！你们说刘邦有什么好？本王就是要让章邯把他看死，等着吧，这群小人还得回来！"项羽的自信不是没有道理。

"亚父"范增对项羽道："籍儿，老夫看你帐下执戟郎中韩信也跑了？"

"正是，亚父！等着吧，这小子早晚得给我回来请罪！"

"不！籍儿切不可掉以轻心！老夫观韩郎中此人非泛泛之流，其姿貌雄奇，人莫能测，大有超世之心。你既不能用他，不如索性杀掉他算了，以免后患！这也是当初公叔痤谏魏王之言！"

公叔痤乃战国时期的魏相国，当时卫国人公孙鞅在魏，公叔痤非常赏识公孙鞅之才，于是便向魏王举荐。不巧公叔痤病重，临终前他再次向魏王举荐公孙鞅，并言："大王如不能任用公孙鞅，就一定要杀了他，千万不可放他出境，以免其被敌国所用！"可是魏王以为公叔痤是病糊涂了，没有听信。后来，公孙鞅应秦孝公《求贤令》而西去秦国，并得到秦孝公重用，在秦国主持了两次大规模的变法，使秦国强大后成为东方诸国的大患。后公孙鞅被孝公封于商地，是谓"商鞅"。

"呵呵，亚父多虑了！韩信确通兵学，不过也就是纸上谈兵而已，能掀起什么风浪？"

"那是籍儿你没给他施展的机会，飞龙若不在天，又怎么显出腾云驾雾的本事呢？鲲鱼若不在海，又怎能验明潜跃遨游的能力？所谓'风从虎，云从龙'，若韩信果有经天纬地之才，亦当真幸遇良君，籍儿到那时后悔也晚了……而今……"

"可是，这小子也追随我好些时日，有功无过……杀之无名，若是说出去，岂不是要寒了兄弟们的心……"

"籍儿不可心肠太软！"……

结果还是被项羽搪塞过去了，项羽认为自己既然不识韩信之才，自然也没有道理忌讳他。

公孙鞅当年就很自信地对公叔痤这样说过："彼王不能用君之言任臣，又安能用君之言杀臣乎？"若仔细说来，刘邦也有几分血气，虽然农户出身，可还是仗着自己那点胆气、豪气、义气成了大家公认的领袖。

当然，刘邦的慷慨、厚道使他颇有人缘，刘邦的左腿上有七十二颗黑痣，常被人看作是天生异质，而他自己也是这样认为的。他平生倜傥有大志，据说他曾经去秦都咸阳见过秦始皇的车驾，当即喟然叹息道："嗟乎，大丈夫当如此也！"所以那些有身份地位和才能的人不能不对他高看几眼，屈身与之结交。他的岳父吕太公不惜下嫁女儿，萧何等人亦然，刘邦要押送丁夫西去关中，县里的官吏都奉钱三百，唯独萧何是五百，而且他还经常袒护刘邦。

当初在县里做小吏的萧何、曹参等，无论是智略还是勇武之才都胜他人甚远，而他们之所以愿尊刘邦一个小小的亭长为头领，主要还是怕起义不顺利，这样秦军追究下来，首要诛杀、灭族的必然就是刘邦。

刘邦对于项羽故意打压自己非常不满，他原有的十万部众也被项羽分掉大半。不过他本来就是个破落户，能混到诸侯王就已经算祖上有德了，但刘邦竟并不满足。他想趁项羽大军回师之际进行报复，可是却被他手下的周勃、灌婴、樊哙等猛将劝住了，最明达事理的萧何更是劝他要忍一时之小忿，只等将来条件成熟之时再凭借巴蜀丰腴之地一举席卷三秦不迟。好汉不吃眼前亏，刘邦算暂时把心安定下来了，并封萧何为丞相。

刘邦在与张良依依不舍诀别时，厚赐了黄金百镒、宝珠二斗，但最后却都被张良送给有功的项伯等人以进一步收买人心。张良还让刘邦在去汉中时将半道上的栈道尽数烧毁以扫除项羽的疑心，如此也可以防止其他诸侯突入汉中，刘邦照做了。虽然项羽只给了刘邦三万人马让他带往汉中，可是楚军及其他诸侯军中因倾慕刘邦而愿意追随他的人也有好几万，韩信就是其中不怎么起眼的一个。

纵观茫茫数千里的秦川，去汉中的这一路的确辛苦。这时已经四月，放眼望去，四野中正是一片欣欣向荣，韩信的心情舒展许多，他开始挂念娇妻英乔。一年多了，他自忖没有颜面回家，哪怕只是在家中简单地待上几天，他更怕因此消磨了自己的意志，这种不堪的境遇让他的内心格外痛苦。

对于韩信投奔刘邦的事张良自然并不晓得，所以他也并未跟刘邦提及韩信，张良走得实在太匆忙了。

结果，韩信到了汉中之后竟被分派去做一名负责接待和外事联络的连敖，官职不算低但也不高，因为他看上去太过瘦弱了，带兵打仗应该不行，尽管韩信一再声言自己深谙兵法。

说起来倒也没什么，韩信可以忍耐，希望一定会有。只是韩信初来乍到，难免有些心神恍惚。然而也正因为这份粗心，险些葬送了自己的前程。韩信刚到汉中做连敖的第二个月，他负责代转的一封重要书函竟然不慎在营房中遗失，怎么找也找不到，这下可闯了大祸。按照当时的律法（沿用苛酷的秦律法），相关人员都要一起判死罪。这让韩信的心彻底凉了下来。他没想到事情会如此严重，所以错过了最佳的逃跑时机。恰巧能说上话的张良也不在，他又没有其他熟识的说话管用的人，所以在叫天天不应、叫地地不灵的情形下被拉上了血腥的刑场。

难道这真的就是韩信的命数吗？难道他与那一颗颗孤星的感应都只是自欺欺人吗？难道他的一生就注定了虚无、可笑吗……韩信开始自嘲地放声大笑，他的内心还有那么多不甘。

"咔嚓——"一颗人头瞬间落地，鲜血喷出一丈多远。

"咔嚓——"又一颗人头落地，这一回韩信的脸色彻底变绿了。

"咔咔咔！"同案的十三人中已经有十二颗人头落地，最后一刀该是韩信了，因为他是主犯。

刽子手可能觉得只剩下最后一人了，就放慢了节奏，喘了好一阵粗气后，方才对绝望的韩信大声道："兄弟别怕，看你是条好汉，咱给你来个痛快的！"

　　韩信忍不住转过脸来细瞧了刽子手一眼，也就在这时候，他突然看到了一个人。这个人他正好认识。此人名叫夏侯婴，据说是汉王刘邦的老相识，已经五十多岁，从前是沛县的小吏，没少帮助过刘邦，所以刘邦对他很是敬重，尊他为滕公。

　　倏忽之间，韩信的头脑中突然生起了一线希望，他站起身来对骑在马上路过的夏侯婴大声喊道："汉王不是想得天下吗？何故又要斩杀壮士？"

　　尽管夏侯婴一时听得不够真切，但韩信已经引起了他的注意，他勒马来到韩信跟前："小子，你刚才喊什么？"

　　"回大人，汉王不是想得天下吗？何故又要斩杀壮士？"韩信仰起了脖子，一副非常从容的样子。

　　"哦？"夏侯婴上下打量了一下韩信，他觉得面前这个年轻小伙很是器宇不凡，于是又小声问道："小子，你何以知汉王的心思？"

　　"眼下霸王依恃勇力焉能服人，山东必定再起干戈，究竟谁能最后定天下还未知。汉中、巴蜀地僻，又焉是汉王这样的真主久居无虞之地？即使汉王自己答应，将士们也不会答应，而且……"

　　"好小子，看来你对当今天下大势很是关切，说下去！"

　　"我若为汉王计，何等到他人来攻我，我自当伺机提大兵——匡天下耳！解黎民百姓于水火之中……"韩信回答得颇为巧妙。

　　夏侯婴连连点头，韩信话音才落，他便对刽子手道："莫急躁，待老夫去向汉王回复过再说。"

　　"小子，今天算你我有缘分！"夏侯婴向韩信撂下一句话，便迅疾打马而去。其实不独是他真正欣赏韩信，这也是他的私心，他正可凭此机会在军中放几只"活眼"。韩信的家乡在淮阴，刘邦等人的家乡在沛县，大家都是同乡，理当抱团。虽然大家同在汉王帐下效力，可是刘邦肯定会培植一支真正忠诚于自己的嫡系人马，而这支人马最好都具有天然的标志——汉王的同乡。这样一来，大家首先在感情上就亲近多了，胳膊肘就不容易向外拐。

等到滕公一个时辰后回来时，不但保住了韩信的命，还将他提升为管理粮草财帛的治粟都尉，这个官职已经不算低了。对于一个成功的人来说，努力固然重要，但机遇也不可或缺，机遇本身也是自身努力的一部分。英雄还当由英雄来赏识，韩信正是在治粟都尉的任上才有幸结识了最为难得的知音 —— 萧何。

3/ 谈兵论道

韩信因祸得福，重新燃起了人生的希望。只是好事多磨，没过几天，他居然也对这个乡巴佬刘邦彻底失望了。

韩信先是因为职务的关系结识了丞相萧何，萧何绝非凡类，不然四十出头的他也混不到相国的位置。他同韩信聊了区区数语，便对眼前这个英武果敢的小伙子产生了兴趣。萧何注意到作为一名管理后勤的治粟都尉，韩信不怎么关心钱粮、衣帛等账目，反而整天躲在公室内盯着一幅巨大的地图看，这令萧何更加好奇了。

一天，萧何趁公事寡淡的间隙悄悄地来到韩信的客室，手下人见相国到来正想回报韩都尉，可是却被萧何有意拦下了，他悄悄地来到了韩信的身边。

此时的韩信正神情专注地观察地图上的每一个小小的细部，并用心记住。萧何竭力忍着没去打搅他，从韩都尉专注的眼神中，他觉出那其中必有他苦苦觅寻的东西……

"你看，这座山的主峰标识错了，它应该是在南而不是在西，北面的这条河应该离得也没这么远……"韩信突然大声道。显然，他已经觉察到屋子里多了一个人。

"怎么，韩都尉去过这一带？"萧何顺着韩信手指的地方看了一眼，忍不住问道。

"岂止是去过，当初我还在那里住过几晚呢！都是七八年前的事情了……"韩信仍然没有转头，也没有觉出来人有什么异样。

"佩服佩服！韩都尉真是胸中有天下啊！呵呵……"

这一回韩信觉出了异常，那种赞语可不是随便什么人能够说出来的，他急忙扭头去看，呀！原来是萧相国。"失礼失礼，竟是相国大人，这门卒是干什么吃的，居然都不通报一声，该打……"

"呵呵，都是本相的主意，不好意思惊扰了韩都尉的兴致啊！"

"哪里哪里！在下只是消遣，消遣而已！"

"哦？韩都尉谦虚了，真人面前还用得着卖关子吗，呵呵……不过本相很好奇，看韩都尉刚才如此入神，又是怎么晓得有人进来的呢？"

"不敢瞒相国，只是在下的直觉而已！"

"直——觉？"

"正是！这个可不好细讲，想来相国大人也该是有过这种体会。"

"嗯，经韩都尉这么一点，本相倒是有些明白了，的确不为向庸人道也……呵呵，韩都尉果乃神人……"

两人谈得兴起，韩信也不便再藏着掖着，对萧相国发起了牢骚：汉王真是大材小用。

"本相观韩都尉英武挺拔，难道韩都尉专长兵学吗？"

"相国大人慧眼，在下一心沙场扬名、建功立业！只是苦于不得重用，效死无门……"

"哦？既是这样，若韩都尉果有将帅之才，那本相自当不遗余力向汉王举荐，你且放心！"

"那就有劳相国大人一试在下深浅……"

韩信既如此自负，萧何也对他青眼有加，他赶紧请韩信坐定。其实，萧何对兵学也是外行，但是他自信能够明辨是非贤愚。

"请问韩都尉，法家之行于兵家，是否得其所宜？"

"回相国大人，兵家自是重法家之术，《孙子》'令之以文，齐之以武'、太公《六韬》'定名实，明赏罚'是也，《尉缭子》亦曰：'号令明，法制审……明赏于前，决罚于后。'又谓用法当一视同仁：'当杀而虽贵重必杀之，是刑上究也；赏及牛童马圉者，是赏下流也。'《孙膑兵法》：'夫赏者，所以喜众，令士忘死也。罚者，所以正乱，令民畏上也'……但我兵家又绝不等同于法家，起码今日的兵家太过看重法家之术，算不得真正的兵家。法家之繁刑厚敛、刻薄寡恩，行于一时为易，效于一世则难！"

"请韩都尉不妨细言……"

"《孙子》道兵家之五事曰：'一曰道，二曰天，三曰地，四曰将，五曰法。'法在最末，不言而明。又《孙子》谓兵之'七计'，也即是兵家取胜的七大要素：'主孰有道？将孰有能？天地孰得？法令孰行？兵众孰强？士卒孰练？赏罚孰明？'法令居于其次……《吴子》亦道：'若法令不明，赏罚不信，金之不止，鼓之不进，虽有百万，何益于用？'《六韬》则曰：'刑繁则民忧，民忧则流亡'……"

对于法家的繁苛滥刑，韩信有切身体会，于是他便又跟萧何谈起了上次差点被杀的事，其实他的那点小过何至于死罪，强秦正是亡于繁苛滥刑。

"本相深以为然，今日我们且不可再重蹈秦人覆辙了，这可是我们当下治军的软肋！韩都尉有何良策？"

"回相国，其实这些都已经是前贤所讲论过的了，《吴子》道，'法令省而不烦'，只是让士卒们明白最基本的赏罚原则就好，不可一味捆缚他们的手脚，使之畏首畏尾，唯恐动辄得咎，如此将帅何以得士卒死力，这仗还怎么打得赢？太公《六韬》也明示将帅应爱人如己，法内施情，'赏罚如加于身，赋敛如取于己'；《尉缭子》亦道：'先廉耻而后刑罚，先亲爱而后律其身'……"

"正是，商（鞅）君、韩非子如此法家大贤亦难免刑戮之祸，究其根源也是自取其祸！只是吴子又何以身遭大戮？"

"相国所问极是！不过吴子之抱负非常，出将入相，并不纯为兵家，故而亦非因用兵家之术治国而罹祸！《老子》曰：'以正治国，以奇用兵。'吴子治兵另有一套——昔日魏武侯问吴子曰：'严刑明赏，足以胜乎？'吴子回答道：'严明之事，臣不能悉。虽然，非所恃也。夫发号布令而人乐闻，兴师动众而人乐战，交兵接刃而人乐死。此三者，人主之所恃也。'……"

"嗯，吴子果不愧为兵家大贤！韩都尉亦用心非常，立意高远，令本相茅塞顿开……痛快！痛快！"

正在二人交谈的时候，属下两次来找萧何处理公事，可是都被他暂时打发到一边，他连吃饭也顾不上了，一心要听韩信讲论用兵之道。韩信难得见有人如此热诚，自然如数家珍一般论起兵家之事，也把饥渴丢一边了。

两个人靠得更近了，萧何由衷佩服韩信旁征博引的非凡能力，这绝不是一朝一夕、徒然背诵能掌握的功夫，萧何几叹韩信为神人。因为萧何更关心诸子百家的精华在兵家战争观念中的体现，所以韩信又分别为他讲论起了兵家中道家、儒家、阴阳家乃至墨家等元素，这些观念既是韩信熟稔也是他用心体悟的结晶，他更愿意将其付诸实践。

"《老子》曰：'将欲歙之，必固张之；将欲弱之，必固强之；将欲废之，必固兴之；将欲取之，必固与之。'此处是讲欲擒故纵之法，而《孙子》道：'兵者，诡道也。故能而示之不能，用而示之不用，近而示之远，远而示之近。利而诱之，乱而取之……攻其无备，出其不意。'二者之精神乃一以贯之……

"《老子》尚以柔克刚、以静制动，曰：'天下莫柔弱于水，而攻坚强者莫之能胜，以其无以易之，弱之胜强，柔之胜刚''致虚极，守静笃'。而我兵家《孙子》道：'兵形象水。水之形，避高而趋下；兵之形，避实而击虚。'《尉缭子》也道：'胜兵似水。夫水，至柔弱者也，然所触，丘陵必为之崩'……

"《老子》尚'以正治国，以奇用兵'，太公《六韬》固然为后人所辑，亦曰：'凡兵之道莫过乎一。一者能独往独来。黄帝曰：一者阶于道，几于神。'又曰：'全胜不斗，大兵无创，与鬼神通。'《孙子》道'不战而屈人之兵'，这正是我兵家出奇的最高境地……"

萧何越听越入神，他也从中觉出韩信的单纯。虽然韩信深谙诸子百家之学，可是他的眼中却只有军事、没有政治，韩信最后的结论也只是归结于兵家致用，并未涉及将帅涉世之道、为人臣之难。

这令萧何受用，因为韩信是正才，却不是歪才，他不琢磨心术，只问成功。

萧何再向韩信请教兵家的儒家色彩，韩信兴致盎然道："我兵家经典唯《司马法》之儒家色彩最重，皆因《司马法》最古，其中颇涉姬周开国以来将帅御兵之道，故而与儒家最为契合。其中曰：'古者以仁为本，以义治之之谓正。正不获意则权，权出于战，不出于中人'，又曰'争义不争利，是以明其义也'，'凡治乱之道：一曰仁，二曰信，三曰直，四曰一，五曰义，六曰变，七曰专'，《尉缭子》亦道：'兵者，凶器也；争者，逆德也；将者，死官也；故不得已而用之'……总之不外以仁义为本，不过运用之妙者，并不贵乎对于经典亦步亦趋，乃在于存乎一心之用也，心之所专擅，天下则无不可成之事、不可胜之敌也……"

末一句直令萧何忍不住击节赞叹："正是，墨家尚'兼爱''非攻'，出处是好的，但于兵家则未必全然有效。墨家尚贤爱民、重农强本，倒是不可易之论，国与兵本非二事……"

"相国所言极是，《孙子》乃我兵家之大道，孙子站得高、看得远，强国强兵皆重在强本，足兵足食才是取胜之道……"

"韩都尉，你但说这神秘之阴阳家与兵家之道……"

"好！《易》曰'一阴一阳谓之道'，我兵家自是重视阴阳之道。《孙子》有曰：'天者，阴阳、寒暑、时制也''五行无常胜，四时无常位，日有短长，月有死生'。《孙膑兵法》亦曰：'凡地之道，阳为表，阴为里……五壤之胜：青胜黄，黄胜黑，黑胜赤，赤胜白，白胜青。'青为木，黄为土，黑为水，赤为火，白为金，五行相生相克，用兵亦不外趋吉避凶，乃以己之长攻敌之短、以己之短避敌之长而已……

"故而《六韬》曰：'五行之神，道之常也，可以知敌；金木水火土，各以其胜攻之……五行之道，天地自然；六甲之分，微妙之神……角声应管，当以白虎；徵声应管，当以玄武；商声应管，当以朱雀；羽声应管，当以勾陈；五管声尽，不应者，宫也，当以青龙。此五行之符，佐胜之征，成败之机也。'

"不过神鬼、卜筮乃我兵家所置疑者，《尉缭子》：'明法审令，不卜筮而获吉。'天道诚为幽深，人但竭尽其力而已，不可依恃天命眷顾……不过，若是问卜可安定众心，也不妨为之……"

"韩都尉所论甚是，理是死的，人是活的……明于理却又不可囿于理，呵呵……"

接着，韩信又为萧何推演兵法，演习战阵，其中很多阵法、变化甚至是萧何闻所未闻的。以此，萧何更不愿意相信韩信只是个纸上谈兵、华而不实的虚浮之徒，尤其在他又仔细听过韩信谈起自己的人生经历之后，韩信在项羽帐下的那段往事更令萧何不能释怀——韩信不怕死，更不惮冒险，这很可贵。他为韩信的战争观总结了两句真言：用兵在活，出奇制胜！

最后，韩信为萧何讲论起了兵种问题，他着重指出："今日骑兵地位仍然有待认识与提高，骑兵尤当作为奇兵使用①，想当年长平之战，武安君白起亦发挥了骑兵的出奇功用。故而我汉军当加强骑兵配备，而此一点正是楚军的优势所在。"

"不过，良马难得，眼下我们被困在汉中……"萧何大摇其头。

"相国大人多虑了，待我汉军杀出汉中再考虑此事不迟。"

"哦？果然是韩都尉看得长远啊！今日听韩都尉一席话，直令本相大开眼界，韩都尉果大才也，本相自当向汉王保荐！"

闻听萧何此言，韩信赶紧起身行礼："相国大人厚恩，韩信何以为报？"不过他还是说出了自己的担心："冒昧地问相国大人一句，大人何以信我？大人您又将如何向汉王举荐？"

"直觉！呵呵……韩都尉尽可放心！韩都尉乃军事大才，自当与他将有别……"

韩信激动得几乎要哭出来："如此，请再受在下一拜！"

"使不得，使不得！选贤任能也是本相职命所在……先前之事，真是对不住韩都尉了，切莫往心里去……"

不知不觉间，东方已经发白，萧何这才打算回家休息。不过，

---

① 马镫和高桥马鞍出现以前，在中原地区的作战中，骑兵应该还不能作为主力兵种。

已经兴奋了整整一夜，想来他和韩信谁都不会轻易睡着吧。

第二天一大早，萧何便急急忙忙找刘邦推荐韩信，然而不承想却碰了一鼻子灰。

不过萧何倒不灰心，又屡屡向刘邦谏言韩信是大才，不可不重用。可是，刘邦终究有自己的想法：一来他觉得韩信年纪太轻靠不住；二来韩信也没有正经带兵打仗的经历，一下子将他提升为将军恐怕其他人会不服；三来韩信的身手还没能达到做一名将军的要求，所以刘邦打算先留出一段时间让韩信好好历练一番。

汉王的话不是没有道理，萧何也只好暂且让韩信忍耐些时日了，他相信总会有适宜的机会来说服刘邦。

4/　月下追贤

这时，项羽率大军东归不久，韩信的预见终于应验。山东地区果然又起兵戈。韩信忍不住在心中呐喊：建功立业的机会又来了。

汉元年（前206），一向与项羽不和的齐相国田荣与其弟田横，因极为不满项羽对齐国的分封政策，举兵攻打新近被项羽封为诸侯王的田市、田都、田安等人，还派兵帮助心生怨隙的陈馀打跑了先前的生死之交、而今的死敌常山王张耳，又把被改封为代王的赵王歇迎接回去继续做赵王，由陈馀任赵相并兼领代国，操纵赵、代两国的实权。

这下可惹恼了项羽，于是他在彭城还没待几天就又带大军去讨伐齐国的田氏兄弟。这一次他要让天下人都知道，忤逆西楚霸王会落得什么下场。

得知山东大乱的消息，远在汉中投靠刘邦的大小将领都坐不住了，他们眼见刘邦既无东顾之心又无东顾之力，茫茫秦川也已经被能征善战的章邯堵死了，只得再寻找其他的出头之路。

短短一个月，汉军就有数十名军官和数千名士卒开小差，汉王刘邦整天急得团团转，可是却丝毫没有办法。家贫思贤妻，国乱思贤臣，这时的刘邦格外想念奇谋迭出的张良，若是张良能在身边该有多好。

作为相国和刘邦股肱的萧何自然也非常着急，他知道那些将领的担心和思虑并不多余，于是他就向韩信问计，他已然将韩信视为一棵救命稻草。韩信道："章邯所在的雍城扼秦川要冲，阻断我军东向去路，且章邯乃一硬骨头，除非出一支奇兵。"他又进一步说道，"雍城地势险要，更是汉军东向关中的一块重要跳板，只有先夺取它才有可能进一步问鼎关中。"

韩信的地图的确没白看，萧何再次对韩信的超人识见深表钦佩，他明白：若是汉军起用韩信，则章邯在明，韩信在暗，汉军一鼓作气，定三秦不难。因此萧何再一次向刘邦力荐韩信，可是刘邦被萧何闹得烦了，干脆躲着不见。

萧何失望之余，忍不住把汉王的短见说予韩信，不过他比任何人都了解刘邦，韩信应该多给他些时间。只是立功心切的韩信确实有些等不及了，他心里虽然明白服侍明主才最重要，可是依然流露出了去意。由于接触太少，刘邦确实没给他留下深刻印象。韩信已从不少人口中听闻田横此人比较贤德，手下更不乏奋死之士，而且如今也正处于用人之际，说不定自己到他帐下马上就会有用武之地。

萧何自然想留住韩信，但他又拿不出充分的能让人信服的理由，对于刘邦的信任只是直觉而已，不足为外人道。韩信也固执地认为环顾汉军，唯有自己才真正有把握击败章邯，否则刘邦野心再大也只能困死汉中。但刘邦是那样固执，绝望中的韩信再也忍耐不下去了。

七月里一个清朗的月夜，韩信悄悄骑上马向北而去。

萧何对韩信很不放心，生怕他一走了之，虽然韩信并未明确说马上要走，但萧何能够感受到他强烈的功名心，所以萧何一直派人监视韩信。当这晚他确定韩信已经动身东归时，急忙让人备快马亲自向北追去，有些话他必须当面挑明才成，结果萧何整整追了一夜。

第二天，有人报告刘邦说萧何也逃跑了，刘邦当场不顾身份大骂道："娘的！连老萧这厮都不跟着我混了，这……这不是要了老子的命吗？大不了都散伙……都走了吧，走了干净！你们都走吧……"

刘邦想不明白，已位极人臣的萧何究竟还有什么不知足的？难道自己真的让他很失望吗？

除了张良，刘邦平日里最器重的就是萧何，而且二人又是故友旧识、贫贱之交，所以于情于理，萧何这一走令刘邦像失掉了左右手一样难过和痛惜。他开始有些后悔平日里不听萧何的忠益之言，小小一个汉中的确委屈了人家。

就在这天上午，萧何终于在山间的一家客栈里追上了正在歇息的韩信，萧何什么多余的话也没说，只是信誓旦旦地向韩信保证如果自己不能立即举荐韩信为汉军大将，那他宁愿以死谢罪："何惜一死，愿得将军垂顾。"萧何已改称韩信为将军。

话都说到这个份儿上了，韩信感动之余确实没有理由不跟着萧何回去。这份知己之情，足以令他铭记一生。只是他忽略了萧何除了是一个有血有肉、识见非凡的人以外，还是一个不因私废公、一切皆着眼于公的出色政治家。

第三天，萧何带着韩信回来了。

未做片刻休息，萧何赶紧面见刘邦，刘邦狂喜之余忍不住发了一通火，他骂骂咧咧地对萧何说道："你不是有本事吗，跑都跑了，还回来个什么玩意儿？家里老婆孩子该等急了吧……"

"回汉王，臣怎么会跑呢？汉王待臣厚恩，臣怎么能忍心跑呢？臣是去追一个人。"

"追人？"

"韩信！"

"老萧啊老萧，你说咱两个你还……你可别扯淡了！都跑了快一百个将领了，你都不去追，今天却跟我说你是去追韩信了，唬我的是吧？"

"臣怎么敢欺骗大王。诸将易得，而韩信却至为难求啊……"

"狗屁！怎么个难求法儿，我倒要听听！"

"回大王，韩信其人，放眼当今天下也恐难再找出第二个似他这般思度宏远、器量惊人之士了，可谓国士无双！而且……"

"哦！我想起来了，你已经说过很多回了，也怪我没有细察！"刘邦觉得这一次有必要仔细倾听萧何。

"韩信此人对于兵法、战阵皆熟谙至极，胸中韬略亦非常人所测……如果大王愿意一辈子就只待在汉中，那么就用不着韩信；但如果大王想东向去同诸侯争夺天下，那么韩信就非用不可。愿大王明见！"

"这不明摆着，我怎么可能愿意一辈子待在这么个让人窝憋的鬼地方？即使我愿意，你们这帮老臣背地里也能骂死我！争，一定要争！"

"那就是说大王很想东向争夺天下对吗？如此，若大王即刻起用韩信，他立马留下；否则，谁也挡不了他的去路。"

"好吧，我将就信你一回！那就让韩信凑合着当个将军吧。"

"非也，若大王只是让他做一名普通的将军，那韩信还是要走，韩信志不在此，亦不甘为此！"

"这可着实让我难办了，要不把汉王之位就让予他吧，咱们都走……或者我自己走……"

"大王何出此言？难道大王不愿与我赌一遭吗？天下无必成之事，而今朝契机难得，成败荣辱在此一举，大王当下定决心！"

"我用他做大将军总行了吧！"只要萧何在，刘邦管不了那么多了。

萧何脸上终于展露出了久违的微笑："如此则幸甚，实乃我汉之福也！大王之福也！"

这时决心既已下定，刘邦便想马上召见韩信并授予他大将军印信："那你让韩信赶紧进来吧。"

可是萧何又板起面孔阻止道："不可！臣有一言不得不以实相告！"

"怎么那么多废话？赶紧说……"

"大王平日里素慢无礼，就像今天这样拜一位大将军却跟呼唤一个三岁小儿一样，不能郑重其事，又如何以威服人，这也就是韩信不信任大王所以逃亡的缘故啊！而今，如果大王诚心想拜韩信为大将，那么我们就需要搞一个非常隆重的仪式以彰显大王您的敬贤爱贤重贤之心，亦借此树立韩将军不二权威！愿大王三思！"

"那你究竟想要本王怎么做呢？"

"择良日，斋戒，设坛场，具礼，乃可耳。"

"好，本王全依你！哈哈……看来本王是该好好反省一下自己了！"

终于，苦尽甘来，天不弃韩信！他迎来了自己人生命运的真正转折点。

也由此，韩信更自负自己的前世就是天上那颗闪亮的孤星，他坚信自己这辈子还将继续闪亮下去，这都是他无可违逆的宿命。

5/ 首建大策

两天后是一个很不错的日子，刘邦和萧何商定把登坛拜大将军之事放在这一天举行。

当萧何把这个激动人心的消息告知韩信时，韩信真不敢相信自己的耳朵，他等待这一天已太久，总以为自己还会一直等待下去。

从古至今，历览前贤，真未见到这么年轻的英雄，姜太公、管仲、伍子胥、乐毅等都经历过不少坎坷；只是到了今天，项羽却是个例外，不得不感叹时势造英雄……

韩信竭力压制自己内心的亢奋，在萧何面前淡淡一笑，深深地鞠了一躬，但是浑身却禁不住发抖，咬字都不太清楚："萧相国，谢您的提携之恩！此生何以为报……我一定不辜负汉王与您……"

韩信还想再行大礼，萧何连忙将他扶起："如今该称你为韩大将军①了，任重道远，一切就全拜托将军了！"

---

① 汉武帝设大将军一职，位在三公之上，而秦汉之际相国与大将军（在朝则为太尉）分掌政、军，各不统属。后韩信亦拜左丞相一职，协理军政，终于实现了他出将入相的人生梦想。

两个人的目光有力地交汇到了一处。

这天整个汉军军营好不热闹，诸将面带喜色，心照不宣，人人都觉得大将军的头衔非自己莫属。这也怪刘邦平日里对他们每个人都太好、太亲切了，以至于令大家产生错觉，尤其是刘邦那几个发小。神圣、庄严的坛场已经备好了，吃过早饭，威壮的号角声响起，大家陆陆续续到校场上集合。半个时辰后，全军整队完毕，一阵震天的擂鼓声响起。

衣冠庄重的汉王刘邦在诸位亲近大臣和侍卫的簇拥下缓缓走上坛场。大家站定以后，刘邦先向全军讲了一番大道理以动员大家的斗志："谁若怕死，本王绝不强求……不过，谁要是不想拿回本该属于自己的东西，那他就不是真正的男人！谁无父母妻儿，难道你们不想打回老家吗……"众将士山呼海啸一般应和。

一将功成万骨枯，韩信忍不住多看了几眼这些憨实亲切的兄弟，不知功成之日又有几人能够荣归故里。想到这里，韩信感到无比怅然。

"今天我们开设这个坛场，就是要推举出一位能够带领大家打大仗、打胜仗的好统帅，真正的英雄是战场上一刀一枪打出来的，不流汗不流血怎么能叫英雄呢？希望你们都能在大将军的带领下成为真正的英雄……"最后刘邦才进入正题，"从今日起，见大将军即如见本王，不服、不听号令者，无论何人一律严惩不贷，都明白了吗？"

"明——白！"全军又山呼一般回应着。

"好！"刘邦摆了摆手要大家肃静，"那么有请我们的大将军——韩信——上坛，接印信……"

话音甫一落，雄壮的号角、鼓声响成一团，震荡着四周的每一个角落、每一个人的魂魄，这对韩信来说终生难忘。他的眼角当即有些湿润。英气勃发的韩信略微整理了一下装束，手扶佩剑大步从容地向高坛走去。登上台阶时，他的脚步是那样扎实稳重、坚强有力，他高高地仰着头，给每一个正在注视他的将士留下了非常深刻的印象。

其他本来自信满满的将领只得面面相觑，他们还没有搞清楚汉王到底是什么意思，有的甚至怀疑自己是不是听错了、看错了……他们看见一个有些陌生、肤色白皙的细挑高个儿登上高坛，那人单膝着地面向汉王，又双手高举着从汉王手中接过大将军印信。当韩信神情肃穆、威风凛凛地面向众人时，他们才不得不面对。全军皆惊，爆发出了地动山摇的呼喊："大将军无敌！大将军无敌！"

韩信表面上一派平和，礼毕，他简单地介绍了一下自己，并着重向大家申明了赏罚军规和军纪。仅是初识，意气风发的韩信便给人留下了有章有法、不落空言、值得信赖的印象。韩信治军讲求威严与仁爱并重，正是遵循了《尉缭子》中的教导："不爱说其心者，不我用也；不严畏其心者，不我举也。爱在下顺，威在上立。爱故不二，威故不犯。故善将者，爱与威而已。"

这一来军法也着实宽简多了，全军最后欣然散去。

刘邦请韩信上座。虽然萧何极力推荐韩信，但他和韩信都还没正面交谈过，很好奇究竟什么样的人物令萧何如此上心。

韩信刚一落座，刘邦便问道："相国多次跟本王言及将军智略，本王尤是上心，总想寻一个比较正式的机会向将军细细讨教。而今本王将全部精兵都交予将军指挥，如此倾心待将军，还望将军如是待本王，咱们君臣之间还得敞开心胸、畅所欲言，呵呵……为今不知将军何以助本王定天下呢？"

汉王能够这样放心任用自己的确令韩信非常感动，他再次行礼，既然汉王让他敞开了说，他便开门见山地反问："今大王若用末将东向以平定天下，岂不是说要与项王为敌？"

"那是自然，将军说下去。"

"《孙子》曰：知己知彼，百战不殆。烦请大王想一想，论勇毅、强悍、意气，您与项王比较何如？"

这话算是问到刘邦的心尖上了，他敛起嘴角的笑意，面色凝重、默然良久，缺乏底气地说道："本王都比不上项王啊！"

韩信定了定神，汉王够坦诚，据萧相国透露，张良先前就吃惊于汉王的领悟力，以为汉王"殆由天授"①。汉王的不拘小节、豪放大度令他颇为欣赏。此刻，韩信已经等不及要一吐多日来的深思熟虑。

韩信又上前向刘邦行礼，没有就座便开始侃侃而谈："恕末将直言，大王您在这些方面不如项王，可是您也有诸多方面是项王不及的。末将曾经在项王身边跟随一段日子，对项王了解多矣，请先让末将为大王分析一下项王的为人！"

"好，大将军直言无妨！本王愿洗耳恭听。"

"依末将看来，项王勇力殆由天授，气魄诚然非寻常人可比，项王为人阴晴不定，一旦发起怒来见者无不畏惧，惶惶然如羔羊见猛虎。这是项王的长处，亦是短处……"

"哦，大将军何意？长处为何又是短处？"

"古语言'尺有所短，寸有所长'，项王因天生才气绝人，故而自恃其私力、自逞其私智、自奋其私勇，凡征战必亲力亲为，尤不能任用贤明之将，手卜真正堪称大将者无一。因此，项王亦不过徒逞匹夫之勇罢了……"钟离眛有勇有谋，还是不错的，但在韩信眼里，他的智略还差得远。

"呵呵，大将军所言甚是，本王也晓得项王的弊症，故而独独不将他放在眼里……"

韩信生怕自己的话刘邦会听不懂，故而讲得尽量通俗明白："项王待人亦恭敬慈爱，言语呕呕，其情殷切；人有疾病，他便黯然下泪，甚至亲自给人家喂食，谓心赤诚也。然而等到有人立了功当受赏封爵时，印玺揣在项王怀里都磨得光秃了，他还不愿意赐予人家，如此本末倒置之举，可见项王终究只是妇人之仁……"

"哈哈！讲得好啊，讲得好！大将军快接着说。"刘邦听得确实很有滋味，他一面命人赶紧为韩信添茶水，一面习惯性地将两腿伸到了桌子上，不拘小节如此。

韩信忍住没有发笑，兴致勃勃地继续说下去："项王今日虽以

---

① 据《史记•留侯世家》记载，"（张）良数以太公兵法说沛公，沛公善之，常用其策。良为他人言，皆不省。良曰：'沛公殆天授。'"

武力臣服诸侯而霸天下，可是他不居关中而都彭城，这是他失策。而且他还有悖义帝之约，分封诸王时专讲感情亲疏，致使很多诸侯对他心怀不满，大王您便是最大的受害者……而且项王还开了一个不好的头，他逐义帝于江南，此种不忠不义之行使各诸侯纷纷效尤，驱逐旧主而自己称王，大失人心。尤其项王迷信暴力，专事蹂躏生民，其所过之地百姓无不怨恨，众人不敢反抗只不过是慑于一时威势罢了……而今日项王视而不见，末将愿请大王拭目，山东不日将大乱，项王难以招架、无以收拾……"

"极是，极是！"

"项王名虽为霸，实失天下之心，因此可谓其强亦弱，其众亦寡……今大王诚能反其道而行之：任天下武勇智谋之士，以仁义号令天下，倡仁义、收人心，则何所不诛？何贼不灭？以天下城邑封功臣，则何所不服？以义兵从思东归之士，顺应士心，则何所不散？三位新立侯王本皆秦将，带领关中子弟浴血拼杀已有数年，其间无数关中子弟命丧黄泉，三王又欺骗其众降于诸侯，至新安，项王以诈坑杀秦降卒二十余万，唯独三王得脱，关中父兄怨此三人，莫不痛入骨髓。而今他们只不过是仗着楚国的威势才得以称王，而秦民对他们没有一丝爱戴……"

"三本亦本王所深恨也！实在欺本王太甚！"刘邦附和。

"想当初大王您初入武关（进关中）时，毫无所害，除秦苛法，与秦民约法三章，秦民无不想要大王您来做他们的王。按照先前的诸侯之约，大王当王关中，这也是每个关中百姓都知道的事情。而最后大王受胁迫入主汉中，秦地民众无不为大王抱不平。而今只要您举兵而东，三秦必可传檄而定也……"

"好，好，好啊！本王明白了！"刘邦当即站起来向着韩信走去，也没藏着掖着，"真不愧是本王的大将军啊，本王之股肱！实不相瞒，若不是萧相国一意向本王推举将军，本王得天下可真没什么指望……我与大将军真是相见太晚，相见太晚啊！"

"承蒙大王错爱，理虽如此，我辈亦当努力！"

"嗯！本王相信相国的眼光，也相信自己的眼光，大将军，你且放手去干，本王会全力支持你！"

刘邦一时间兴奋得有些忘乎所以，他重重地拍了一下韩信的肩膀，发现韩信的衣衫有些破旧，先前因为韩信披着一件硕大的披风才没有人留意里面的衣服。那时正是物力紧张的年月，数十万人一下子挤到汉中，又要加强战备，自然各方面用度都得节省。刘邦干脆把自己身上穿着的这一身给脱了下来，递予韩信："做本王的大将军可不能寒酸，看咱俩身量差不多，大将军就收下吧！"

见汉王如此关怀自己，韩信感动之余免不得推辞，可是刘邦硬要塞给他，还要他当场换上这套新衣服。韩信推辞不过就利索地换上了，这下的确精神多了。

打那以后，刘邦时不时将自己的马车让给韩信。那时战马稀缺，套车的只能是牛（汉王是例外），将军一律骑马而行，只是有时候骑在马上时间长了实在劳累，做了大将军的韩信一时军务繁忙，汉王都看在眼里。有的时候，刘邦还会分出一些自己的丰盛餐食命人呈送给韩信，刘邦确是非常爱重自己的大将军。而这一切也令憔悴、疲乏却又充实的韩信感激备至，他庆幸自己最终得遇明主，于是把顾虑都暂时抛到脑后去了。

这一天饭后，韩信向刘邦仔细地谈了一些关于北出关中的具体设想，刘邦自然毫无异议，只等着来自前线的好消息。

"愿将章邯首级献于大王！"韩信终究还是忍不住说出了这句过于自负的话，谁让他的投桃报李之心比任何人都来得强烈呢。

后来，韩信对汉军进行了一次大规模的整编，从中挑选出了一支约三万人的精锐之师。此外，还建立了一支约有千人的特别行动队，专管各地的情报收集和传递，由韩信亲自领导。正像先前跟萧何说过的那样，韩信要在汉军中建立一支强大的骑兵（奇兵）部队以满足出关之战。由于汉中、巴蜀的实际情况较为复杂，这支骑兵部队还比较弱小，只有大约两千人，但是他们一定会派上大用场。好在章邯的力量也不算强，只要使用得当，两千人足矣。

最后，刘邦不失时机地挑选了两个女子送给韩信，韩信并未多想，直接将她们分送给了手下叫申龙、甘阳的两名勇士，这是他从万军中精心挑选出来的亲信护卫郎官，正如当年项羽帐下的自己。这两位都是话语不多、表情木讷，却胆大心细、忠诚可靠的人，尤其是有勇有力。韩信帐下自然另有一批参谋人员，除了军事，也帮着他打理各种事务。

一切均已布置妥帖，韩信认真听取了众人的意见。

七月①流火，人心稍定，八月天气更是凉爽了不少，一场大战在即。整训多日的汉军箭在弦上，蓄势待发……

6/　　暗度陈仓

真正考验的时刻到了，韩信顾不得想家。

初次上阵就部署指挥这样一场有进无退的决死战，年轻的韩信心里不免有些打鼓，好在将领们立功心切，与韩信的心态差不多。为稳定军心，韩信只有故作镇静和从容。还好韩信并不畏惧死亡，更不惧失败，不过尽人事而听天命而已。在韩信的内心深处，他并不需要对谁负责，成功了当然对大家都好，失败了那就是他力所不及。归根结底，战场只是他实现人生理想的舞台而已，胜败也都只是一个人的事情，士卒们的生死都在其次。至少在这一刻，韩信是如此思考的，他无所顾忌。

韩信告诫全军将士此战绝不能败，哪怕付出再大代价也要将敌人的反击给压下去，否则章邯军就会凭借地理优势把汉军东出的去路给堵死，这样汉军未来几年里就甭奢望东出争夺关中乃至整个天下了。而且汉军此次从故道小径行进以出敌不意，他们所能携带的辎重尤其重装备（包括战车、攻城器械等）极其有限，所以力求速战速决，先行打开一个好的局面，实现"因粮于敌"的既定目标。这么一说，正在摩拳擦掌的大家就明白多了。"大将军放心，不为

---

① 指夏历的七月。

别的，就为了能和老婆孩子团聚，这一仗我们也应该打好！"说话的正是汉军第一猛将曹参。

韩信看了看曹参那张古铜色的脸庞和坚毅的表情，果决地说道："那一切就拜托曹将军，曹将军就打前锋吧！"韩信知道曹参并非自恃勇力的一介莽夫，他虽然有时言语粗鲁，但绝对是个胆大心细之辈，而且也是读过书的人。

"俺求之不得！看来这头功非俺莫属了，先谢过大将军……"

当然，如果只会单纯冒险，那么韩信就不是韩信了。适度的冒险是必要的，而有准备的冒险才真正值得。

章邯还没有领教过韩信的厉害，虽然之前通过细作的回报听闻了韩信的大名，但因为先前无迹可循，所以根本无从了解韩信。凭借章邯的足智多谋，如果汉军不能将他一棍子打死，那么以后的事情就不太好办了。因此，韩信绝不能给章邯留下喘息之机，起码不能让他阻挡主力汉军东向的去路。

为了迷惑章邯，韩信命汉军中另几位猛将加紧修筑栈道，因为通过栈道进攻关中是比较稳妥的方法。但是修筑栈道需要花费大量时间，是一种近乎公开的军事行为，这样就能吸引章邯军的注意力，为他们从栈道出口方向防范汉军提供充足的准备时间。而且章邯不相信汉军敢从故道出来偷袭他，那近乎是一条绝路，据观察，目前汉军尚不具备这种大规模突袭的实力。所以，章邯可以高枕无忧地坐等汉军进攻。

但不管怎么说，章邯还是安排了一部分兵力踞守在陈仓一线，尽管这些人有些掉以轻心。

八月的一天上午，壮行酒刚一喝完，韩信便带领着三万多汉军精锐踏上了故道，这其中就包括曹参、灌婴等猛将。仔细说来，故道就是在先前没有修筑栈道时，一般老百姓选择通行的一条连接巴蜀、汉中与关中的路径，它的特点就是曲折蜿蜒且促狭艰危，因此数万汉军将士散布在这样一条崎岖的小山道上，自然形成了一条绵延上百里的铁血长龙，尤其夜间大队人马点着火把加急行军时。

三天后，汉军悄然到达目的地并迅速集结，兵锋直指陈仓——

陈仓是章邯军的粮仓所在地，汉军攻打此地也有攻其重地的意思！如此一来，既围城又打援，一举两得。

此时，就算是章邯的探子发觉，也来不及调动人马了。

当天入夜时分，汉军完成集结并经过一番短暂休整后，悄无声息地将陈仓城严密地包围了起来。

这次临出发前，因为在未来的两三天内他们可能无法埋锅造饭，韩信给每名士卒分发了一些水和干粮。后半夜时部署完毕，借助惨淡的月光，汉军开始向沉睡中的章邯军发起了迅猛进攻。

韩信没料到的是，章邯和他的兄弟章平当晚都在陈仓城中，看来他的确对汉军很不放心，只是想不到汉军来得如此之快。陈仓城外围的战斗声惊醒了章邯，他连忙起身布置军队守城。当时，汉军连攻城的云梯都缺，大部分士卒只得艰难地向城头一步步爬去。

正是在这个时候，亲临陈仓城外指挥的韩信觉出了异常，他料定章邯一定在陈仓城里，否则城内的抵抗不可能这么顽强。为了鼓舞将士的斗志尽快拿下陈仓，作为一军主将的韩信像一名普通士卒那般爬向了陈仓城头……

好在汉军将士攻势凌厉、准备充分，汉军的弓弩手在城下射得章邯军都龟缩着不敢出头，再加之守军惊慌失措，天明时分大部汉军顺利杀入陈仓城中，一时间激烈的巷战在城中全面展开。

由于汉军人数上占优势，战至中午时分，斗志丧尽的残余守军已大部投降，而主帅章邯见大势已去，便率领余部向城东突围而走，最后在半道上获得从好畤（县城名）赶来的四五千援军的接应。韩信当然不能这样轻易放过章邯，他不顾士兵的疲劳，严令先锋曹参率部加紧向东追击，自己则带一支预备队随后跟上。

韩信派出了奇兵——两千多名摩拳擦掌的骑兵，他们奉命去拦截楚军从废丘方向来的主力援军部队，以期拖延乃至切断他们与章邯残部的会合，这是非常关键的一招。这支奇兵在付出了七八百人伤亡的代价后，出色地完成了任务。这极大地鼓舞了韩信。

被追得走投无路的章邯只好跟随援军到达好畤，并在那里部署迎击汉军。可是还没等他部署妥当，汉军的追兵前锋便已杀到，随后两支疲惫之师又在好畤展开了一场殊死搏杀。由于汉军不惜代价迅速跟进，章邯没能在好畤形成坚固防御，不但没有准备滚木礌石，连城门都没来得及关上，混战在一起的汉军与楚军便一同进入城里。等到韩信的主力援军杀到时，章邯的防线又崩溃了。最后，章邯不得不带领几百残兵向自己的老巢废丘逃去。

这一次，疲劳的汉军没有奋力追击，因为两战下来章邯的主力部队已经被基本打垮，那支不足万人的废丘援军也遭到了汉军骑兵的重创，死伤过半。汉军此役的战略目标已然达成，他们已经在进驻关中的前沿地区站稳了脚跟，完全打开了通向整个关中的门户。

不久后，刘邦便率领大军从抢修好的栈道来同韩信会合，韩信一面命曹参等人对章邯余部盘踞的废丘城进行围困，一面命其余诸将分兵攻略雍地。

士气正旺的汉军所向披靡，一路上得到了雍地百姓的热烈拥护和支持，一听说是有长者之风的沛公回来了，受够了秦法苛政的老百姓都欢喜地奔走相告。

当汉军的兵锋指向塞王司马欣、翟王董翳时，这二人比章邯识时务得多，没经过多少反抗便投降了。仅仅一个月的时间，除了孤城废丘，整个关中地区又重新回到了汉军的掌握中。为了加强对关中地区的控制，刘邦废除了三秦的王国封地，分别划分为渭南、河上与上郡等几个郡。

令韩信佩服的是，章邯不仅善于将兵，而且还是位重义之士。由于汉军的包围封锁，章邯已陷入绝境，可他坚决不投降，这其中最根本的原因是他对项羽的一番感戴之心。忠臣不侍二主，既然章邯已经不得已背叛过一次秦主，他这一次下定决心再不能背弃新主项羽；当然，另一个比较重要的原因是出身秦国世家的章邯非常鄙视汉王刘邦的出身和为人。

第二年（前205）六月，当气急败坏的刘邦从彭城丧师归来，他再也无法忍受章邯这个眼中钉。于是刘邦横下一条心，不顾废丘城中还有那么多无辜百姓，毅然下令放水灌淹废丘城。在顽强坚守了十个月以后，废丘终于被攻破，一代名将章邯也以自杀结束了自己的生命。

此时的韩信正在关中准备伐魏事宜，他听闻章邯的事情后，命人厚葬，并且在百忙之中抽空到章邯墓前，向这位强悍的对手献上敬意。

得知汉军进展神速的项羽一下子就坐不住了，他当即加封一名叫郑昌的原吴中县令为韩王，以加强韩地的军事守备，应对汉军的兵锋所指。项羽还准备亲自讨伐刘邦，眼看一场巨大的考验又要来临。不过也没有什么可怕的，凭借关中的地利和人心，韩信绝不相信项羽还能像上次一样突袭入关。

这个时候，善于运筹帷幄的张良又发挥了关键作用。由于项羽对被立为韩王的韩成（先韩王族后裔）很不放心，尤其是韩成的相国张良心向刘邦，而且韩成也没有立下了不得的功劳。于是项羽将韩成胁迫到彭城，先是将他废为侯爵，继而又干脆杀死了事。

张良逃回了韩地，他自然还是要追随刘邦。当他听说项羽要举大兵讨伐刘邦时，就给项羽写了一封信，信中说到：刘邦（及其手下）只是因为作为偏居一隅的汉中王心生不满，想要按照原来的诸侯约定得到关中，才不惜再次举兵。一旦刘邦得到关中就会如约停战，他也畏于霸王（项羽）的兵威，不敢有继续向东发展的意思。张良还把齐地、梁地的诸侯结盟反楚的盟约一并拿给项羽看，指出齐国想要联合赵国等灭楚，楚军不可妄动。

结果，项羽只能掉转矛头先对付近在咫尺的齐国，因为如果他先向西进攻刘邦的话，齐国可能抄他的后路。于是当项羽倾全力对付齐国并被后者紧紧咬住的时候，汉王刘邦抓住良机命韩信率兵杀出关中。

7/　顺天者昌

这么多年以来，韩信终于第一次展露出会心的笑意。初战告捷，他长长地舒了一口气，他用显赫的战绩证明了自己。当然他也需要总结经验，比如像章邯进驻陈仓这样重大的消息，相关情报人员居然不能及时传回，这方面的工作还需要加强，若不是他奋不顾身地鼓舞士气，后果不堪设想。再比如虽然有巨大的物质奖励激励将士们奋勇拼杀，可是一旦遭遇真正的危险，将士们的第一选择无疑还是保命。因此，韩信一面需要在健全阵亡将士的抚恤制度上下一番功夫，减少将士们的后顾之忧；一面需要想尽一切办法断绝将士们的畏死之心！申明军法是必要的，临阵脱逃就该杀无赦，但要有度，毕竟自己的大将军地位还不甚稳固，手段太极端就会造成众将士逆反。只要将士用命，何愁敌人不破？只有胜利才可以说明一切，才可以获得一切。

除此之外，韩信也总结了一些做得好的地方。比如骑兵在灌婴的率领下打出了惊人的战绩。本来，韩信交给灌婴和他的骑兵的任务是尽量拖住敌人的援军，没想到骑兵将士在灌婴的率领下先行在敌人援军的必经之路选择了一处利于发起冲锋的开阔地带，并且迅速埋伏起来；最后，骑兵部队向毫无防备的敌军发起了迅猛冲击（那时的骑兵还是以射箭为主，不过灌婴却改变了传统战法），加之他们的勇猛善战，最终不仅拖住了敌人，还重创了敌军，迫使敌人援军彻底退出战场。

韩信从此记住了灌婴和他出色的指挥战术，连汉王刘邦也印象深刻，任命灌婴为骑将。

由于汉军进展太过神速，并未来得及大力强化骑兵部队的建设。这是作为汉军主帅的韩信的失策。得胜之后的韩信忙得晕头转向，整个军营到处都能看到他忙碌的身影，汉军的规模也在不断扩大，仅仅两个月，汉军总兵力就超过了三十万。

韩信知道这只不过是刚刚开始，真正的考验还在后面。虽然现阶段的局面已经非常鼓舞人心，可是每每想到项羽那力能拔山、横扫一切的英雄气概时，韩信还是会从心底里生出一丝透骨的凉意。在战略上要蔑视敌人，而在战术上要重视敌人。

好在这个时候张良回来了，这一回他应该再也不会走了，他与韩信二人成了刘邦的左膀右臂。

"数月不见，重言老弟，哦，不！应该叫韩大将军，便如同神龙惊世一般，可喜可贺，更可敬可畏！"再次重逢，张良忍不住慨叹道。

"嘿嘿！子房兄可真会说笑，莫要把小弟捧上天去！托汉王、萧相国和子房兄的福，小弟这才得建此寸功，不值一提！"

"韩大将军志向高远，这点功劳自然不值一提。"

"子房兄还拿小弟说笑！不过真要先谢过子房兄，若非子房兄当日所言，又哪有小弟今日，这里先行谢过！"说着，韩信便要向张良行礼。

"老弟折杀我张某了，惭愧惭愧！汉王能得老弟，实乃已得大半天下！呵呵……"

"还要请教子房兄，那日兄给小弟卖了一个关子，不知今日可否就此事赐教一二……"韩信还没忘了那日鸿门会面时张良留下的悬念。

"呵呵……老弟真是好记性！既然老弟再三追问，那么为兄便不再对老弟隐瞒了，不过以老弟的绝世聪明，若是想知道就一定会知道；反之，便是老弟无缘知道……天机，天机！一开口便是错，不如索性不开口……"

"一开口便是错？便是错……唉，子房兄胜小弟多矣！他人之智若丘陵，犹可逾也，子房兄之智若日月，我辈无得逾也①……"两个人最终也只是打了几句哑谜。

说起来，韩信认为普天之下真正能够同自己坐而谈兵论道的人寥寥无几，而张良算是其中最深不可测的一个。张良从容不迫的气度、不动声色的眼神常常令韩信自愧弗如。不过张良到底也没有多少实践经验，这令韩信感到非常遗憾，又有些窃喜。

出关之战虽然打得险了些，可是韩信总算没有令张良对自己失

---

① 语出《论语·子张第十九》。篇中子贡对于孔子无以复加的褒誉："无以为也！仲尼（孔子的字）不可毁也。他人之贤者，丘陵也，犹可逾也。仲尼，日月也，无得而逾焉。人虽欲自绝，其何伤于日月乎？多见其不知量也。"

望，这是他尤其感到快慰和满足的。如同萧何在自己心目中的地位一样，韩信可以令任何人失望，却不能令知音难堪。张良阅人无数，自然不会轻易看错韩信这位天下奇人，尤其他对天下大势比任何人都要了然于胸。于是张良向刘邦极力建议，让专任大事、才兼将相的韩信独当一面，开辟北方战场，以一种大迂回的姿态包抄楚军后路。

当然，这招也是韩信早已深思熟虑过的。

张良虽然深谙兵机，但因为他本是生于富贵、长于富贵中，他没有韩信那么强烈的进取之心。如果令张良掌兵，他可能会因为顾虑太多而缺乏果决。从前张良最高的人生志愿是为韩向秦报仇，也是为了挽回家族的名声；而现在的志愿是希望天下太平，百姓们安居乐业，所以他才不辞劳苦地出山辅佐刘邦。

张良身体孱弱，不能长期戎马操劳，所以只能时时跟随刘邦左右为其出谋划策，这倒也符合了他的生平志趣——帝王师。为此，韩信才不会嫉妒他，而始终视他为良师益友。

张良更是一个令人津津乐道的传奇式人物，他身上保留了诸多的神秘感。当年在博浪沙和力士伏杀秦始皇时，天下无不为之震动，张良居然成功躲过了不可一世的秦军的追捕，足见他的交游之广泛，那时候张良几乎成了侠义的代名词，也是仇秦之士的偶像。后来他亡命下邳，凭借自己谦虚厚道的为人结了善缘，从一位神秘的老者①那里得到了一部很不一般的《太公兵法》（《六韬》），那是诸多先贤共同的智慧结晶，是对于旧《太公兵法》的超越。从此以后，张良就知道单凭一时意气远远不成，欲图大事更当明察古今兴亡之道、通晓纵横权谋之术、悉知行阵攻伐之义，所以他将此《太公兵法》奉为至宝，以此为训，用心研习，终至脱胎换骨。韩信也熟悉这部兵书，但可惜的是他所能见到的《太公兵法》仍旧是旧本，张良那本他一直无缘得见，张良也绝不会轻易示人——兵书是一把利器，不会轻易流传，所以最后往往失传。对于旧《六韬》而言，论兵方

---

① 后人称其为"黄石公"，并假托"黄石公"之名著《三略》一书。《三略》系"武经七书"之一，也是一部兵学经典。

面相当具体，博采众长的痕迹很是明显，内容比较庞杂，因此思想也复杂，有诸多相互矛盾之处，并非理想的研习对象，静下心好好揣摩或许有一番体会与境界。

真正令韩信倾心的还是孙、吴兵法，只有它们才符合他的性格，这也是因为他太年轻锐利，生平阅历与张良大为不同。如果将张良的思想形容为天道合一的话，那么韩信的思想便可以形容为兵道合一，后者的兴趣更专，因此其眼界难免流于狭隘。

此时的天下形势如韩信预见的那般发生着巨大变化。正当汉王刘邦在关中高举仁义大旗而天下归心时，骄纵暴虐的项羽却在逆天而行。他先是驱赶义帝楚怀王去江南，接着在十月又密令九江王、衡山王、临江王等将义帝杀死。项羽此举不仅使楚地官吏百姓对其以下犯上、背信弃义的行径大为不满，而且还给刘邦等诸侯留下讨伐他的口实。敢与天下人为敌，可见项羽狂妄到了何等地步！

被陈馀打败的张耳来投靠刘邦，刘邦对其很是优待。而后，河南王申阳在汉军兵锋所指之下也向刘邦投降，汉置其地为河南郡。不久，刘邦又任命韩襄王孙辈中一个名字也叫韩信的人为韩太尉（生于楚长于楚的韩信对他们并没有感情），令其攻略韩地，结果被项羽封为韩王的郑昌最终兵败投降；最后，坐镇栎阳的刘邦于同年十一月立此韩信为韩王。与此同时，汉军一路又向西平定了陇西（此时中原北面的匈奴人正忙着四处征伐邻邦，尚无余力南下）。这些可以说都是韩信的胜利。

第二年春，锋芒正盛的项羽打败齐王田荣，田荣败走平原县，结果被一群厌战的百姓杀死。本来以为这样就可以结束祸乱的百姓们又被粗暴的项羽当头泼了一盆冷水。项羽先是立田假为齐王，接着又在齐地为发泄齐军的抵抗而大开杀戒，不仅将齐军的降卒全部坑杀，而且还掳掠了他们的妻子儿女。这还不算完，项羽还迁怒无辜，把整个齐地的老百姓视为仇人，焚其屋宇、城郭，大有将齐国夷为平地之势。

本来项羽以为这招杀鸡儆猴可以使天下百姓从此再也不敢反抗楚军，只可惜他的头脑太过简单，恰恰适得其反，齐国百姓为了反抗楚军的屠杀，纷纷拿起武器自卫。他们聚到田横麾下，同残暴的楚军展开殊死搏杀，使项羽一时间无法从齐地抽身。

项羽的日子变得很不好过。

远在关中正全力运筹东征的韩信得知这些消息后，大为惊喜。他想起了虞夫人：项羽如此愚蠢、残暴、血腥，难道她一点都没有看在眼里吗？为什么没有制止他呢？或者，她规劝了，可项羽不听？难道她还没有失望吗……不能自已的韩信幻想着虞姬已经对项羽失望透了。因此，他要立刻带兵杀向彭城除掉项羽，他的心底满是无法抑制的激动。

8/　彭城折戟

汉二年（前205）三月，经过了半年多的精心准备，汉王刘邦率领三十余万汉军主力从临晋关东渡黄河，魏王豹投降，并派兵追随刘邦东征。汉军之所以所向披靡，关键在于刘邦的人望。

不久，汉军又在韩信的率领下攻占河内（在今河南北部），俘虏了殷王司马卬，并置其地为河内郡。此时汉军人数占据优势，所以攻城略地不费吹灰之力，兵力越多，使得就越顺手。也就是在这个时候，刘邦得到了他此生中的另一位重要谋士——即之前与韩信一同劝阻项羽不要杀降的陈平。陈平其人最善奇谋，他同韩信一样是从项羽那里逃亡出来的，不过他是畏罪潜逃。

陈平本来是项羽手下的一名都尉，奉命率部配合联军殷王与汉军作战，结果失利，因为将兵攻伐本就不是他的所长。当他面见刘邦时，刘邦非常欣赏他的才能，当即就任命他为汉军都尉，并且还放心大胆地让他做自己的参乘扈从官，并典护军以监督各军的举动。

别看刘邦平时不大着调，可是在很多大事上往往不乏魄力，不可作寻常观，韩信也有些揣摩不透他。诸将对重用陈平一事提出异议，刘邦反而更加信任陈平。出身下层的刘邦晓得同样出身的陈平

（甚至包括韩信等人）心里究竟想什么，真正需要什么，这就是刘邦比项羽的高明之处。接着，汉军又从平阴津南渡黄河，到达洛阳新城，一路进展非常顺利。在这里，刘邦接受了一位长者（三老）董公的建议，为义帝举行了隆重的葬礼，借以收取天下人心。刘邦袒而大哭，哀临三日，并向天下诸侯发布了讨伐项羽的文告。当汉使者到达赵国时，主政的陈馀要求刘邦杀死张耳，否则不会出兵。当时赵国的实力相当雄厚，汉方应当竭力争取他们的援助。于是刘邦找了一个酷似张耳的替死鬼，陈馀果然上当。

四月，汉联军近六十万之众开始浩浩荡荡地向楚地进发，而他们在梁地又得到了一直同项羽作对的猛将彭越的归附，刘邦立他为魏相国，彭越乃率兵三万人助汉。彭越早年与钟离昧等人相善，此人虽起于草莽，却颇有智谋，一路由江湖小头目成为麾下有精兵数万的一方豪杰。项羽轻视彭越的发迹过程，不愿意承认他的功绩与地位，最终与彭越成为敌人。

此时，深陷齐地的项羽只能眼睁睁地看着汉军直捣自己的老巢而无力回援，他的确没想到汉军进展如此神速。

不单是项羽没有想到，连刘邦自己也没有想到汉军的攻势简直如有天助，一切都太顺利了。

不久，在韩信的出色指挥下，汉军一举拿下项羽的都城彭城。当时的彭城并非坚城，它需要依托外围的有利地形和工事才可以长期固守，可是防守彭城的楚军力量太过薄弱。韩信给他们来了声西击东、双管齐下：他先是在彭城西面连续发动强攻，将汉军部分主力偷偷转移到了彭城东面；彭城西面一时吃紧，而东面又不像是汉军进攻的重点，于是楚军便抽调了东面部分守军和预备队去加强西面的防守。于是埋伏在彭城东面的汉军迅速杀出，攻势更加猛烈，同时又暂缓西面的攻势，这样便给楚军制造了东面才是汉军攻击重点的错觉，迫使他们赶紧抽调预备队去加强东面的防守；可是当他们甫一到达东面时，西面的进攻又猝然加强了。如此一来二去，兵力捉襟见肘的楚军只能疲于奔命，最后汉军从东西两面同时发动强攻，楚军根本判断不清汉军真正的主攻方向。不出两天，彭城就陷落了，三万多楚军被俘。

一时间，得意忘形的刘邦赶紧命人把彭城的美女宝货搜罗一空，然后大摆庆功宴。反正大家都知道项羽即使再有本事，一时半会儿也无可奈何，而且他还将陷入腹背受敌的境地。项羽的灭亡之日指日可待。

汉联军就这样日日置酒高会，只等和项羽最后决战。骄兵必败，作为一军主将的韩信有些不安，他在心底感到疑惑——难道西楚霸王会如此轻易就覆灭？齐军真的会与汉军同心协力？

韩信始终无法理解，虽然自己的奇谋是克敌制胜的重要因素，可是为什么驻守彭城的楚军如此不堪一击？他们绝不是楚军的主力部队。看来是项羽把他的全部精锐都调往齐国战场，这么看来项羽根本没把来袭的汉军放在眼里。而现在的形势却正好颠倒了过来，兵力占据绝对优势的汉联军开始无视项羽，这绝不是一个好兆头。虽然汉联军占领了彭城一带，刘邦、韩信等都是楚人，可是汉军及各诸侯军的主力皆非楚人。对此，彭城一带的楚国民众肯定怀着极大的抵触情绪，这便给汉联军埋下了一个巨大的隐患。只等一个适宜的机会，楚国民众，包括那些出征在外、勇猛强悍的楚军将士便会在项羽率领下全力反击。

幸好韩信比较清醒，他命令大军立即在彭城北面修筑用以阻挡项羽的工事。只是韩信没有想到视数十万汉联军为无物的项羽，最后竟以暴风般的速度从天而降……

这也正是韩信的疏忽，他大意了……

当韩信还没来得及全面部署好彭城外围的防线时，气得七窍生烟的项羽一面命诸将继续攻齐，一面亲率三万楚军精锐日夜兼程南下讨伐汉军。这回汉军的情报部门又一次失职了。仅仅两个昼夜，楚军就从鲁国出胡陵到达彭城外围的萧县，行程超过四百里地，而汉军对此竟一无所知。楚军休息片刻，吃过了早饭，于次日清晨向汉军发起了暴风骤雨般的猛攻。

这一次楚军来的几乎全是冲击力极强的骑兵，而以步兵为主的汉军自然很难抵抗。汉军的骑兵部队虽然也有近万人，可是他们被划归到了各将领名下，加之当时训练骑兵颇费时日，汉军进展如此之快，大部分新招募的骑兵部队尚在关中接受整训。由于联军上下组成复杂、建制混乱、人心不齐，因此很难有效统一指挥，结果稍有惊慌便出现了人马相互践踏的局面。成为哀师的楚兵把疏于防范的汉联军打惨了。

从早晨战至中午，勇猛无畏的楚军在汉联军战阵中左冲右突，如入无人之境，不仅将汉联军的阵形彻底打乱，而且还把他们冲击得七零八落。联军大败，慌乱中很多人被逼进了毂河与泗水，仅淹死的汉联军人数就达十几万。其余汉军见势不妙便向南面的山地奔去，而拥有速度优势的楚军又把他们逼迫到了灵壁东面的睢水河边，汉军彻底崩溃，士卒们慌不择路，十几万人一齐被迫落入睢水。楚军杀人盈野，惨绝人寰。

刘邦本人更是狼狈，楚军获悉刘邦的位置后将他紧紧地包围了三圈，看样子是要取刘邦性命不可。若不是因为突然起了大风，扬沙遮住了楚军的视线，刘邦必死无疑。最后，趁着大乱，刘邦只得率十余名骑兵冲出包围，连自己的家人都没顾得及转移，导致家人大多被楚军俘获，其中就包括刘邦的夫人吕氏和他的老爹刘太公①。不过他的儿子与女儿在藤公夏侯婴的忠心护卫下总算逃过一劫，同刘邦会合后上了同一辆马车。

楚军对刘邦穷追不舍，眼看就要追上来，刘邦几次都要把自己的孩子从马车上推下去，多亏夏侯婴极力劝阻，刘邦才勉强同意仍旧带着这两个孩子走，否则他们必为乱军所杀。

墙倒众人推。诸侯此时见大势已去，皆自顾逃命，甚至不少人又投降了项羽，其中就包括塞王司马欣和翟王董翳。总之，此时的刘邦倒霉透顶，经彭城一役，他从乐极的天宫掉入了悲惨的地狱。

所幸汉军中还有一个可资依靠的韩信。

风尘仆仆的英乔没想到一大早在彭城的大街上远远望见了她的

---

① 据专门记载西汉逸事的《西京杂记》记载，刘太公早年也是一位专好斗鸡走马的浪荡之徒，直到晚年他还特别留恋与那些市井混混（闾里少年）的嬉戏岁月。为此，做了皇帝的刘邦特别修建新丰（城）以满足老爹的这个愿望。

夫君，一时间流下了无比激动的泪水，快三年了，他们终于又见面了。然而没想到的是，就在她不顾一切地向韩信跑去时，楚军杀到的消息传到了此时正骑马检查彭城防务的韩信耳中。韩信吃惊之余，赶紧掉转马头带人抵挡楚军。所以英乔终究没能和韩信说上一句话，甚至都没能让他知道她来过了。英乔只能在心里安慰自己，等打败了项羽他们一定可以在彭城相聚，好在终是见到了他。

当韩信急急忙忙赶到彭城北面的战场时，全军已陷入混乱。于是韩信赶紧带上本部仅剩的几万人马去彭城西面修筑工事、凭险设防，以求能够有效遏止楚军骑兵的进攻，他又将汉军主力撤出彭城，否则将会遭到合围的厄运。事出突然，城里还没来得及囤积粮食。

谁料楚军攻势太快，汉军又是那么不堪一击，所以韩信只好再到彭城的更西面去布防。这一次，他总算没有白忙活，当刘邦进入营垒时，终于可以放心地舒口气了。楚军的疯狂进攻就这样被韩信遏止住了。

汉军清点剩余兵力，发现只剩下十几万人马，损失惨重。之前被俘的楚军又全部被项羽救出，但韩信并不后悔，胜败自是常事，来日方长。

楚军又收复了彭城，英乔没有等来自己的夫君。

混乱中英乔暂时躲到了她从前救治过的一户病患家里，等到街面上平静下来后，她除了看到清一色的楚军，还有那些狼狈的汉军俘虏，项羽这一次没有立即处决他们。英乔很是担心自己的夫君，于是又不顾一切地冲出城外。若不是巧遇楚军将领钟离眛，恐怕她就要被一群杀红了眼的家伙作为奸细给处死了。

9/　半路惊魂

一将功成万骨枯，尤其是大将功成，死的人更难以计数。打仗就一定有人牺牲，更何况是打大仗。当英乔小心地行走在西去路上时，触目皆是还没有来得及掩埋的尸体，有残肢断臂的，有五官不全的，有脑肠浆血流了一地的，更多是尸首分家的……惨不忍睹，悲号之声更是让人不敢闻。当她看见那些从西面退下的楚军伤兵时，医者本能以及恻隐之心使她差点上前帮忙。

一天下午，英乔被一小队打身旁经过的楚兵给拦住了。

他们突然要她停下来搜身，一身男装的英乔什么话都没说忍住了。楚军自然什么可疑的东西也没有翻到，可是他们意外发现了英乔的女子身份。项羽手下的乱兵本就没有什么纪律可言，杀人都如同儿戏一般，因此谁犯到他们手上，就只能自认倒霉。这些家伙大笑着将她围住，就她这一身装扮，大可以随便找个借口将她抓起来。可是英乔也不是吃素的，她自信可以对付这一帮家伙，这偌大的楚军阵营中肯定有很多大人物知道韩信，只是自她嫁给韩信且生了孩子之后，多年并无来往，一时间很多人恐怕连名字都叫不上来。

"走，快跟军爷去营里快活会儿，哈哈……这小娘子啊！生得还挺白嫩，军爷我一眼就看出来了……是不是想夫君出来找他了，哈哈，快跟我们回去吧……"还没说两句就有两个家伙上来要扯住她。

"放开，我就是本地人，小心你们的脑袋……"

"呵呵，本地人？"

"听不出口音吗？我是出来找我家孩子的，几位大哥行行好让我过去吧！"

"找什么孩子，这到处都是死人，小娘子你不怕吗，还是跟哥哥们回去吧，哈哈哈……"

"放开我！我的夫君可厉害得很，你们别玩火！"

"咦——？玩什么火？哼，孩子他爷爷来了也白搭……"不跟她废话，那个骑在马上的小头目狠狠说道，"我他娘的看你就像奸细，兄弟们快把她拿下！"

英乔急了，当楚军又上来欲裹挟住她时，她飞起一脚把两个家伙踢翻在地。

"哟——！有两下子，肯定就是奸细，兄弟们，快把她拿下……"说着他们就拔出刀剑逼向了她。

英乔气得紧，但又怕闯祸，于是就趁对方不慎将他打翻下来，夺马而去。

可是四野到处都是楚兵，那些人一面紧追，一面大喊"抓奸细""抓女奸细"。结果引来了大群骑兵，最后英乔还没跑出多远，一大群楚军就将她包围住，眼看就要陷入绝地。

就在他们步步逼近时，英乔仍抱着一线希望大喊："我不是奸细，真的不是……求大哥们放过我吧……"可是无济于事，徒惹一顿笑话。

楚军把她先拿下捆上了，她打伤了人，罪过就不轻。再说这时候的楚军早就杀人上了瘾，而且这里人员混杂，不独是楚地的人，是不稀罕问出什么青红皂白的。

他们将英乔拴在马后牵着走，英乔为自己的冲动和鲁莽感到非常后悔。而此时最让她牵挂和放心不下的莫过于孩子和老爹，更有夫君……想着想着，英乔难过得大哭起来。

委屈的大哭声引来不少人的注意，一旁的楚兵又都开始取笑她。事有凑巧，这时候一位将军模样的人正好打她身旁经过，听到哭声后勒马上前询问是怎么回事。

"哦，奸细，还是个女的！"

这将军让她暂时停下来，上下细细打量一番。几乎就在同时，他们两个竟奇迹般地认出了彼此："呀！你莫不是，英……"

"你是钟离大哥吗？"英乔没有看错，这一下，抓住救命稻草的她禁不住转悲为喜。

"哈哈，哈哈！是我，是我！妹子，你受苦了！"说着钟离眛赶紧下了马，亲自为她松绑，"哎呀，你看，你受惊了……"

当钟离眛给英乔松绑后，劫后余生的英乔一时激动地投入他的怀抱，放声痛哭起来。这下引得楚军议论纷纷。

"看什么看，这是我妹子！亲的！都赶紧滚蛋，要你们好看！"钟离眛狠狠骂道。

当钟离眛把英乔带到自己的军营时，她把一切都告诉了钟离大哥，她知道钟离昧是最仗义和明事理的。

"哈哈，韩老弟可真有福气，可惜我们兄弟只能在战场上兵戎相见了……不过，我钟离昧平生最佩服的就是韩老弟的志气跟才气，妹子尽可放心。"

"我就是想见他一面，都快三年了……"英乔忍不住说道，她都没好意思说她在彭城的确见到了韩信。

"妹子，我懂，我懂！想当初，你嫂子一个村妇几个月不见我，还会想得慌呢！我在外面有一日没一日的，也挂念她跟孩子……就是，我这会儿真没脸去见她……不过，韩老弟恐怕妹子你一时还真不容易见上，现在我们两军正在交锋，等过些时日大哥再帮你想想办法吧。还好，韩老弟如今可是汉军的大将军了……今非昔比啊，没想到分别才不过一年多……"

"啥大将军不大将军的，我跟孩子盼着他好就成，真不愿意再过这种提心吊胆的日子，也许还会结出很多仇家来……"

"韩老弟恐怕不会这样想，我看他志在封王啊……难为妹子你跟孩子了……"

"士为知己者死，这就是你们男人！谁能不希望富贵及身、扬名后世……"

钟离昧把从前韩信在项王帐下的一些事情讲给英乔听，英乔听得无比认真，生怕错过一点细节，她一向知道夫君绝不甘心一辈子寂寂无名。不过，英乔又有些担心：韩郎会不会已经把自己给忘了呢？不可能吧。也许是她多虑了，韩郎的目光是那样清澈深情。她一辈子都不该忘记。

10/ 美人心事

等待的这几日中，让英乔那颗本来沸腾翻滚的心慢慢地沉静了下来。世界上的很多事情便是这样，当时急迫得恨不得拿生命去交换，可是过后竟也习惯了这种煎熬。

英乔见证了那么多死亡，亲身感受到痛苦，一时间又难过地掉下泪来。说来她也是见惯生离死别的，可是当她给那些受伤的士兵疗伤时，内心忍不住又受到强烈的触动——那些哀号，那些破残，那些溃烂，那些生不如死，那些轻易消逝的生命……

英乔禁不住思考：难道大家不都是一样的人吗？难道他们就该遭遇不幸、该为了成全别人而去死吗？很多女人这辈子再也见不到自己的夫君了……自己还算幸运，至少不久的将来她一定会再见到韩郎。是啊，韩郎不会死的，他的前世是天上闪烁不息的星斗！此时他该多么繁忙啊，为什么自己要跑去给他添乱呢……不如就安心等着吧，等到这一切都结束的时候。英乔突然又惦念起老爹跟孩子了。

三年都熬过来了，还怕再熬一两年吗？

又过了几日，英乔再没跟钟离昧提去汉营的事。不过她见钟离昧进进出出愁容满面，就好奇地问道："怎么了，钟离大哥？何事令大哥这样忧心？"

"嗨，虞夫人病了，也不知她为着什么，找了好些医士她都不肯让人家调治，谁劝都没用……项王急啊，所以我也就跟着急……"

"是这样啊！可能是夫人不待见男医士，要不你带我去瞧瞧吧，这病可耽搁不得……"

"哎——呀！你看我这粗心！我怎么把妹子你给忘了，还是你上心！那好，我现在就领你去！"

钟离昧让人赶紧备了一辆轻便的马车，他自己则骑着马在前面引路，没半个时辰他们就来到了项王豪华奢侈的行宫。

英乔把男人都请了出去，项羽起初还有些不放心，但是只听屋子里已经转醒的虞姬示意侍女传话，让英乔一人进去。这一下项羽放下心来，一下子来了精神，心爱的人终于愿意治病了。

还没检查，英乔凭着直觉就已经摸清了病根：虞夫人得的多半是心病。安静躺在病榻上的虞姬也上下仔细打量了英乔，吃力地开口问道："你真的是医士吗？我这病，好不了了吧？"语调让人感到好不悲凄。

英乔小心地俯身上前，虽然虞姬尚在病中，可是她的美艳让同样作为女人的英乔看着都有些动心，如此绝代佳人，我见犹怜。

"回夫人，好不好得了得先细细瞧过之后才晓得！"

"是啊！本来想着好的，到头来未必就好；本来想着不好的，到头来也未必不好。兴许这就是一个人的命数吧……你过来瞧吧。"

英乔没再多说什么，仔细地把了好一会儿脉，果然有些沉疴的迹象，不过还不算严重。

又一番察言观色后，英乔一针见血地说道："夫人得的可是心病，要是项王知道该多难过！"

"他难过他的，关我什么事！我倒不如死了算了，死了多清净，省得以后再看那些女人的脸色……你明白我说的吗？"

英乔心下的确有些疑惑，听不少人说过这项王最钟情虞夫人，何故令她如此伤心？

"嗯，明白一些。不过夫人您又何必想那么多呢，咱们女人家该懂得知足才是！"

"呵呵……你有丈夫吧？"

"有！"

"有孩子吗？"

"有！"

"可是我没有……"

这样英乔就懂了，她又仔细地为虞姬检查了一番，微笑着对她说道："夫人，这都是因为您平日里太劳心，致使血气不通，待您心情好转时，一切自然就会好起来的，无须多虑……"

"真的吗？你不是哄我吧？"虞姬激动得当即直起身子，她细看英乔充满善意的眼神，应该是真的。

一来二去，两个女人竟成了很要好的朋友。慢慢地，虞姬的病好多了。

虞姬非常悲观地告诉英乔，其实她并不相信男人有笃定不变的真情，而今只是因为她红颜未衰，所以项王才对她如此宠爱。说到底，她在项王眼中算不了什么。但不管怎么样，她都希望项羽好，一切都好。她不希望他滥杀无辜、荼毒生灵，可是他听了吗？她希望他多听取那些有远见卓识的臣下的劝谏，可是他听了吗？她希望他能善待义帝、与万民同心，可是他听了吗？没有，都没有！她希望的事情太多太多，而失望也一样多，尤其项王的地位越高，她越感到不安与忧闷……

英乔不敢把自己的夫君就是汉军大将军韩信的事告诉任何人，不过她隐约从今天的虞姬看到了将来的自己。为此，英乔的心底好不怅然，虞姬以为英乔同情自己，所以更贴心了。

不多久，虞姬的病就痊愈了。英乔这时候已经打定了主意要回家，她有些害怕见到韩郎——三年多来，她操劳和辛苦了多少，还添了孩子，容颜又憔悴了多少，自己还是他曾经爱慕过的那个英乔吗？一个男人一旦坐上权势的宝座，一旦可以支配很多人的命运，一旦有很多人向他献媚，那他还会是曾经的那个他吗？英乔不敢再想下去了……

英乔想回家让自己的心静一静，她或许应该好好地等待韩信衣锦还乡的那一天，她的韩郎甘愿抛弃一切功名利禄、富贵荣华，同她相扶终老。

虞姬有些舍不得，世上明事理的女人不多，最后二人私底下结成了姐妹①，英乔比她大一岁，自然成了姐姐，英乔答应妹妹以后常来。项羽少不了要重赏英乔，她不好拒绝，但也没敢多取，生怕路上不安全。

从那以后，英乔没少去看望虞姬，即使虞姬常常追随项王出征，以致她一个女人孤身在军阵之中。英乔几番不避艰险去看望自己的好妹妹，倒不如说是她想去见一见未来的自己。当她听说虞姬最后在垓下为项羽殉情时，作为姐姐的英乔不止替她悲伤，更替她感到解脱。

后来，英乔常去楚营的事情被韩信知道了，他怀疑英乔去私会

---

① 女医生在汉代时的社会地位还是相当高的，尤其是那些与高官贵戚的家眷过从甚密的女医生。比如女医生淳于衍，她就受到了大司马、大将军霍光的夫人的青睐，以至淳于衍的丈夫也做了高官。

钟离眛，那时的韩信越来越自闭、越来越疑神疑鬼，以致最后闹出悲剧。

唉，男女之间的感情实在是太微妙、太复杂了。

第七章

北地扬威

1/　奇袭破魏

彭城一役后，整个中原战场的形势发生了巨大变化，这是韩信首要思考的问题。

虽然项羽非常轻松地将刘邦的几十万大军打得丢盔卸甲、惨不忍睹，可是当汉军将防线稳定在洛阳一线时，楚军进攻的速度明显慢了下来。当项羽掉转矛头去全力对付刘邦时，齐国的田横趁机收复了三齐之地。项羽晓得两线作战是没有好处的，但汉军更让他忌惮和愤怒，故而他与齐方订立和约，一意去对付刘邦。

刘邦的日子显然不太好过，项羽已经准备倾全力对付他，他须得赶紧绞尽脑汁想辙。有一天刘邦突发奇想，跟手下的一干谋臣商议道："本王想把关东的土地都割让出来分赏给有功之臣，诸位好好帮我想一想，看看究竟哪个能真正助本王一臂之力，配得此封地呢？"

手下们议论开了，一时间众说纷纭。

张良也在场，他沉默了好一会儿，站出来对刘邦说道："大王勿忧，天下不乏才士，有德者用之。今大王有三人可用，一者九江王英布最是骁勇善战，他虽本系楚将，可近来与项王怨隙颇多，二人离心只在早晚之间，依臣看来，我们此时正可以顺水推舟；二者猛将彭越与齐人于梁地同反项王，梁地乃中原腹心，故而项王必欲除之。今若大王得以与此二人固结同心，亦可急使之……纵观大王手下诸将，以臣看来，唯独韩信可以嘱托大事，令其独当一面，或向南或向北以建军功，是谓三者。因此，大王若以捐关东计，非此三人莫属，则楚敌当不愁不破也！"

张良一番话说得掷地有声，说到刘邦的心坎上去了："好，好啊！子房讲得甚是有理，本王这就选派人手去说服英布和彭越。至于韩信，确为本王一宝也，哈哈……"

很快刘邦派出一位名叫随何的说客拉拢英布，随何果真出色地完成了使命。不得不说，英布虽为当世名将，可骨子里的确有些势利和反复无常。自打英布被封为九江王之后，他就只顾着一味贪图享受和安逸，项羽几次向他征兵去攻打齐国和刘邦，他都只是敷衍了事，能拖就拖，结果真惹怒了项羽。若不是看过去的情面，项羽非杀了英布不可。出于权宜之计，项羽端着诸侯盟主的架子，多次派人严厉斥责英布，希望他尽早悔改，只是没想到适得其反，英布心里更加惶恐了，反而越来越不敢亲近项羽。最后经刘邦的使者一游说，英布干脆加入刘邦的阵营。

汉二年五月，汉王刘邦到达荥阳，各路败散之军也陆续会合到一处，丞相萧何又从关中新征调了很多生力军加强中原汉军的兵力，才又恢复昔日的兵威与元气。在韩信的建议下，刘邦举行了一个盛大的仪式来祭奠彭城之役中不幸阵亡的各路将士。一片肃穆与哀戚之中，只听作为大将军的韩信长歌当哭：

"操吴戈兮被犀甲，车错毂兮短兵接；
旌蔽日兮敌若云，矢交坠兮士争先；
凌余阵兮躐余行，左骖殪兮右刃伤；
霾两轮兮絷四马，援玉枹兮击鸣鼓；
天时怼兮威灵怒，严杀尽兮弃原野；
出不入兮往不反，平原忽兮路超远；
带长剑兮挟秦弓，首身离兮心不惩……"

很多将士虽然并不明白大将军都吟诵了些什么，可是气氛却感人至深。即使只看大将军表情、听声调，就大约明白其中意思了。在场的很多人都忍不住黯然泪下。此等场面足以令韩信铭记一生，之前汉军伤亡如此惨重，他负有不可推卸的责任，即使从道义上，他也应该向将士们有所交代。

只听他继续放声长吟："诚既勇兮又以武，终刚强兮不可凌；身既死兮神以灵，魂魄毅兮为鬼雄①……"

---

① 此系屈原的《九歌·国殇》。

不久，鉴于上次彭城失败的教训，汉军开始正式组建大规模的独立骑兵部队，由原来秦军中的骑兵军官李必和骆甲来负责专门操练。在韩信的推荐下，灌婴被任命为骑兵主将，而以李、骆二人为左右校尉辅助。这支训练有素的汉军骑兵第一次上阵就在荥阳以东大破楚军骑兵，使楚兵一时间再不敢前出到荥阳以西。由此，楚汉两军开始了长期的拉锯作战。

令刘邦难以预料的是，魏王豹以探亲的名义回到魏地后立马封锁了黄河的河津要道，并向楚国投降。这顿使中原汉军陷入腹背受敌的境地。

六月，刘邦先行回到关中，他先收拾了负隅顽抗的章邯，然后又在关中好好布置了一番，也算加固一下自己的老窝。接着，他派出了有名的说客郦食其前去说服魏王豹，希望他不要恩断义绝。不提这个还好，一提这个，魏王豹就忍不住倒出一肚子苦水："是他刘邦乡野小儿不仁在前，能怪本王无义在后吗？刘邦小儿一向傲慢无礼，总是轻易侮辱、詈骂我等，我等堂堂诸侯颜面何在？又叫我等如何面见先王，唉……"

眼看魏王就要滚下泪珠了，可见，刘邦实在是太粗俗、太过分了！

"大王您既是为了这个，又何至于与汉王刀兵相见呢？兵者，凶器也，大不祥啊！让汉王给您赔礼道歉就是了……汉王的脾气您又不是不知道，能改的地方还是会尽量改的，望您三思！"郦食其苦口婆心道。

"赔礼道歉？你看乡野小儿那副得意的猖狂劲儿！本王都不屑于说这些脏话！免得被人误会与那乡野小儿为伍……小儿视你们这帮手下群臣如奴婢一般随意辱骂，呼来喝去。本王实在不想再见到此无礼小儿了，本王心意已决，定要为民除害，你不要再多言……"

很快，郦食其便灰溜溜地回来了。

刘邦听说魏王豹就是为了这些小事才跟自己翻脸的，不禁有些后悔当日的轻薄，人家毕竟是王侯子孙，看重面子。可是他又不能放任魏王豹不管，在这个节骨眼上，即使魏王豹闭关自守也不能让他得逞。若魏豹存心和汉军作对，会直接干扰到中原汉军的后勤补给[1]，黄河的大半控制权都在他手上。

八月，刘邦就特封韩信为左丞相，命他全权负责各项讨魏军政事宜，令其"独当一面"；并派遣骑将灌婴、猛将曹参等各领其部追随韩信，如此不惜动用大量汉军精锐，目的自然是尽快解决魏国的问题，以除后顾之忧。

韩信率领大军出发前，仍有些忐忑不安的刘邦问熟悉情况的郦食其："魏大将是哪个？"

郦食其立马道："柏直也。"

刘邦听后不免有些窃喜，于是进一步确定道："就是那个今年才二十出头的柏直吗？先前给魏豹那厮参谋军机的那人？"

"回大王，正是此人！"

"哈哈！不过赵括之徒而已，这小子还乳臭未干呢，哪会是韩信的对手！魏骑将又是哪个？"

"冯敬也。"

刘邦听完又是一笑："哈哈！这小子是秦将冯无择的儿子吧，虽然还算贤能，可到底不是灌婴的对手！魏步兵将领又是哪个？"

"项佗。"

刘邦终于大笑起来："哈哈哈……这小子岂是曹参的对手，老子这回没有什么可担心的了！"

刘邦的眼光不错，毕竟魏豹手下一干人等追随在刘邦左右也有一段不短的日子，刘邦对他们都有大致了解。可是，要真正落实到行动上并不容易，尤其对那些眼高手低的人而言。魏军已派重兵在蒲坂封锁了临晋关渡口，汉军想要向东强渡黄河还真有些困难，诸多重要目标都被魏军尽收眼底。这一下把作为汉军主帅的韩信给难住了，尤其是他追求的目标是完胜、全胜、速胜。

这次汉军的总兵力不下十万，虽然在数量上远胜于魏军，可是就地利而言，再多汉军也别想飞渡黄河。

---

[1] 从关中运粮到中原，基本是走水路的，尤其要取道黄河，比如长平之战就是这样的。

韩信在西河^①边静静观察、思考了两天，面对滔滔的黄河之水，这位英雄感到了从未有过的惆怅。甘阳和申龙两位卫士就在他的身边，他们见大将军一筹莫展，便着急道："大不了咱们夜晚的时候突袭魏军，这可是咱们大将军的拿手好戏！"

还没容韩信反应，申龙立马反驳道："你以为人家魏军都是傻子啊，他们早就做好了防范！上次咱们大将军那是出其不意！"

"哦，那……那要不咱们就别在临晋关偷袭了，换个他们魏军想不到的地方！"

"你说得轻巧！到哪里偷袭也需要渡船啊，但凡渡船不就立马被魏军发觉了吗？"

"是哦，我就说嘛，但凡咱们能想到的，大将军早就不知道想过多少回了……"

就这样，二人吵吵开了。

"停——！"在一旁听二人争执的韩信突然计上心头："你们两个别吵了，多亏你们这一顿口角，我有打败魏军的主意了！"

功夫不负有心人，韩信终于制订出了进攻魏军的妥善方案。他把军队都集中起来扎营，不允许将士近期擅自离队，敢于违犯此命令者格杀勿论；韩信还命令各队、屯、曲每隔一个时辰就清点人数，一发现异常立即上报，否则严惩不贷。

这样，韩信严格控制了军队，然后开始把整个西河沿岸附近地区清理成无人区，无论是谁，一经发现在无人区活动便立即严密看管起来。总之，不允许任何人走漏了风声打乱他的偷袭部署。

在完成了这些准备工作以后，韩信开始正式部署攻魏事宜：先在临晋关组织大批民工为汉军修造船只，而且布设了大量疑兵做出要强攻蒲坂的架势，以此来迷惑魏军并吸引其主力防守蒲坂；另一方面，韩信带领主力部队轻装到达临晋关北面约百里处的夏阳，准备从此处渡河。可以说，这一招声东击西与上次暗度陈仓一以贯之，只是这一次更出奇而已。

---

① 也就是黄河南北走向的那一段，今山西与陕西的主要分界。

汉军的船只都留在临晋关以迷惑魏军，所以他们在夏阳要想渡河就只能另觅他途（在古代兵法中有专门讲渡河的，韩信此役就成了这方面的经典战例）。结果韩信竟想出了使用木盆和木桶等木制器具（史称"木罂"）渡河的妙计，虽然它们不能承运汉军辎重，可是若将数个木盆或木桶捆绑在一起，就能够将马匹运过河去。这样就基本保住了汉军的战斗力，只要汉军速战速决，一切问题自然迎刃而解。

八万多汉军主力部队趁着夜色开始偷渡黄河，到第二日天明时分，汉军大部已顺利渡河。上午集结完毕之后，他们便向魏国的都城安邑直扑而去。

还在率领主力于蒲坂监视汉军的魏王豹听到汉军已经过河并进围安邑的消息，惊恐之余不得不立即带兵去解安邑之围。那是他的大本营，他自然要救，可是他的这种急迫心情却又正中韩信的下怀。因为汉军只是佯攻安邑，他们的真正目的还是吸引魏军主力回援，这样汉军就可以在魏军必经之路上布下一个"大口袋"，等着疲惫的魏军来钻。一旦通过野战消灭了敌人主力，敌人的坚城将不攻而破。

这是一招"围城打援"①。总之，一切尽在韩信的谋划之中，怪只怪魏王豹和他的将军们未能及时看破汉军的诡计。

这时已经是九月，汉军一战全歼（大部俘虏）魏军主力，还生擒了魏王豹，这对于瓦解敌军太重要了，尤其是对于那些守城欲作拼死抵抗的魏军。不久，汉军顺势全部平定魏地，改置为河东、上党、太原三郡。汉军的总体控制力和实力都大大加强。

而这之后魏王豹就被直接押给已身在荥阳前线的刘邦处理，刘邦起初并没有杀他。后来当刘邦遭到项羽的猛烈围攻时，唯恐魏豹一个不老实再开溜，为绝后患就命人将他杀死了。

说到底魏豹实乃一庸才，韩信并不为他可惜。

当韩信的平魏大捷传到刘邦耳朵里时，刘邦不禁喜形于色地感

---

① 此战由于历史记载不是很明确，所以史学家大多认为是东汉的名将耿弇首开围城打援的先例。"围魏救赵"不是围城打援。

慨："好一个韩信啊，真是个人精，天才啊！大大的天才……"

然而过后他就笑不出来了，也就是从这一刻起，他突然对这位自己一手提拔起来的天才不那么放心起来。

2/　凉夜如水

此时正是晚秋时节。

夜凉如水，天上没有明月，只有几颗明亮的星。这是汉军彻底打败魏军之后的第二天晚上，韩信一个人处理完烦琐的军政事务，正漫步在魏王豹昔时的行宫。他的心底突然有些空落落的，独自走了好一会儿，面对此情此景，忍不住随口吟咏道：

"蒹葭苍苍，白露为霜。所谓伊人，在水一方。

溯洄从之，道阻且长。溯游从之，宛在水中央。

蒹葭萋萋，白露未晞。所谓伊人，在水之湄。

溯洄从之，道阻且跻。溯游从之，宛在水中坻。

蒹葭采采，白露未已。所谓伊人，在水之涘。

溯洄从之，道阻且右。溯游从之，宛在水中沚……"

这些已经久违的诗句，今日深情诵来依旧那样别有韵味。多少年了，彼时的他不过是一个懵懵懂懂的小儿郎，年轻的母亲就在夏夜的天井里，认真地教他诵读优美的《诗经》，每到动情处，母亲也会黯然神伤。她希望儿子赶快长大，撑起一片天空，而今他的确是长大了，可是母亲却又在哪里呢。曾经母子两个依偎得那样紧密，他以为和母亲永世都不会分开。唉，岁月易逝，想到这些真是让人悲从中来……他现在已经是胜利者、征服者，他有资格也有权力享有自己用生命换取的一切 —— 白天的时候，他无意之中看到了魏豹的一个姬妾，心下喜欢得紧，尤其她看自己的眼神，但那是他准备献给汉王的特别礼物。

这样想着，他心底涌起了一股热流。是的，那是想再见一见那个女子的冲动，尤其是在这样一个凄清冷寂的难眠之夜。

于是，韩信立刻命人去找她。

不一会儿，她来了。尽管已是深夜，她的表情中却没有任何不情愿。仔细说来，她虽算不上令韩信多么心动，可是却能从心底激发男人的情怀。她的娇柔和怯弱让韩信明白为什么一个男人要有能力为心爱的人遮风挡雨，否则像魏豹那样连自己的女人都保护不了，那就不算是一个真正的男人……韩信的心底顿生一股荣耀和优越感……

可是再多想想，算了吧，韩信实在不愿陷得太深，眼前这人也许只是令他念起了秋儿（当然还有春儿）那难忘的背影。是的，当年的他也像今日的魏豹一样没能保护自己的爱人，这是一个莫大的遗憾，也是他心底一块永难弥合的创伤。

于是，韩信一团和气地问道："你会跳舞吗？"

她小心地上前行礼，细声回道："不敢瞒大将军，先前习过几日，不过后来荒疏了。"

韩信看她那窈窕的身段，猜到她可能怕自己跳得不好，故而才那样谦卑。韩信又和缓地说道："不打紧，你为我简单跳上几曲就可以。"

韩信命人在凉亭中添了一点灯火，当着无边的夜色，也没有叫乐师来，就让她轻轻地即兴为自己舞几曲。一段轻舞下来，她果然没有令韩信失望，时空恍惚迷离，韩信仿佛看见了从前的秋儿。

韩信示意她继续。朦胧的夜色更增加了神秘的美感和诱惑力，韩信在她风流的舞蹈中惘然若失起来。他追忆起了当年和母亲在一起时的种种情景，回忆起母亲当年月夜中教他吹奏箫管的情景，那是多么令他难忘的一幕啊！若不是今日，恐怕有些记忆还真不容易一下子就找回来，韩信这个时候才恍然大悟——自己曾经会吹奏乐器。正是雄心壮志让他迷失了过去的一些宝贵的东西。

韩信对女子温柔地笑笑，又让人取来一根漂亮的箫管，他先试着吹了两下，很快便找回了当年的感觉。

"我来给你奏一曲，你来伴舞吧，舞跳得真好！"他没忘了安慰她。

她轻轻点了下头，脸上浮现出一丝笑意。

抚今追昔，韩信不够流畅的曲调中难免夹杂几丝悲声，不过倒是越来越驾轻就熟起来。

几曲终了，韩信细细端详女子，只见她的脸上挂满了泪痕。此时的韩信心中满是惆怅，这个女子有一颗多么敏感的心啊……最后，他一把将她重重地揽入了自己的怀中，而她只有顺从。他呆看着那秋水一样的眼睛，难以自持地轻吻起她来。

不过才一刻钟的时间，报更的声音猝然传来，韩信如大梦初醒一般一把推开她。这是汉王的女人，不可造次。这样做怎么对得起汉王那片提携和赏识之心呢？没有汉王，哪有今天的自己。尽管非常不忍，但韩信还是决定让她赶紧回去。

这一晚之后，很有些悔恨的韩信决定再不背叛自己的心，他不能再承受感情上的任何负累了。他应该勇于为自己心爱的女人站出来，为她们支起一片天空，他应该去大胆追求。

不久之后的一天，韩信通过一番悄悄打探，得知那个女子很得汉王欢心，被加封为夫人，大家都称她为薄夫人。

3/　　宏图远略

当项羽在彭城大败汉联军时，赵国的陈馀也得悉张耳其实并没有死，所以立即宣布赵、汉双方进入敌对状态。这真是祸不单行。

刘邦算是个厚道人，起码表面功夫要做足。既然张耳好心好意来投奔自己，所以万不能做那落井下石的勾当，以免坏了自己的名声。这个代价可不小，但又非常值得，而且这也是张良、陈平等谋臣的意思。张耳及其后人都铭记在心，刘邦还把自己的长女鲁元公主嫁予张敖。所以后来当刘邦像使唤奴婢一样使唤已经成为赵王的张敖时，尽管张敖的手下对刘邦咬牙切齿（并且私下还派了刺客去刺杀刘邦），但是张敖却毫无怨言，只求尽心竭力服侍老丈人。

当韩信打下整个魏国时，他的兵锋直指魏国北面的代国与东北的赵国——此非常时刻，不是友便是敌，没有中间转圜的余地。因此，韩信必须拿下代、赵，以及赵国北面的燕国，然后再集数国之力，以此为跳板东向攻取齐国。一旦顺利拿下齐国，则汉已得天下的大半，如此便对楚国形成半包围的夹击之势，使中原的楚军陷入两面作战的困境。至此，汉军可以派出骑兵部队南下截断楚国的粮道，抄了项羽的后路，到那时即使项羽再神勇也无力回天。

韩信这个设想非常大胆，具有极大的风险跟难度，他已经思考了很久。当他还在中原战场苦于无法迅速扭转局面时，就发现汉军若试图通过与楚军重兵集团当面厮杀，且不问牺牲多少，必然达不到彻底消灭楚军的目的。鹬蚌相争可能被其他敌人借机得利。中原地区地势较为平坦、开阔且坚城众多，不利于汉军设伏取胜，最终只会形成反复的拉锯局面。所以，那里不可能是他理想的人生舞台。

对于一个真正的军事家而言，机断专行非常重要，后世将帅的悲哀即在于此——他们处处受皇权、君权的高压和抑制。

韩信是幸运的，所以他必须要独立闯荡一番，争取打开一个全新的局面。他一方面把自己的一些想法告知刘邦，另一方面向刘邦请求调拨三万精兵，他要拿这点资本去完成一项无比伟大的使命——"北举燕、赵，东击齐，南绝楚粮道"。

此番宏图远略最终验证了韩信高明的战略①眼光。

就在焦急等候汉王批示的时候，韩信带领着三五亲随去魏国东面的长平一带，这里已经是汉军的势力范围，作为一军主帅的韩信就是要来凭吊一下这个值得永远铭记的战场。

等到他们一行人到达时，韩信心潮澎湃、浮想联翩。对于每一个用兵之人，这里都足以令他们终生魂牵梦萦，他们都应该到此处好好观览、深思一番。纵观中国古代历史，长平之战是规模最大的一次战役，加上后来赵、秦两方的援军，直接参战的总兵力合计已

---

① "战略"一词据说是西晋时期的著名历史学家、《后汉书》作者之一司马彪创造的。实际上，按现代军事术语，韩信走的就是"间接路线"。

超过百万。这也显示出战国时代列国惊人的军事动员能力，以及让后世咋舌的战争潜力。

说起来，五六年前年轻的韩信随着广陵商帮途经三晋大地时，他就有来这里的冲动，可最终还是忍住了。

而今，强秦已经灰飞烟灭，所以他从容地来了。

韩信喜欢从高处俯瞰四野，这是他的性格使然。

此地关山带河，的确是一处兵家必争的险要之地。静静地站立在制高点上，韩信正在试图推敲出当年长平之战到底如何一步步进行。由于他并不怎么熟悉此地，只能在头脑中想象了。遗憾、伤感之余，韩信也认为：赵军之所以惨败，乃至于六国的军队之所以惨败，其实冥冥之中也当是天命作祟——为什么完成天下一统的偏偏是后起之秀的秦国，而不是昔日威风一时的魏国、齐国或者赵国？东方诸国人才济济，最后又为什么都流失到秦国手中？除了商鞅以外，公孙衍、张仪、司马错、甘茂、陈轸、范雎、蔡泽、楼缓、王翦、蒙骜、李斯、韩非、尉缭等文武才俊之士接踵至秦国，"若蝉之走明火也"，绝非"功利"二字就可以解释的，实在有些让人想不通。

难道，这就是使人敬畏的天命吗？《吕氏春秋》曰："凡兵，天下之凶器也；勇，天下之凶德也。举凶器，行凶德，犹不得已也。举凶器必杀，杀，所以生之也。"难道正是因为勇武凶悍的秦国能杀人？

而今，一个甲子的轮回快过去了，长平一带的人们除了时不时会从土地里挖出武器、残甲之类，少不得也会挖出些死人骨头来。据说下大雨的时候，会冲刷出更多触目惊心的尸骨，还有那经夜不息的鬼哭声，所以到了夜间几乎没有人敢来这一带。

血色残阳就快要沉下去了，韩信带着一身的沉重返回驻地，此行让他清楚地体会到：兵者，凶器也，只当以杀止杀，而不当妄动干戈。但这只是一般的情形，特殊情况下也许只有杀人、大量地杀人、杀得干干净净才可能解决问题——后世有些儒生悟出了这一点。

因此，韩信又生出了自私、可怕的想法：人活一世，究竟为了些什么？不就是应该轰轰烈烈一场吗？而何种辉煌不是建立在众多的牺牲和痛苦之上呢……

现在韩信已经走上了这条不归之路。

正有些矛盾的时候，他们一行人来到长平西面一座名叫"八义村"的小村子附近，据说这座小村子的得名就与那场著名的长平大战有关。

想当年，秦军佯败，赵军统帅赵括命令赵军全线追击。当赵军行至此村，突然就有八个当地人站出来拦住赵括的马对他说，据他们所见，秦军一点也不慌乱，辎重、旗子都没有乱丢乱弃，想来这其中一定有诈，这八个人一致劝说赵括不要再行追击，而只会纸上谈兵的赵括根本没有理会他们，仍旧下令赵军全力追赶秦军。最后，这八个人一起在赵括面前自杀，试图用生命唤醒他，可是赵括最终还是执迷不悟，八个人的死谏丝毫未能挽回赵军的惨败。因此，后世的人们为了纪念这八位忠义之士，就将他们合称为"八义"，将这八位义士生活过的村子命名为"八义村"。

这个故事的确够悲壮，可是韩信听完后只是一阵轻笑，继而大摇其头："难道堂堂一国统帅真会如此无能吗？哈哈，难道武安君（白起）演个戏也如此拙劣？笑谈，笑谈啊……"

他怀疑这个故事是那些读过《左传》中"曹刿论战"篇的好事之人故意编造出来的。韩信虽然还不能确信长平大战到底是怎么演化成最后的悲剧（这方面的史料太缺乏了，而赵国方面的当事人几乎没有存活下来的），但他就是感觉事情绝不是人们想象得那般简单。

跟随在身旁的卫士甘阳接口道："大将军，小的倒觉得这个故事很可信！想想后来昏庸的赵王迁，不也是因为听信被秦国收买的宠臣郭开的话而处死名将李牧吗？换上了那个无能之辈赵葱去统帅赵军……"

"哦，连这个你都晓得，不错嘛！不过赵葱也未必是无能之辈，谁让他的对手是秦军名将王翦呢！楚将项燕就是项王的祖父，如此英明神勇之辈，不一样也是王翦的手下败将吗？切不可听取民间笑谈啊……什么事情到了百姓嘴里都会变味……"对此，韩信深有体会。

"对啊，还是大将军讲得有理！嘿嘿，小的们在大将军面前还是外行！"

"什么时候学会逢迎了！不过民间传闻也并不纯为无稽之谈，它到底还是一面知悉民心的镜子！赵括让赵人送了那么多条命，实是千古罪人，无情挞伐自然有理！这可给我们这些带兵者敲响了警钟……"

"大将军所言极是，"卫士申龙也忍不住发话，"胜败常有，可关系着千万条人命啊……"

"所以，用兵之道也贵在顺民心、得民心，万不可轻易言兵，战端一开更当慎之又慎。如项王一般滥行杀伐，长此以往必定会使百姓们困顿厌恶，失败是迟早的事。"韩信最后总结道。

沉沉的夜幕已经拉开了，他们加快了前行的步伐。

4/　兵发井陉

刘邦很快便答应了韩信的进兵请求。虽然他害怕韩信会失败，毕竟三万人马太少，而且还是长途远征，输送粮草相对困难；但是他一样担心韩信成功，成就高可盖主的大功、奇功，到时候他一个乡巴佬就很难再驾驭羽翼丰满的韩信了。

不过话说回来，中国如此之大，有几个称王的也并不为奇，只要将来韩信不忘恩负义、不与自己为敌就好，况且分疆裂土予有功之臣这是事先约定好的，也在情理之中。然而，东周那段历史又鲜明地摆在眼前，东周列国之间互为敌国，周天子也是有名无实，最终为强秦所灭①。因此为长远计，即使将来称了王的也要保证对自己服服帖帖才行，起码现在他得经常敲打敲打像韩信这样的诸侯王。

---

① 在那时的刘邦看来，秦国的郡县制也是不可行的，否则秦国灭亡得就不会如此之快。因此，刘邦在西汉建立之初，便恢复了分封制，只是他的主要分封对象是自己的至亲。

可是不管如何，项羽是一定要打败的，他可是让自己吃尽了苦头，而且现在家人还都在项羽手上。凡事总要分清主次先后、轻重缓急，走一步看一步吧。

为此，刘邦把张耳给韩信派了过去，一方面是为了帮助韩信尽快熟悉赵国的情况，张耳在赵国具有相当的影响力，另一方面自然是派他去监视韩信，人家好歹是亲家。张耳本来和陈馀是刎颈之交，可因为巨鹿之战的时候闹了些误会，再加上项羽的掺和，阴差阳错就闹到了今日反目为敌、你死我活的地步。

叹息之余，亦足可为后人借鉴，而韩信不以为意。

这一年闰九月，韩信率领东征汉军先行向北击败了力量较弱的代国军队。

当时，韩信先派出多支小股骑兵部队反复袭扰代国的几座重要城池，力争麻木敌人，并迫使敌人的军队布置为求全面、有效的防守而分散开来。经过充分准备的汉军主力突然于深夜向代军纵深发动重点攻击，留守代国的代相夏说被生擒于阙与，代将戚公在逃亡的路上被曹参追斩。因为有太行山的阻隔，加之汉军封锁，所以本与代国互为掎角的赵国援军行动迟缓，远不及汉军进攻的速度。速战速决本就是韩信一贯的用兵风格。

此战之后，刘邦再一次领会韩信的非凡神勇，他不惜违背先前的约定，从韩信那里抽调回一半多的精兵，更把猛将曹参也调走了。韩信只得在魏、代两地招募一些新兵，使得东征军团的规模不至于低过三万人。他晓得纵然兵再精，数量少也不成，何况只是一群刚刚脱离田间劳动的农民。

只得再次放手一搏了，他没有退路。

事不宜迟，兵贵神速，接下来韩信就向东攻打曾经兵强马壮、尤以骑兵闻名、令秦国也忌惮的赵国了，他这一次要面对的是赵军早已严阵以待的二十万人马。以三万对敌二十万，汉军的胜算有些渺茫。

太行山一带的险峻地形让韩信说服了手下不惮于跟自己冒险，在那条进攻赵国的必经之途——井陉口附近，山路尤其崎岖狭窄，不但汉军进攻赵军困难，就是赵军反击也实为不易，利于汉军出奇制胜。汉军近来士气高涨，越来越信赖自己的统帅，所以他们进军的脚步从容不迫。这让韩信感到非常欣慰。

赵王歇、成安君陈馀听到汉军东征的消息后，为求稳妥，选择凭险据守。他们于井陉口聚集重兵，这正在韩信的预料之中。赵军号称人数有二十万，其实也不过十二三万的样子，而且大部分也是刚招募的新兵，战斗力并不是太强，只是赵军将主力都集中起来使用，如果换了其他对手，估计百万之师也很难占到赵军的上风。

然而，他们的对手是韩信。

陈馀手下有一位很是精通用兵之道的广武君李左车，此人向他适时谏言："在下听闻汉将韩信飞渡西河，生俘魏王，智擒夏说，又新近喋血阏与，一路连战连捷，料想此人必有些手段！我们必须有所警觉……"

"有些道理，请广武君赐教。"

"而今韩信又得到张耳的辅助，想来伐赵之意已决，尤其汉军此时锋芒难当，故而在下觉得我军尚不宜与其正面交锋，而当行迂回之道……"

"哦？迂回之策？何以迂回？不能因为投机取巧败坏我军威名……"陈馀本就是一位有名的儒者。

"那是自然。在下听闻千里输粮，士兵就会有饥饿之色；即便就地取材，也很难吃好，且多水土不服，这样就会影响军队的战斗力，而今汉军远道进攻我军就是如此……"

"这是他们活该，都是刘邦驱人赴死，实在可耻可憎！"

"再说井陉之道，其狭隘之处不能让车子并行、兵骑不能成战斗队列，而今汉军远行数百里，看这势头便不难想他们的粮食运送必然会更成问题。故而在下愿向丞相请兵三万，从小道出奇兵先行截断汉军的辎重与粮草输送，丞相您只要在井陉口深沟高垒、凭险坚守，暂不同汉军决战，那么汉军必然会因为前不得斗、退不得还而被我军死死困于太行山中。如此不出十日，韩信、张耳之辈的人头就一定会献于您的麾下。望丞相三思……"

"好你个广武君，你这不还是在教本相使用诈谋奇计吗？"

"丞相何出此言？出奇设伏历来就是兵家推崇的，岂不知只有完胜、全胜方可立于不败之地！"

"是这样吗？本相倒也听闻兵法有云：十则围之，倍则战之。而今韩信兵号称数万，想来不过也就数千而已，与我军相比何惧哉！如你先前所言，汉军乃千里行军，一定困顿至极。如此疲弱之敌我军尚且避而不击，以后再有其他诸侯的大股敌军来到，那我们又该如何退敌？如此也让诸侯看轻了我军实力，而敢轻易攻伐！光武君，不要只看眼前……"

"丞相的确看得长远，我等不及！不过韩信乃汉军一员悍将、智将，如今我军先除一韩信，便可以儆效尤！"

"不然！韩信既然善于出奇，且又是主动来逼，我军正可以正兵御之，保家卫国，师出有名，愁何敌不破、何坚不摧？"

总之，把控赵国军政大权的陈馀就是个迂腐的儒者，他坚持要以"正兵"取胜，而不屑于出"奇兵"，即使李左车说得再多，他也没有听进去。

尽管陈馀在赵国很得人心，可是战争所要较量的远不止于此。

知己知彼方能百战不殆，情报工作本就一向为韩信所重视，这一次更不会例外。

当韩信从安插在赵国的间谍那里得知陈馀与李左车的对话后，非常高兴。陈馀最终否决了李左车的建议让他更觉信心十足，因此才敢放开胆量马上进兵到井陉口。

张耳已是六十开外的花甲老者，他有些坐不住了，"韩将军莫怪罪，还望将军直言究竟有几成把握胜赵军？"

"张王您还对陈馀心有余悸吗？不足多虑！"韩信显得很轻松。

"不瞒将军说，陈馀为人虽迂直，可是却很得人心，他手下多是敢死效命之士，此战必是一场恶战，在下还是替将军您担心……将军还这样年轻！不过在下更佩服将军的胆量。"

"多谢张王垂念！陈馀固得士死力，然擒贼擒王而已……再者，大丈夫为功名者，本就该看淡生死，但求无悔、无愧而已……"

"将军好志气，好胆识！大丈夫就当敢闯敢拼、不轻言放弃，老夫汗颜……"只有赌一把了，张耳不是贪生怕死之辈，韩信的确少壮有为，"能与将军并力而战，实老夫之幸！来，让老夫为将军壮行！干……"

两人把起酒盏一醉方休，不问今夕何夕。其间，张耳还向韩信承诺，若韩信真能帮他复国，他张耳一定会为韩信寻觅一天香国色以厚报之。

醉眼惺忪之际，韩信姑且由他言之。但内心深处还是忍不住有所悸动，江山美人从来就不分彼此。

实现自己的人生追求，这也是他的愿望。

5/　背水一战

巍巍太行是一道道铁的脊梁，面对它，总使人禁不住心潮起伏。这里终将成为英雄奋力角逐乃至有幸埋骨的地方。

在距离井陉口还有大约三十里远的时候，韩信命令大军扎营。布置完后，他悄悄地带着几个人骑着快马离开营盘出去侦察和熟悉地形了。虽然已经有很多人向他报告这里的详细情况，他也早在心底运筹好了应敌之策，可是怎么也放心不下来，生死存亡决于此役。

韩信最开始打算"以正合，以奇胜"，既然陈馀坚持用正兵抵御汉军，那么他就可以借助井陉一带有利地形用正兵暂时拖住赵军，然后再伺机出奇兵突袭，一举斩杀赵军主帅陈馀。一旦赵军失去主心骨，自然就分崩离析。

总的来说，汉军还是有一定胜算把握。

半天多工夫后，韩信从外面回来了。他这一趟没有白跑，对于自己的计划更清晰也更有把握了，更须速战速决。时间一长汉军的锐气便会耗完，粮食更成问题。

夜半时，韩信号令全军迅速开拔。在这之前的几个时辰，他已选派两千轻锐之士作为奇兵，令他们每个人都带一面赤色的旗帜通过小道先行接近赵军营地。到达之后，须小心地埋伏在附近山上的树丛中，切勿惊动赵军，"赵军与我军交战之时，若见我军失利，赵军势必会空巢而出追逐我军，你们可趁机杀入赵军营垒，迅速拔掉赵军全部旗帜换上我军赤旗！明白吗……好了，照着我的吩咐做！"治兵如使民，可使其由之，不可使知之^①。

汉军主力部队开拔前简单吃了些干粮，韩信一扫先前的持重之态，表现出了惊人的自信，他慰勉手下的将领："今日破赵军之后，咱们就举行大会餐，到时大家尽可放开了吃！"

这句话一出口，令大家吃惊不小，可是当时几乎没人敢把这句话当真：凭险据守的赵军是说破就破的吗？大将军这是开的哪门子玩笑！但是又不能扫了大将军的兴，此时的韩信足以令他们心生敬畏。

临行前，韩信对手下负责修筑工事的军吏们说道："赵军已经先行抢占了有利地势并得以据为阵地，若我军主动进攻势必不利。若他们不得见我们的主帅旗鼓，也不会轻易纵兵出击，唯恐我部轻易撤回^②，以至让他们劳而无功。因此为多消灭敌人，我们还需将其引诱到对我军有利的阵地上与之作战。"动员完毕后，韩信又派出约一万人背对汉、赵两军之间的锦蔓水^③列阵，并修筑一些简易但必要的工事。当赵军看到汉军居然如此自绝生路时，都大笑不已。

此时的韩信却在心里暗暗起誓：很快就有你们笑不出来的时候。

第二天清晨，韩信亲自率领其余部队主动向赵军发起进攻。

汉军鼓声喧天，几乎惊动了全部赵军人马，全军上下一片喧腾："汉军杀来了！汉军不要命真杀来了！"赵军喜出望外地看到了韩信的主帅旗帜，眼见汉军的声势如此浩大，赵军主力赶忙从壁垒中杀出应战。

---

① 语出《论语·泰伯篇》："民可使由之，不可使知之"。由，指服从。这句话原有多种解释，但这里做愚民理解。

② 指试探性进攻。

③ 河名，在今河北西部，此处按照《水经注》记载。

几刻钟之后，双方主帅彼此派人礼仪性地互通消息——陈馀派人试图说降韩信，而韩信则用了激将法："呵呵，我等既敢到赵地来，就是要取了陈某人的首级给张王报仇！陈某人何在？识相的就让他赶快出降，省得我等大行杀戮，徒使众人跟着遭殃！"

陈馀果真被韩信的"狂妄"惹怒了，他要好好教训一下这个不知天高地厚的小子，一场激荡人心的决战开始了。

此役双方激战了很久，陷入胶着状态。然而，汉军在韩信的督率下表现得异常勇猛顽强，再加以战术运用得当，几次突入赵军阵中。陈馀禁不住慨叹："韩信这小子还真有两下子！"赵军加紧反扑，汉军的侧翼部队被赵军的弓弩手给硬压了下去。形势慢慢转为对汉军不利。

赵军在人数上占据绝对优势，苦撑一阵后，韩信下令全军撤退。当然，这一切都是韩信的计谋，他就是要假戏真做以引诱赵军上钩。

当汉军慌不择路地撤退时，他们的军鼓、旗帜被乱丢一气（这些东西是军心的象征，本不能随意丢弃），陈馀是以料定汉军必败无疑，倾巢出动追击汉军。韩信佯败的目的达到了。

韩信率军退入背水阵中，这一次他要和赵军来真的了。等赵军大部杀到后，双方就此展开了一番更为激烈的厮杀。

汉军身后就是滔滔河水，显然已经无路可退，所以这一次他们作战更加勇猛，只是战法却比刚才保守多了。汉军有了工事的便利，又加上一万多以逸待劳的生力军，硬是强压了赵军的前几次攻势。不出意外，汉军的防线很难被突破。

赵军以为胜利近在眼前，只要再最后努力一把就行，他们杀红了眼。可是不知道为什么，整整一个时辰过去了，汉军的防线竟还坚如磐石。陈馀不信这个邪，谁劝也没用，为了彻底将汉军压垮，他将全部预备兵力都押了上去，因此赵军后方的营垒就完全空虚了。

就在这个时候，汉军奇兵登场了，他们已经被憋闷坏了。如脱笼之鹄的奇兵轻易杀入了赵军的营垒，按照主帅先前的指示，顺利拔掉了赵旗而竖起两千大汉赤帜。没人会想到居然毫不费力地攻占了赵军的老巢，这一切都归功于大将军英明。

汉军的防线始终坚如磐石，赵军到底也没能占到便宜，更没能取胜，反而付出了相当大的代价。

眼看将士们已经非常疲惫，无奈的陈馀决定撤军改日再战。然而，当大队人马走回自己营地的时候，吃惊地发现壁垒中已经满是汉军的旗帜。陈馀当即便觉出大事不妙，不过他的第一反应是怀疑赵军中有私通汉军者，可是还没容他想出应对之策，赵军便开始大乱。

此时韩信所率的汉军又追杀上来，惶恐不安的赵军不敌，便开始四散奔逃。虽然赵将当场斩杀了不少欲逃亡的士卒，可是无济于事，赵军既已阵脚大乱，人人只得自顾自地赶着逃命。但是主帅陈馀周围还聚集着上千名不为所动的死士，这正是令韩信最为忌惮的。

此时，汉军看准时机对分散逃亡的赵军网开三面，取得了俘敌数万的巨大战果。不过这并非韩信真正希望看到的胜利，他本打算将主要兵力都集中起来对付陈馀，一旦取了陈馀的性命，汉军自然望风披靡，否则赵军必会卷土重来。

终于，功夫不负有心人，紧追不舍的汉军在泜水上游成功斩杀了陈馀，生擒了赵王歇。消息传来，千钧在背的韩信才长长地吐出了一口气。

井陉一战最终以汉军神话般的完胜而震惊天下，连不可一世的项羽听到这个消息后都觉得不可思议，他当即感叹道："看来韩信的确有两下子，本王后悔当初未听亚父之言了，他真是铁定了心要帮刘邦和本王作对！"不过项羽一点不觉得韩信可恶可恨，他总觉得韩信过去追随自己那么长时间，彼此仿佛故人一般，因此韩信会多给他三分颜面。可是，项羽忽略了虞夫人，忽略了韩信看她的眼神。

当诸将献上敌人首级及俘虏互相称贺时，韩信命令大摆庆功酒宴，这时候有人禁不住好奇地问韩信："兵法上说列阵应该右倍（背）山陵，前左水泽①以为佐助，而今大将军您却偏让我等背水列阵，反其道而行之，还说破赵会食之语……我等先前很是不信，以为大

---

① 指借助有利地形保护侧翼安全。

将军不过戏言，而今我军居然大获全胜，实在令人叹服。烦请大将军给小的们示下究竟采取了什么制胜之策？"

韩信早已料到诸将会有此问，斟酌再三后笑着说道："呵呵，其实这也是兵法的教条。兵法上不是说过'陷之死地而后生，置之亡地而后存'吗？我平素还没有贤德到让诸位将士都为我效死命的地步，我不过在驱使一群如同赶集的人作战罢了，人人只会为自己而战，不能齐心合力。稍遇挫折，大家便容易败散，正像今日的赵军一般……只有暂时绝了大家的生路，才能一致对敌，奋勇而无所顾忌，否则以赵军之强，我军岂不必败无疑……正所谓'百万之军不用命，不如万人斗也；万人之斗，不如百人之奋也'。"

诸将听后，无不感慨道："大将军英明，这哪里是我们所能企及的啊！"

"这也是项王当年战胜秦军的计谋啊，我不过因地制宜，多出了一路奇兵而已……不过，兵可使由之，不可使知之，诸位还当为我保密！"同当初的项羽一样敢赌的韩信带着一丝神秘感说道，他其实并不怕大家说出去，因为普通的士兵可能根本就听不明白。

"诺！"大家一致应承道。

韩信没有忘记延揽人才，毕竟人才永远是最欠缺的。

他在战前就听闻广武君李左车的贤名，很是欣赏，方今又是用人之际，所以他下令不得擅杀广武君，并悬赏千金生擒此人。

重赏之下不乏勇夫，李左车摆出一副桀骜不驯的样子被绑缚到韩信的营帐中。韩信微笑着亲自上前为他解开了身上的绳索，恭敬地说道："让先生受惊了，韩某罪过！"李左车还有一点不明就里，韩信又让他到东面上座，在向李左车行过一个庄重的师礼后，自己才坐到了西面的下座上。

李左车见此，在受用之余，架子也放了下来，开始放松。他倒干脆得很，没有过多谦让和推辞，看得出他对韩信一向不乏敬意和好感。几杯压惊茶过后，韩信开门见山地问计道："在下想向北攻取燕国，向东攻取齐国，先生您看这如何行得通？"

"在下听闻败军之将不可以言勇，亡国之大夫不可以图存。而今在下为您的手下败将而已，哪有资格谈论此等大事？"

"先生多虑了！在下也听闻昔日百里奚居虞国为臣而虞灭亡，在秦国为臣而秦称霸，难道这是因为他在虞国愚蠢而到了秦国就变得聪明吗？只是因为他的话君主用与不用、听与不听而已……若成安君听取先生之计，在下早已被先生擒之，安得在此饶舌！幸得成安君不用先生计，在下才能得此良机侍奉先生！在下诚心以待，望先生不要再推辞……"

韩信一番礼贤下士之举令李左车完全扫除了顾虑，他们本来就都是那种愿为知己者死的人。李左车道："在下听闻'智者千虑，必有一失；愚者千虑，必有一得'，故曰'狂夫之言，圣人择焉'……唯恐在下的计谋不足以成就大事，只愿效一番愚忠而已！"

"呵呵，先生谦虚了，还请不吝赐教！"

"成安君也是人中之豪杰，不乏百战百胜之计，可是一旦失之，军败壁垒之下，身死泜水之上，竟落得如此不堪的下场，大将军您更高人一等啊……大将军涉西河，虏魏王，擒夏说于阏与，今又一举下井陉，不出一日竟破我赵军二十万，更诛成安君、擒赵王……大将军可谓名闻海内、威震天下，农夫们莫不停止田间劳作，备足上好的衣食，专等大将军您的一声令下，人人愿为您效劳！若此，大将军之所长也。"

"呵呵，这哪里是我一个人的功劳，这是大家的功劳！有请先生讲下去。"韩信笑着摆摆手。

"现在，汉军士卒劳苦，已不适合疲于奔命了！假使大将军您再强行出兵于千里外燕国的坚城下，恐怕很难轻易取胜。如此一来，士气必然也会受到影响，粮食补给也可能出现诸多困难，这就又为齐国防范汉军的进攻提供了准备时间啊……燕、齐两国既相持不下，那么汉王与项王的对垒相抗结果就会越发不明朗，长此以往必多生变故。若此，大将军之所短！在下愚钝，但也知道善用兵者不以短击长，而应以长击短。望大将军三思！"

"嗯，先生所言有理！还请先生具体指教！"韩信拱手行礼道。

"方今为大将军计，莫如按甲休兵于一时，镇守赵地而抚恤其孤老，令赵民心悦诚服，更成大将军得人之名……百里之内，大将军麾下须牛酒日至、好生款待，以善养士大夫，增添士卒们的锐气……然后，可派遣一能言辩士奉咫尺之书，将我之所长示于燕国，燕国一向弱小，今更闻大将军威名，必不敢不听从！燕既已从，再令使者东向告齐，齐国多征战，人心思安，亦必从风而服，虽有智者，亦不知为齐计、无以变大局矣。如是则天下事皆可图也！兵固有先声而后实者，此之谓也……"

韩信听过之后，拍手称快："好！先生虑事深远，受在下一拜！"他非常庆幸李左车没成为自己的对手，否则可要有大麻烦了，真是天命啊！群策群力才是克敌制胜的根本，尽管有时候难免"多则惑"，但有心之人自会择取善言。

虽然很多问题韩信也想得到，但却未必想得周全，起码他对很多外交上的事务还很生疏。最后，韩信自然是听从了李左车的计策，确实收到不战而屈人之兵之效。韩信派遣使者出使燕国，很快燕国望风归顺，此举更是兵家所追求的最高理想境界。然而现实总是有别于理想，杀戮很多时候绝非多余，比如对付齐国。

韩信又遣使回报汉王，并趁势请求立张耳为赵王，以镇抚其国。刘邦只得应允，不过他又忽而对张耳猜忌起来。说来，他们也不过势利之交而已。

人情薄如纸，不能不防！

6/　雨雪霏霏

项羽并不傻，他当然明白韩信及汉军的整个意图，他不想坐等内外交困的到来。于是在汉兵攻下赵国后巩固战果的间隙，项羽相继派出了好几支小规模的奇兵（游击部队），北渡黄河长途偷袭汉军，试图与汉军在赵地平分战果。

韩信及张耳多次率兵往来于赵地与楚奇兵作战，楚兵的实力有限，且粮草也没有保障，所以最终大败。如此也使整个赵地基本上被汉军牢牢地控制住，再无楚国奇兵猖獗。张耳与韩信于不久后向南发兵支援刘邦，以解他的燃眉之急。

当时，楚军正将刘邦紧紧地围困于荥阳孤城中，形势一度非常危急。这年（前203）六月，荥阳的汉军已经陷入无粮的绝境，在陈平等人的设计下，汉军于东门夜出女子两千余人，以吸引楚兵的注意力。这两千多女子个个全身披挂，引来了楚军大队人马的围攻和抢掠。接着，刘邦帐下的将军纪信又乘汉王车驾，冒称汉王向楚军诈降。趁此良机，刘邦得以与数十骑从荥阳城西门成功出逃。

刘邦正是用了一招"美人计"和一招李代桃僵才狼狈逃脱，接着他便与滕公夏侯婴一齐悄悄地来到位于修武的张耳、韩信两军的大营中。

他这不速之客甫一到达，便给张、韩二人来了一个下马威。

那一天，当刘邦到达张、韩的军营时，正是黎明时分，刘邦假称汉使之名急急闯了进去。此时，张耳与韩信两位尚在梦乡中，于是刘邦便又借机夺了二人的印绶和符玺，一路马不停蹄地迅速召集诸将会面。在这次特别匆忙的会面过程中，刘邦打乱原来的安排，重新做了布置。显然，此时的刘邦已经开始信不过张耳与韩信了，如今正是他时运最不济的时候，他自然害怕别人会忘恩负义、落井下石。

好在刘邦还没到泯灭理智的地步，刘邦一面命令张耳返回赵地老老实实地做他的赵王，中原的事已不须他再来掺和；另一面他又拜韩信为相国①，与萧何平起平坐（一在内一在外），并命他去赵、燕两地重新招募军队（可抽调原来守备赵地的汉军），然后向东攻打齐国。此时已经被项羽折腾得快发疯的刘邦只有一个最急切的想法：赶快打败项羽，让自己从楚军的噩梦中醒过来。

韩信自然乐得应命，虽然睡梦中被夺兵权一事令他好一阵失落。然而还算可喜的是，燕、赵两地既有骑兵之利，汉王也没忘了把擅

---

① 明初的开国名将徐达就曾为左丞相，只是位在右丞相李善长之下，后明朝改尚右为尚左。

长骑兵战术的灌婴给他派回来。

齐国地位特殊，看来又到了大干一场的时候。

张耳就要与韩信分别了，他到底也没有食言，当韩信正欲向他辞行时，张耳便适时地将自己好不容易寻觅到的一位绝代佳人赠予韩信。那是一个笙歌宴舞、丝竹不绝的良宵。虽然如新星一般横空出世的韩信以不胜酒力闻名，但是这一次他盛情难却，三杯两盏下肚后，这位战场上的英雄竟开始面红耳热起来。再加上那些靡靡的轻歌曼舞、醺醺的美女妖姬，一下就使血气方刚的韩信难以自持。本来像韩信这样功成名就的人臣纵然享受比这更奢华的一切都顺理成章，所以韩信的心理并未再多设防范。

韩信醉了，身上轻飘飘地被人架到了一处房间休息。他仅存的模糊意识告诉自己：这一晚定会叫人无比难忘。果然，他迷迷糊糊地被人脱去了衣服，感到有一个香艳的女人贴上了他的身体……

第二天上午，韩信清醒了过来。他穿上衣服撩开帷幔正想出去，无意中瞥见了正在一旁梳妆打扮的女子，他的目光当即就被吸引了过去。

单单注视她那美丽的背影就足以让韩信呆住，这夺人心魄的一瞬间，来得总是那样不期然。此时的韩信甚至更愿意化为一阵清风永远环绕在醉人的芳馨旁……

女子也听到了韩信发出的动静，赶忙转过身站起来请安。一切就定格在这永恒的一刹那——她的姿容真是娇艳极了，声音也是那样清新悦耳："大将军，您醒了……您有什么要吩咐的吗……"

"哦……不……"韩信鬼使神差般慢慢向她靠近，木愣愣地端详起她那美艳的容貌，那双别有风情、略带凄婉的眼睛，是那样动人。

女子不免有些羞怯，哪里敢去看韩信。她羞涩地低下了头，韩信不舍她就这样把头低下去，赶忙用手扶正那桃花一般的脸，喃喃说道："别害怕，以后让我来保护你……真美啊……好香……"韩信已经进入忘我之境了，不知是保护眼前的她，还是曾经的她？不知是眼前的人美，还是曾经的人美？不知是现在的她香，还是曾经的月夜花香……

韩信又呆望了好一会儿，一时间，他近乎忘却人间烟火。陶醉之际，他心中突然出现了虞姬的形象——虞姬正是他平生第一次真正感到由女子美貌带来的巨大震撼。他曾经暗暗发誓：自己这一生，无论如何也要从项羽手中得到虞美人，哪怕仅仅是片刻的拥有，纵是死也心甘。或者是得到一位姿色、风采不输于虞姬的女子，否则他定会感到人生缺憾，形同虚度。

赵王张耳果真有些眼光，没让自己失望。眼前的这个她除了欠缺一点成熟的韵致和小女子少有的大气之外，神采奕奕、顾盼生辉，更有一种说不出来的喜欢，仿佛与虞姬神似，韩信惊为天人。待韩信转醒过来后，激动得如痴如狂。

韩信顾不得处理那些紧急、棘手的军务了，他只是重重地将美人拥进自己宽广的胸怀中，然后便急不可待地向床榻走去……

待再一次平静下来后，韩信才终于询问起关于她的一切。

女子名叫云霏霏，名字由粗通文墨的母亲取自《诗经》中的"昔我往矣，杨柳依依；今我来思，雨雪霏霏"，这一句韩信打小便晓得。云霏霏说她家本是商人家庭，如今乱世，家人就把天姿出众的她献出来巴结像赵王这等高高在上的权贵。虽然父母也舍不得，但又有什么办法？她也只有认命了。

韩信信誓旦旦地说道："现在一切都好了，你是我的人，我不会再让你受到任何委屈和伤害！"

"嗯，从今天起，奴就只是大将军的人！生生死死，我都要跟着大将军……"

但是几天后，韩信对外愚内敏、谦卑有余而活泼不足的她感到失望了，她的样子看上去有些呆板、麻木，全然没有虞姬的坦然和从容。这主要是因为韩信没有真正了解她，她也和其他女人一样，还没学会知书达理。

失望之余，韩信心底越发对虞姬有难以抑制的热望——得到的东西不久便会觉得有缺陷，而得不到的东西却永远完美。

很快，就要步入而立之年的韩信又重新振作起了精神。他把云霏霏暂留在赵地，自己带领着新近组建的十万大军，浩浩荡荡地向东面的齐国杀去！他无时无刻不在告诫自己，那里正是他击败项羽，走向人生辉煌巅峰的必经之路，也是关键之路。

无论如何，他都要赢，而且还要赢得漂亮。

第八章

显功齐王

1/　假势灭齐

齐国在春秋战国时期一直是列国中的一流大国，先后有齐桓公、齐威王等称霸诸侯，因为拥有富庶的土地、发达的经济以及众多的人口，仅仅都城临淄就拥有七万户居民。后来由于齐湣王穷兵黩武、盲目轻敌，致使齐国树敌众多，最终在遭到以燕国名将乐毅率领的五国联军的打击时，险些亡国。从此，齐国元气大伤，一度降为二流国家。等到秦国相继消灭韩、赵、燕、魏、楚五国之后兵锋又直指齐国，当时齐国的实力已慢慢恢复到足可（凭借坚固的设防）与秦国分庭抗礼，但懦弱无能的齐王田建听信宠臣的谗言不战而降。

所以当韩信率领汉军直奔齐国时，尽管齐国曾于秦末遭受战乱，毕竟由于时日短暂、波及范围有限而没有再次伤及元气。当韩信大军刚一动身，有一个人的背影突然出现在韩信面前，这个人一身将军披挂，精神抖擞，非常英武。

韩信觉得这个身影好熟悉，他沉思了下，接着便兴奋地拖长了声音喊道："曹 —— 将 —— 军？"

那人也晓得韩信是在叫他，急忙转过身来，脸上还挂满了憨实的笑容。没错！此人正是曹参！这回可不是刘邦有意派他来的，以韩信现在的威名纵是十个曹参也看不住他，这次是曹参自己主动向汉王请缨才获准而来的。

曹参打马凑了过来，脸上仍然堆满了笑容，没容他开口，韩信便笑着说道："怎么，曹将军是要给大家一个惊喜吗？"

"呵呵，看大将军说的，我曹参哪配当惊喜啊！没经大将军许可我就跑来了，这是怕您赶我走啊……"二人互相欣赏，所以较之其他人关系要融洽得多。

"哈哈！好你个老曹，什么时候也变得这么油腔滑调了！而今正是大王用人之际，快从实招来，大王是怎么舍得你来我这里的？"

"大将军就是英明！大王一开始确实不肯放我来，可是架不住我老曹软磨硬泡，把大王弄得不耐烦了，结果大王大手一挥'去吧！去吧'，所以我这不就来了嘛……"

"啊？是吗？你为什么非要到我这里来？这样会不会让本将军有夺人之美的嫌疑？"

"看大将军说的，我好久没见着您了，心里实在想得慌……"

"那好吧，现在你既见着我了，赶紧回去吧，别让大王等得着急！"韩信故意认真地开起玩笑来。

"呀！看大将军说的！"没想到曹参直肠子的性子真着急了，"大将军可别赶我老曹走！不敢相瞒大将军，自从离了您，但凡和楚军交手，打的可都是些窝囊仗，十次得有九次是让人追在屁股后面打，剩下一次是双方都打累了，各自休战，倒可算作平手！唉，这样下去，怎能不让人寒心……我老曹虽然没什么特别的本事，可也是一个热血汉子，就凭着咱这一身还算不错的好身板，我也不能亏了它！所以，我老曹就是愿意追随大将军建立一番功业，大将军您神武盖世，我不敢奢求名垂后世，可是封侯拜相我老曹可是一直都做着这个好梦呢，嘿嘿，嘿嘿……"说到最后，曹参有些不好意思地傻笑起来。

是啊，建功立业，韩信自己不也是怀抱这个目的，才不远千里来到齐国，他当初开辟北线战场的想法和今日曹参甘愿追随自己的想法何其相似。韩信沉默了一阵之后，慢慢靠近曹参，他用右手使劲地拍了一下曹参宽阔结实的后背，正色道："大丈夫当如是！"

确实，曹参一生身披七十余创，终位居西汉开国第一武将，实在与他有意识地追随韩信分不开。曹参一生好学，有匹夫之勇、开拓之功，亦不乏安邦之智、治国之才，所以在萧何死后，他能够位居丞相，挑起西汉帝国的重担，故后世才有"萧规曹随"的千古美谈。

然而这一次，他要暂时失望了。因为等到韩信率领大军准备东渡黄河去东岸的齐国平原县时，突然就听到消息说汉王的特使郦食其已经说降了齐国。此时，一军主帅的韩信一时拿不定主意究竟是进是退。他虽然晓得齐国用的不过是缓兵之计，可是他们毕竟转变了态度，因此，韩信只能命令大军先行驻扎下来等候汉王的进一步指示。

此时的韩信还没有认识到自己今非昔比，已经掌握独立和主动权，初步具备了脱离对刘邦的依附的实力和机遇了，况且"将在外，君命有所不受"。

正在韩信犹豫不决、左右为难的时候，一名刚入幕的谋士主动站了出来。此人名叫蒯通（亦名彻），乃燕地范阳人士，已经五十多岁，深谙权谋，他是在不久前慕名投到韩信帐下的。蒯通极力主张攻齐，他审时度势，仔细为韩信分析了当今的天下形势，重点指出齐国的归附就根本上而言不可靠，他们不过是又一个魏王豹而已。现今齐国的力量比较强大，国家建制完备尤其不乏内部凝聚力，他们不可能衷心拥护汉王。

蒯通分析的内容正是韩信心中所想，但他仍忌惮攻齐会忤逆汉王。韩信到底不是政治高手。于是蒯通又进一步问道："大将军您既受汉王诏而平定齐地，汉王未跟您打招呼就命人说降了齐国，难道有诏来让您停止征伐了吗？"他没有把话挑明，聪明人之间会话，无穷之意自在言外。

"那倒没有，不过使者应该马上就会来了吧。"韩信仍旧没有开窍。

"恕在下直言，大将军您何其愚也！"蒯通究有些忍不住了，他继续分析道，"如今且不说齐国是否诚心归附汉王，单论功劳：郦食其一介纵横之士而已，仅仅凭借自己那三寸不烂之舌，不日之间乃下齐七十余城。大将军您呢？率领数万之众，不说将士们死伤几何，一年多的时间才平定了赵国不过五十余城。您为将数年，殚思忧劳，奋不顾身，难道反不如一竖儒之功吗？"

郦食其本系儒者，后因见汉王刘邦最是讨厌儒士，谒见刘时遂自称"高阳酒徒"，以个性狂放打动对方。不过以他生平行事而论，郦食其并不囿于儒家之说，多有纵横之能，这也是当时的形势使然。

"唉，先生这番道理自然不错，本将军心下亦多有不甘！可是若汉王怪罪下来，我等又该如何担待？"韩信本来就已经担心刘邦对自己不信任了。

"兵法云'将在外，君命有所不受'。大将军您今日只要看准时机临机处置一切，一旦大功告成，您的功劳和地位肯定无人敢于撼动，也无人能够撼动……而且齐地本不同于别地，多有地利之便，假使能收入大将军您的囊中，那天下大权则尽在您手中了……"

"还是先生虑事深远啊，我只晓得用兵打仗，呵呵，惭愧、惭愧……"

"大将军您谦虚了，其实本来汉王命郦食其游说齐国也是出于一时事急，只是为了让齐国能在东面牵制项王的攻势罢了，并不见得奢望其他。而且郦食其交给汉王的到底还是一只烫手山芋，假使大将军您交到汉王手中的是一只温香可口的山芋，那么汉王能不感戴大将军您的功德？孰利孰弊，望大将军明察……"

"好，先生一席话让我茅塞顿开，我这就传令发兵攻齐！"韩信不下决心则已，一旦下定决心则必有雷霆万钧之势。

上天也果真垂幸韩信，郦食其此次可算是帮了韩信的大忙。

本来齐国听闻韩信大军要来，齐相田横便命令齐将华无伤、田解二人带领数万齐军精锐驻屯在历下一带以防备汉军。当齐国通过郦食其与汉王刘邦顺利达成和平归附的约定时，便放松了在历下的戒备，每日与郦食其等汉使纵酒为乐。

汉四年（前203）十月，韩信在得悉齐军疏于防备的消息后，命令大军迅速渡过黄河，直扑历下。汉军出敌不意，以迅雷不及掩耳之势在不到一天的时间内就将历下齐军尽数围歼，其中大部分齐军被生俘。可怜势单力孤、全凭一张嘴吃饭的郦食其，齐王田广以为他出卖了自己，便将他活活地烹（煮）杀了。

遥想当年，燕国名将乐毅统帅五国联军在济水大败齐军主力后，一路马不停蹄地杀奔齐都临淄，还没容败退的齐军退守到临淄坚城，燕军前锋就已经杀到临淄城下。而这一次韩信也是故技重施，因为一旦让齐军败退到偌大的临淄城坚守待援（有内援也可能有外援），整个战场形势就有可能发生逆转。好在韩信在赵国时就想到了应对之策，组建起一支足够强大的骑兵部队。对韩信而言，完善、加强各兵种的配合正是治军急务。

因为赵、燕两国紧临边地，故而畜牧众多，而且境中不乏半定居的游牧民族。于是韩信干脆征召了不少善于骑射的牧人入伍，再加上他竭力购置的马匹①，这样汉军就得以组建一支近万人的骑兵快速部队，仍旧由长于骑兵战术的猛将灌婴率领。靠着这支兵强马壮的奇兵，汉军最终成功阻止齐军败逃临淄，并一举攻下繁华无比的圣都——临淄城。

齐王田广只得带领一支残军败逃到临淄东面的高密一带，他急忙召集使者向楚国求救；齐相田横则败退到东南面的博阳一带，齐守相②田光逃到西北面的城阳一带，将军田既更是一路狂奔到更东面的胶东一带。汉军的凌厉攻势将齐军打得四散奔逃，一时间断绝了相互之间的联系。

不给敌人喘息之机，这是韩信一贯的用兵风格。

项羽在接到齐国的求援信后，知道事态紧急，只是自己分身乏术，一时便干着急起来。

上次就因为他转而对付日渐猖獗的彭越，让刘邦钻了空子，以致手下的大司马曹咎与原塞王司马欣兵败自杀。所以这一次，他选择物色一位手下大将去领兵救齐，齐国比梁地远得多。

项羽思来想去，最后把大将的人选锁定在龙且与钟离眛二人身上。龙且的勇猛善战很像项羽，不过少了一些谋略，故而项羽担心他不是韩信的对手。钟离眛在项羽眼中一向沉默寡言，骁勇仅在龙且之下，但是却过分体恤他人，又与韩信有旧交，所以无论如何也不能考虑，搞不好还可能投到韩信一边。

陈平在关键时刻曾向汉王建议由他来负责重金收买项羽帐下的人员，令他们离间项羽与手下干臣范增、钟离眛等人的关系。刘邦采纳了陈平的建议，达到了目的，项羽对钟离眛等人日渐猜忌起来。

此时项羽又突然记起上次九江王英布反楚时，正是龙且带兵前

---

① 一般而言，合格的骑兵起码每人应满足两匹马以上的配置要求，后世善于长途远征的蒙古骑兵每人所配置的马匹就不下四五匹之数。
② 官职名称，应指代理丞相。

去镇压，结果大败不可一世的英布，最后英布败逃到刘邦那里。能把知名猛将英布打得这样惨，的确证明了龙且的实力，再加上项羽平时对他的观察和有意栽培，龙且应该不会让自己失望。

于是，项羽只好孤注一掷。他把二十万大军交到龙且手上，觉得人多势众更保险一些，看韩信怎么一口吃下去——项羽自己在中原可以暂时采取守势撑一撑。而且消灭汉军只是他要考虑的一个小方面而已，顺手再平定齐国才是更重要的。这二十万人马几乎是项羽家底的大半，项羽干脆地交给了一个勇猛有余才略不足的将领，并希冀他能够独当一面。项羽这一次仍然没有改掉赌徒的心性，他以为自己永远都是上天的宠儿，巨鹿一战他分明就是在赌。此次，项羽本来没必要下如此大的注。他再三叮嘱龙且要小心韩信的奇兵，毕竟韩信最善于出奇设伏。

他还是这样刚愎自用、自以为是，不然刘邦也不能用陈平的计策将他最终整成了独夫。虽然世上无必成之事，但一个人的失败并不总是偶然的。可怜虞姬正为她的爱人日甚一日地惴惴不安呢……

韩信拿下临淄城并巩固了周边一带，当他率领汉军主力到达高密以西准备围攻齐王田广部时，龙且所率楚军也到了南面不足百里的地方。

韩信尽力集结全部能够调动的汉军，再加上一些新招募的士兵以及从燕、赵两地赶来支援的人，共计约十五万，隔着一条潍水同二十余万齐、楚联军对峙。

汉军也加注了，一场楚汉间的空前大战即将在齐地爆发！由于一方赢得太过精彩、彻底，最终成为一场决定双方命运的决战。

2/ 决战潍南

韩信早已料定楚军要为保护自己的侧翼而干预齐国之事，但是他没有想到楚军出兵会如此神速，才不到一个月的时间。看来项羽已经完全清楚他韩信的分量，相当重视这个对手。当韩信得知楚军主帅是龙且时，露出了难以抑制的欢喜之色。从大处蔑视敌人，更当从小处重视敌人。韩信悄悄地带上了几个亲卫出去探察一下战场附近的地形，这几乎是他必不可少的军事准备活动。

韩信经常兴致盎然地对几位亲信讲些关于借助地形、地势排兵布阵的道理，比如如何优先占据地势较高的地方，迫使或者引诱敌人来攻击自己；也可以把敌人引诱到地势偏狭、行动困难的地方，予以迎头痛击；再或者是把敌人引诱到可以使用火攻、水攻反击的地方……总之，用兵的道理也和世上的其他事情一样，不是只靠使气、蛮干就可以成功的。有一次，韩信非常得意地跟部下讲了很玄乎的话："阵势或圆或方，或纵或横，敛合布散，倏往忽来，使人莫测。善用兵者，以少为众，以弱为强，逸己而劳人，伐谋而制胜，运乎阴阳，行乎鬼神，虽有勇者莫能施其力，智者莫能用其谋，斯为妙矣……大抵两敌相对，在审其强弱，识其多寡，以正应以奇变，奇正之用合宜，应变之方弗失，百战百胜之道也。汝等其识之！"属下听得一头雾水，彼此面面相觑，韩信自己也笑得不行，看来这帮人是没有天分了。韩信始终牢记用兵之道归根结底在于灵活机动，不能墨守成规，否则很容易陷入不利的被动局面；而争取最大的战场主动性，才是兵家克敌制胜的法宝。

此时已是旧历的十一月份，寒风呼啸、冰冻刺骨，如果战事延续下去，很容易影响部队的士气，造成难以预知的后果。

对于楚兵和齐兵来说尤其如此。他们是主场作战，士兵容易败散；而汉军有所不同，他们是客场作战，不会轻易逃散，因为他们离家太远，若擅自行动会很危险。因此，速战速决对齐、楚联军而言则更为有利。

韩信非常了解联军主帅龙且的性格，此人既不惯隐忍，又寡识无谋，凭的不过是一身血气之勇；虽然略识用兵之道，但又过于自满，常夸口说自己带兵十万即可横行天下；冲锋陷阵绰绰有余，但若是遇上真正的劲敌早晚必会失败。

包括杀人如麻、自负其能的项羽，他们强在一口气，衰也在一口气，只要让他们急着吐出那口气，便只有被动挨打的份儿了。就如同锋刃虽利却易于折断，这也是以柔克刚、后发制人的道理。因此，以龙且的性格来看，他必然会选择与汉军速战速决。

既然看透了这个问题，韩信就需要想办法利用龙且急于求战、急于成功的心理，促使其一步步踏入汉军的圈套，再予以迎头痛击。韩信最擅长的就是诱敌深入、巧设埋伏，问题只在于如何最大限度地消灭敌人保全自己——此次楚、齐联军兵多将广，最好能先行分裂敌人，才能消灭有生力量。

总之，曾经经历那么多的坎坷和失意，而今上天却如此垂青自己，弥补从前对自己的不公，这反而让韩信有些飘飘然了。想到这里，韩信内心涌起了巨大的喜悦：一旦打倒眼下这个貌似强大实则愚蠢的敌人，自己便可以脱胎换骨——他再不是从前那个寄人篱下、微不足道的平民韩信，而是雄霸一方、动摇天下的诸侯韩信！他可以决定这天底之下每一个人的命运。自然，他也可以得到一切他想得到的东西，尤其是原本只属于项羽的女人……而这一天的到来，他已经等待了很久很久了……

自信满满的韩信在一座高坡上俯瞰冬日的潍水，流淌不息的冰冷河水①令他计上心头。

楚军与齐军合兵于高密一带，在与汉军对阵之前，楚军中的一名谋士向龙且建议道："汉兵远斗穷战，其锋自不可当。而我齐、楚两军自居其地，一旦遭遇挫折，兵易败散。方今之计，不如力求

---

① 这个问题也值得注意，时当旧历的十一月份，潍水却不结冰；包括此前在十二月份进行过的巨鹿之战，看来那时的气候确实是与今天不同的。不过，它却深刻地影响了历史。

稳妥，深壁高垒、坚壁清野，再令齐王派出心腹干臣去策反汉军占领的那些齐地；一来他们听说自己的齐王尚在，二来又听说楚兵来救，一定会反叛汉军的，如此汉军就会腹背受敌。又得不到必要的粮食补给，他们一定会不战而降。"

"我看未必，你以为那齐王何人？他有如此贤德和号召力吗？"龙且疑问道。

"大司马可能有所不知，齐王虽贤名不著，但是齐相田横却名声在外，齐人必心向之……"

"呵呵，田横之徒本司马岂能不知！先时倒也交过几回手，不过尔尔！况且，田氏已据有齐国二百多年，本已大失人心，焉有复起之理？"

"但他们总归胜过外人吧！再者，汉军主帅韩信委实诡计多端，大司马您不可不防！"

这一回龙且忍不住大笑起来，乃道："不然！本司马平生最知韩信为人，容易对付得很！想当年，这小子寄食于漂母，说明他无半点资身之策；还曾受辱于胯下，又说明他无丝毫过人之勇。如果这样的无勇无谋之徒我尚且还要畏惧的话，那岂不让天下人耻笑！哈哈……"

"大司马此言差矣！韩信当初寄食于漂母，只不过表明他不谙谋生之道，或是他生性高傲，不屑为鄙事①而已；受辱胯下也不过一时忍小忿而就大谋，此正是韩信之过人、高明处！能怀他人所不能怀，能忍他人所不能忍，此种人岂是易与之辈？犹猛虎在笼，不发则已，一发必置人于死地！望将军三思……"

"呵呵，休要长他人志气！过去是这小子幸运，没犯到我手里，不然本司马早把他给收拾了，何至于有今日之患！就是魏豹、陈馀这帮竖子成就了这小子的大名。哼哼，让老子来好好教训一下这个狂妄之徒吧！"

"大司马此言又差矣，假使魏豹、陈馀确不足道，可是韩信能

---

① 孔子自言自己年轻时候"多能为鄙事"，此处"鄙事"当指生产劳动。

够奇计破魏，又一日大败二十万赵军，难道凭借的都是侥幸吗？吾观其人智略大出常人，为龙为蛇，固深不可测，大司马您不得不防！还请您切记项王的再三叮嘱，小心为是……"

"是！是！是！就算你说得都不错，可是你来说说，咱们而今兴师动众、不远千里到这齐国来，究竟又是为了什么？难道就眼睁睁看着汉军不战而降，然后咱们无功而返？再说，我军粮草也并非容易为继，天下大乱都好几年了，士兵们可都盼望着能回家与亲人团聚！如果我们能够一举打败汉军，那么齐国的大半就必将落入我掌握中……"

"可是，大司马，如果我军失利又当如何？汉军一败，齐军又焉是我军敌手……"

"呵呵！不过就是赌一把罢了，又何惧哉？我一世英名，如果今日我果真不幸败在韩信手里，那么就证明这小子的确有过人之处，我甘拜下风，心服口服，死而无怨……不过我还真不相信韩信有能耐一口气吞下我二十万大军，你相信吗？"

"可是……"

"好了，没什么可是的了，我意已决！休要多言，凡再扰乱我军心者——斩！"

"骄兵必败，大事休矣……"谋士最后小声嘀咕道，龙且因为没听清也就没再跟他计较。

很奇怪，决战的双方竟然不约而同地相信此战已无悬念，难道成功如此轻松？

潍南决战的那天，阳光朗照，北风也减去了不少寒意，双方甚至可以看见彼此军阵反射出的闪闪亮光，就像跃动的鱼鳞反射的金光一样。不过鱼鳞辉耀出的可是欢快、活泼的气氛，而不是这窒息、逼人的杀气。尽管大多数参战的士兵一见这场景就抑制不住兴奋，但心底却并不好过。韩信自己也忍不住心酸，不知又将有几万颗人头落地。

当龙且看到汉军严整的军容时，不由地感叹道："看来韩信的身子骨真是硬了啊！"不论汉军兵力的多寡，单是韩信排兵布阵的本事就足以令龙且刮目相看，他不禁纳闷：难道韩信的本事真的都是从书上学来的吗？也许这小子走了好运，得到名师指点了？好在他也不是吃素的，到底从项羽那里学过几手还算得心应手的阵形。

两军交战的第一回合开始了。汉军首先派出自己的精锐力战楚、齐联军，双方打了个平手。一个多时辰以后，第二回合开始了，汉军的非精锐部队几乎难以招架楚军，早早鸣金收兵。半个多时辰后是更大规模的第三回合，这一次汉军的主力部队倾巢出动，楚、齐联军也派出了最精锐最强大的主力部队，双方又经过了一个时辰的鏖战后，人数上并不占优势的汉军渐渐处于下风。

三次较量下来，龙且已经基本断定汉军的总体实力，他看着得势的楚军将士忍不住大笑起来。先前那位谋士站出来给他浇了一盆冷水："大司马，咱们还不能高兴得太早！在下听闻韩信手下还掌握一支精锐的骑兵，如今不见骑兵上阵，不知打的什么主意，咱们当小心为是……"

人才总是有的，就在于人主能不能用。当初赵国有一李左车而不用，魏国有一周叔①而不用，否则韩信不会轻易得计。

龙且确实被出征前项羽的那番训诫触动了，因此他对这位谋士的话，既非用，又非不用，只是无法轻易判断而已，"好吧，本司马小心从事就是！我军骑士也不是吃素的，待会儿让他们先从两翼靠上去！看看韩信何能为也……"

汉军见势头不好，再次鸣金收兵，可是急于取胜的龙且怎么可能见好就收。虽然已至中午，很多士兵都有些饥饿，可是已经无法抑制兴奋劲的龙且大叫一声："大楚的兄弟们，你们建功立业的时候到了！跟我杀啊……"一贯喜欢冲锋在前的龙且这回是真忍不住了。楚军全线出击，汉军奋力抵挡一阵后根本无济于事，韩信下令全军赶紧后撤，一口气撤过了此时已经干涸的潍水。

看汉军的狼狈之相，哪里可以跟传闻中的威武之师相提并论呢。

当龙且带人追到潍水河边时，只看到干涸的河床上已经被汉军

---

① 可见之于《汉书·韩信传》，此人乃魏军中颇令韩信忌惮的干将。

踏出一条通途，上面横七竖八躺着汉军尸体，看来韩信这一回真是碰上钉子了，龙且叹道："真是天助我也！"正当龙且要渡河时，手下谋士又冒出来，伸出手臂劝阻道："大司马，有异常啊！您仔细想想，这水怎么说干就干了？"

"嗯？是哦……"这下引起了龙且的疑问，他也有些纳闷，为求谨慎便先行停了下来，但并没有制止楚军前锋对汉军的跟进追击。

龙且的停留让潍水对岸早已严阵以待的韩信惊出了一身冷汗，他实在没有料到龙且居然也似妇人般心细了起来，看来长年的征战确实让一个人学乖了。这一次，他确实轻敌了。

3/ 横断潍水

"报——！大将军！目前仍没有龙且过河的迹象！"当韩信立马于潍水北岸十几里处的一座高坡上时，一名手下骑乘着快马向他报告道。

"好！再探再报！"

"报——！大将军！还是没有龙且过河的迹象！"一刻钟以后，手下又来报告道。

"再探再报！"韩信不相信一个龙且会这么难对付，一定有高人在背后指点。

"大将军，传令吧！再迟一些楚军可都要过来了啊！兄弟们还能招架得住吗？"说话的正是骑将灌婴，他一直待在大将军的身边等候命令，他不是求战心切，而是觉得楚军可能马上就要越过汉军的伏击圈了，因此心下着急得很。

"不！再等等，再等等！"韩信一手勒紧马缰绳，一手按紧了那柄几乎从不离身的宝剑。

"大将军！在下一向最佩服您的天纵英明，可是古人云：智者千虑，必有一失；愚者千虑，必有一得。今楚兵势大，而我军实力单薄，若求一战吃掉楚、齐联军确实……为稳妥计，不妨今日咱们先行灭了他一股，杀杀他们的威风，反正来日方长！望大将军三思。"灌婴不依不饶。

韩信一反常态，极不耐烦："灌将军，你休要多言！本将军自有分寸！你退下吧！"

韩信一向不怒自威，别人休想窥透他的心思，碰了一鼻子灰的灌婴只好老老实实地退到一边。过了一会儿，曹参也急匆匆地赶来了，可是却一样被韩信的卫士挡在了一旁。

"报——！大将军！还是没有龙且过河的迹象！"又是一刻钟后，那名手下再来报告道。

"再探，再报！"

这时候，韩信周围的空气也都跟着凝固了，他身边没有一个人敢发出任何声响，大家都在默默等待主帅关键时刻的一声令下。韩信下定决心要赌这一把，他非要一战取龙且性命不可！

"哈哈哈……"韩信突然仰天大笑起来，大家的精神不但没有放松，反而更紧张了。这场面太诡异，让人太难以捉摸了……

此时一直在潍水南岸举棋不定的龙且为求万全，赶紧让手下抓了几个附近的村民询问关于河水的事情。

这些村民便老实回答说，别看潍河宽几十丈，河水平日里也就一人多深，因为前些年雨水太盛冲坏了两岸河堤，今年雨水又稀少才使大冬天里断流的，他们也搞不清楚是怎么一回事。

龙且终于放心了，胸口一块石头落了地。这时楚军已经过去差不多一半人马了，龙且重又上马道："老子还就偏不信韩信真有本事把咱二十万大军一口气吃下去！"接着龙且率领亲卫部队慨然渡过了潍水，齐军则多未过河。

虽然未及探子再报，韩信却已经感受到对手的到来……

虽然韩信笑得突兀，但并非没有道理，他凭借直觉预感到龙且渡过了潍水。是啊！又是通灵的直觉！这有些神秘，但也主要基于他对楚军兵势的细致观察和对龙且个性的判断。

当龙且下令悬赏万金活捉韩信的时候，韩信给灌婴下的命令却是——不留活口，务必取下龙且首级。

"传我命令，发信号放开潍水，全军开始反击！"

"大将军，真的不等了吗？"纳闷中的灌婴忍不住问道。

"灌将军，这回就看你们的了！龙且已经过河了！"

"啊——？大将军何以知晓？"

"休要多言，我摆庆功酒等着将军！"

"诚如是，大将军真乃神人也！"说完，灌婴赶紧掉转马头去自己的部队。

果然，军令一下，先前像没头苍蝇一般的汉军没有再继续后退，凭借着有利地势和先前构筑的工事开始对楚军反击。令楚军大出意外的是汉军居然还有相当一部分用作埋伏的人马正以逸待劳。战场上空突然响起了一阵阵雄壮的号角声，同远处的号角声连成了一片……更令楚军意外的是，汉军伏兵中大部都是弓弩部队——这些弓弩部队面对着楚军的追兵摆出了奇特的环式阵形（韩信将此阵命名为"迭阵"）：排布在弓弩手前面的是一支由长枪手、盾牌手组成的掩护部队，他们呈一字整齐排开，身子蹲地，长枪的锋刃一致端平向前；弓弩手又分为层次分明的三队，由普通弓箭手组成"强弓手"、由射术精准的弓箭手组成"神射手"和由弩机手组成"强弩手"。此"迭阵"是韩信的战术创新，正是为对付强大的楚军尤其是楚骑兵而专门设计和排布的。首先，在楚军距离还比较远的时候，先由那些射程最远的"强弩手"射杀敌人；当楚军近一些的时候，再由射程次远的"神射手"射杀敌人；最后当楚军再近一些的时候，就由"强弓手"一展身手。当敌人付出巨大代价冲过这三道防线时，再由长枪手拼死阻挡。

汉军的抵抗一下变得顽强有效，而刚才还胜利在望的楚军却被当头棒喝给打蒙了，别说追击人家了，能保证人家不反追过来就已经很庆幸了。双方一下子陷入了对峙。半个多时辰后，龙且赶到了两军交战的最前沿。此时，他和韩信已经快要可以望见对方的主帅旌旗了。一向粗中有细的龙且到底还是产生了不祥之感，上次大司马曹咎与司马欣的惨败，就是在大半大军渡过河去时遭到汉军的偷袭，今日的潍水却似如履平地一般，难道……龙且不敢想下去了，这一次汉军的举动实在太过诡异。可是不管怎么说，撤退肯定是来不及了。

"大司马，大事不妙！趁着现在军心尚稳，咱们就向前杀出一条血路吧！"那位忠实的谋士适时拔出身上的佩剑，以表明决心！只可惜他择主非人，以至最终丧命乱军之中，在历史上都未能留下自己的姓名。

"韩信看来真够狡猾！好，跟他拼了！"

龙且下令强攻汉军，他自己亲率主力部队向着韩信所在的中心方向猛冲。

不一会儿，双方各自在望了，韩信仍在那座地势并不陡峭、四周也无所依托的孤零零的高坡之上 —— 他骑着一匹白色的高头大马，身着一袭鲜明的白袍，外面围系着长长的黑色披风，格外扎眼。帅旗也高高扬起，就是想吸引龙且进攻。龙且已到了山坡之下，见到韩信那副招摇相，恨得牙根痒痒："你别臭美！老子一会儿就要你好看！"

"大司马，小心有诈！"谋士又忍不住提醒道。

"怕什么，他分明就是瞧不起老子！老子一定要他好看……"

仇人相见分外眼红。尽管曾经并肩作战过，可早已分道扬镳。假使没有这场战争两个人兴许会老死不相往来，但既然各为其主，今日定要决个高低输赢。

楚军在龙且的指挥下重新休整、部署过后，便开始了第一轮的锥形攻势，这是一支重装的铁甲之师，因此一般的弓弩并不容易伤到他们。然而，令龙且大感意外的是汉军居然使用了秘密武器 —— 抛石机①，这可以说是那个时代最恐怖、最厉害的远程武器！

抛石机的威力使楚军的攻势越发困难，战事慢慢胶着起来。可是，哪怕前面是刀山火海，龙且也要闯一闯。他已经下了死命令，

---

① 抛石机第一次正式出现在我国的文献记载中是《三国志》的官渡之战，它证明了东汉的机械制造及科技水平之高。然而，那应该是比较高级的抛石机，简单的抛石机在战国时期就出现了。早韩信一百多年的亚历山大在掩护部队渡河时也曾使用过类似装备。

敢有后退一步者杀无赦，龙且还亲自率队冲锋，楚军的士气又一时大盛起来。

韩信在山坡上稳如泰山，他知道龙且仰攻是犯了兵家大忌！只听韩信小声嘀咕道："其实你我本没有什么了不得的仇怨，让我从你的尸体上踏过去吧，若有来生，我定当厚报！委屈你了……"

眼看楚军就要攻上山来，韩信命令道："准备投枪！"面对如蚁聚一般涌向山坡的楚军，韩信反而并不着急，他在让楚军尽量靠近自己。终于，当楚军的叫嚣声震彻了整片战场的时候，韩信一声令下，数以千计居高临下的投枪一齐向着楚军飞去，伴着一阵鬼哭狼嚎，楚军只得暂时后退；不一会儿楚军又试探着攻上山，待他们接近山头的时候，又是一阵疾风骤雨的投枪，一阵鬼哭狼嚎……

楚军的战斗意志相当顽强，不愧为项羽带出来的兵。就在此时，楚军的后军开始大乱，"不好了，不好了！潍河发大水了……"不安的情绪迅速传遍所有正在同汉军作战的楚齐联军，军心大乱。

"娘的！这回恐怕真着了韩信的道儿了！"龙且有些慌了。

"大司马，您的安危要紧，要不咱们赶紧再撤过河去吧！兴许还来得及……"

"不行！成败在此一举！"龙且仍旧很坚决，他不会轻易服输，主帅尚在，楚军很快稳定下来了，他们准备做最后的突击。就在此刻，韩信对整装待发的灌婴说道："一切就全看将军的了！"

"大将军放心！今日有他龙且便不再有我灌婴……兄弟们，跟我来！"

近万名饱餐战饭、蓄势待发的精锐骑兵似猛虎下山一般，以雷霆万钧的气势直扑龙且的中军。顿时，战场上空被一片高高扬起的沙尘遮没……

骑兵出击，这正是韩信的撒手锏。

原来，在这场大战的前夜，韩信偷偷命人准备了上万只沙袋，硬是截断了冬季的潍水径流，在恰当的时候再决开潍水，将楚军分割成首尾不得相顾的两段，令楚军惊慌失措，从而实现其半渡而击的战术效果。纵观整个中国战争史，用兵之奇莫过于韩信的壅囊断水，它亦堪称因时、因地制宜且灵活用兵的典范。不得不说这样的不凡构想，只有天才能够想得出来。

当河水一下子冲下来时，由于先前围堵，刚决口时的水势很大，不少正在渡河的楚兵都被冲倒了。还好他们是楚国人，几乎人人都是游泳的好手，大不了扔掉盾牌、脱掉铠甲再游上岸。可是，越来越急的河水后面跟着一支规模不大但士气正盛的汉军，他们备足了弓箭，一致高声呐喊，鼓角也跟着震天响，就是想从气势上压倒楚军。果然，楚军被汉军迅速拦腰斩断，加之四面骤起的喊杀和擂鼓声，不知有多少伏兵，军心一下就动摇了。楚军的阵势迅速被汉军冲乱了，尤其灌婴率领的汉军精锐骑兵更是不避锋芒、敢死敢冲，以排山倒海的气势冲破了龙且中军的防御，不惜一切代价地杀向龙且本人——这就是后世所谓的"猛虎掏心"，也是韩信曾经向项羽建议过的一种战术。

当时，韩信在山坡上看得真切，尽管楚军还在垂死挣扎，但灌婴没有令韩信失望，他们在层层突破楚军的防守，此时双方的搏杀已达到铁血浑融、白刃相接的炽热程度。韩信的心提到了嗓子眼，恨不得杀出去助灌婴一臂之力。

"灌将军，好样的！"韩信忍不住高喊道，他的卫士也早已忍不住了，大家跟着高喊起来："灌将军，好样的……灌将军，好样的……"山下听到喊声的灌婴更加来劲了。

灌婴本是魏地睢阳人，原为当地一不起眼的小商贩，后加入刘邦的义军。他多次立功，曾被封为七大夫、昌文侯等，以骁勇善战著称。灌婴入齐以来的主要战绩：在击破历下齐军的战斗中，灌婴俘获齐军车骑将军华毋伤及将吏四十六人；在攻降临淄的战斗中，又俘获齐守相田光（后逃脱）；在追歼齐相田横至嬴下、博阳（县）一带过程中，大破骑兵，斩敌骑将一人，生擒骑将四人；顺利攻下嬴下县和博阳县，破齐将军田吸于千乘，最终斩杀田吸，战绩相当辉煌。专程赶来立功的曹参打得也不错，再完美的计划也需要得力的人来执行。

"顶住，顶住！"这一回龙且彻底慌了。他被汉军惊人的战斗

250

力震得呆住了，只得喃喃道："这个……灌……婴……好生……了得……"不过这一次说什么都晚了，汉军的包围圈越收越紧。

龙且的亲卫军誓死保卫着主帅，可是由于汉军骑兵不顾一切的冲杀和战术优势，灌婴部又激战了一个时辰之后接近了龙且本人。汉骑兵在紧紧困住龙且等一撮人马后，几百根锐利的矛枪一齐掷出——龙且的战马被当场刺死，龙且本人也被刺成重伤，他在弥留之际终于认输了："韩信，我龙且……这辈子……算是真服了……你小子……"

主帅一死，楚军全线崩溃，而汉军越战越勇，那些勇敢的骑士们在灌婴的率领下出色地完成了既定任务——不仅一举斩下楚军主帅龙且的首级，还生擒了楚军右司马、连尹各一人，楼烦①将十人，灌婴本人生擒了楚亚将周兰。真正的英雄都是以超人的斗志和毅力在战场上浴血博杀出来的，汉军的惊人实力再一次深深地震动了楚军，尤其是作为楚军主脑和灵魂的项羽。

天色渐渐暗了下来，汉军举着龙且的首级向还在继续顽抗的楚军士兵招降，眼见主帅已经阵亡的楚军士兵阵脚彻底大乱，只顾一个劲儿地向身后的潍水涌去。汉军对他们穷追不舍，除了少部分人侥幸渡河逃散外，楚、齐联军大半被杀，数万人被俘。韩信下令对南岸溃散的联军一路急追不舍，直到在潍水东面的城阳（当时齐国境内有两个城阳）追上并俘虏了齐王田广为止。

汉军除了一路追歼败散的楚军，继续扩大战果之外，灌婴所部又势如破竹、横扫齐境。当齐相国田横听闻齐王已死时，便自立为齐王，可是不久即被灌婴部击败，田横只得带了少数随从逃亡到梁地，悄悄投奔到与自己一向交好的彭越帐下。曹参部则进击齐将田既于胶东，杀之，数月之间，汉军尽定齐地。

汉军最终取得了自开战以来最辉煌、最有决定性意义的一场胜利，它成为楚汉战争的真正转折点。当胜利的消息传到汉王刘邦那里时，他的第一反应自然是惊喜不已，他没有料到韩信是个军事天

---

① 属于北狄的一支，以其兵将强悍、善于骑射闻名，楚汉战争之时双方都有楼烦战士，他们基本属于雇佣兵性质。

才，多亏萧何不遗余力的荐贤。当刘邦后来总结韩信的战功及统帅才能时，他老实地承认道："连百万之军，战必克，攻必取，吾不如韩信。"

不过，韩信后来的举动又让他很快敛起了笑容。

当韩信挟着胜利的余威骑着高头大马再次进入繁华的临淄城时，军民们无不齐声向他高呼万岁。在这荣光普照、遍体通顺的一刻，他感到了生平从未有过的巨大的自豪感和成就感，无论从身份地位还是个人的思想观念上，他都完成了真正意义上的人生蜕变。韩信清醒地意识到：自己再不须像过去那样小心翼翼、低三下四地做人，他现在足可傲然于世。

满盈则溢，只是一向看重人生进取的韩信真没仔细想过这个问题，也不愿意思考这个问题。假使一辈子注定要生活于黑暗之中，那么他宁愿选择成为那一只扑火的飞蛾，虽殒身但无悔！

从自信到自负，仅一步之遥。

4/ 雪上加霜

楚汉战争的中心战场在河南的荥阳、洛阳一带。这里地势开阔、沃野千里，既是兵家必争之地，又是让角逐者难分高下的地方，坚固的城防众多，易守难攻。这是韩信早就充分认识到的。

本来区区一个刘邦绝不是项羽的对手，可是由于中原地区特殊的地理环境，加之汉军又有源源不断的生力军补充，让不可一世的项羽一筹莫展，消磨掉了不少锐气。后来，彭越又在东北方向的梁地崛起，更从侧面有力配合汉军的进攻（更毋论韩信的惊人之势），所以项羽的心情一天比一天急躁、一天比一天不安。

楚军的粮草供应也越来越紧张。于是项羽一怒之下揪出他先前俘虏的刘邦老爹刘太公，让人传话给刘邦："若是再不投降，我就煮了你老子！"

刘邦听闻这个消息后，初时一阵惊慌，他不担忧老爹的性命，而是担忧自己可能蒙受恶名。可是他很快便镇定下来，让人回复项羽："我与你曾经一同侍奉、受命于（楚）怀王，还盟誓做兄弟，我父即汝父，今汝定要烹杀老父，便请分我一杯羹汤喝吧！"

刘邦委实有些厚颜无耻，项羽被激怒了，想动手先杀了刘太公以泄愤。可是这时一向与张良通好的项伯及时站出来制止了他："王侄，莫急！而今天下大势还未分明，万不可感情用事！再说，图谋天下之人焉顾及家人安危？王侄今虽杀刘邦老父，又何益也？平添祸患而已。"

项羽听完此话后渐渐平息了怒火，这事暂时平息了下去。

没多久，异想天开的项羽又让人传话给刘邦："天下动荡不宁许久，只是缘于你我二人不和。既然如此，今只需本王和你汉王单独挑战一场，一决雌雄以定天下，免得众多父子兄弟再累受征伐不宁之苦，如何？"

到了知天命之年的刘邦哪是刚到虎狼之年的项羽的对手，再说这样的办法也亏项羽能想得出来，项羽何其天真！故而刘邦推辞道："本王宁斗智，不斗力！"

项羽无奈，眼看汉军只是一天天深沟高垒却并不出战，白白消耗难以为继的楚军。于是项羽又从军中挑选了一些嗓门洪亮的壮士到汉军阵前大骂、叫战，结果都被汉军射死了。项羽大怒，亲自披甲持戟前往挑战，一阵咆哮后，吓得那些人灰溜溜地钻入壁垒不敢出来了。

后来，项羽与刘邦又隔着一条广武涧开始对话了。这一次，项羽居然还没忘和刘邦单挑的事，不想刘邦情急之下竟当场历数项羽的十大罪状，以示自己的吊民伐罪之心："项羽你且仔细听好：汝负诸侯之约，王我于蜀、汉偏僻之地，罪一也；矫杀卿子冠军宋义，罪二也；救赵得胜却未还报怀王，擅自劫持诸侯兵入关，罪三也；烧秦宫室，妄图掘取始皇帝陵墓，私自占其财宝，罪四也；擅杀秦降王子婴，罪五也；诈坑杀秦子弟于新安二十万众，罪六也；封诸将为王而迁徙放逐故主，罪七也；将义帝怀王驱逐出彭城，而自立，又兼夺韩王之地，并吞梁、楚，罪八也；使人暗杀义帝于江南，罪九也；为政不平，王约不信，天下所不容，大逆无道，罪十也……我刘邦而今兴的是义兵，联合的乃是同心的诸侯，一同诛杀你这个残贼！本王还要驱使那些和你有仇的罪犯、刑徒去攻打你、羞辱你，又何须同你一般见识，何苦和你单打独斗呢？哈哈……"

项羽被老奸巨猾的刘邦彻底激怒了，他暗中布置了弓弩手袭击疏于防范的刘邦，没想到一箭就射中了刘邦的胸脯，好在这支箭力道一般，否则非要了刘邦的小命不可。然而刘邦机警得很，他为了不让人发觉真相以免扰乱军心，当即捂住自己的脚趾大声喊道："娘的，射中老子的脚趾啦！"双方隔得太远，超出了弩机的有效射程，所以项羽分辨不清刘邦的真实伤势。

刘邦因疼痛而俯卧着不方便起身，但张良却晓得士卒们正疑惑着汉王的伤势，所以他强请刘邦起行劳军以安定军心，免得楚军夸大宣传借机捣乱。最终，刘邦采纳了张良的建议，不顾伤痛在军营中兜了一大圈。可是归来之后，伤势加重了，刘邦干脆躲到成皋城中休养去了。

楚军的日子越来越不好过，汉军胜利在望，可是只要项羽活着一天，刘邦就会为此心惊胆战，他被项羽折腾怕了，项羽成了他一辈子都再难醒转过来的噩梦。这时候的刘邦感到心力交瘁，他清楚项羽是一个极难对付的敌手，可自己一大把年纪又不能不苦撑着，唉，他多么希望赶快过上平静舒坦的日子！所以，一旦有人让他更不舒坦的时候，他禁不住勃然大怒。这个让他更不舒坦的人正是韩信。

5/ 见封齐王

韩信自攻占齐国以来，已经飘飘然了，不过因为项羽还没有被彻底打倒，他还没忘记繁忙的军政事务。闲暇之余，韩信最急不可待要做的事情就是去参观位于齐都临淄城稷门附近那座闻名一时的文化学术中心——稷下学宫。

当年，对于初出茅庐的韩信而言，最理想的求学问道所在地莫过于此。只是这里离家太远，在资用上颇令他感到有心无力，当时的下邳城及恩师颇有盛名，他便只好退而求其次了。虽然那时的稷下学宫已经随着齐国的灭亡被秦王朝公然取缔了，可是齐国，尤其是临淄一带作为当时天下文化中心的显著地位却无法动摇。这种地位的奠定绝非偶然。整个战国时期，三晋纷乱，楚保守落后，北燕几乎不值一提，秦虽是新兴，而文化未盛。如此一来，经济发达、文物繁盛的齐国，自然担起了引领文化潮流的关键角色。不仅如此，自从战国中期齐国取代鲁国的文化中心地位以后，整个秦王朝与西汉时代皆是如此，哪怕当时的政治中心一直在关中。直到东汉时期，这种局面才有所改观，不仅国家的政治中心开始慢慢转移到帝都洛阳与帝乡南阳一带，文化中心也未能摆脱这种命运。

那是个晴朗的上午，冬日的严寒让这里变得格外寂静。

起初，韩信不想让众人扰了自己的好兴致，于是便让大家等在门口，自己独自进去。

当韩信推开学宫那道庄严、肃穆之门时，距离齐国灭亡、学宫被取缔才不过十八年的时间，因此整个建筑格局，尤其是那股浓郁的文化气息依然灵动鲜活。仿佛那些由无情的岁月积聚起的灰尘也不过是昨天的事情，先生与学子们也才刚刚离开，他们讲学、论道、谈笑的声音依然回荡在耳畔，回荡在每一根柱廊、每一张书案之间……感慨万千之后，韩信想到，假如自己生在一个太平之世，那么他这辈子也许会是个了不起的学者，可以从容入仕，总之他的一生绝不可能甘于庸碌。韩信终于站累了，走出来和大家坐在一块休息。好奇的甘阳问道："大将军，这里是什么地方啊？还劳驾您大冬天亲自跑一趟？"

"是啊，大将军，这里一定是啥了不得的地方吧？"申龙也跟着插嘴道。

韩信微微一笑："没错，这里本是齐国著名的政治文化中心所在地，你到里面看看那个牌子上写的字……"

"稷下学宫？"两人进去了一会儿后马上就出来了。

"对！它因咱们刚才来时穿过的那道稷门而得名。此学宫由齐桓公专门设立，并非姜齐的桓公，虽然田齐桓公的功绩不多，但这座稷下学宫足使此君不朽矣……"

"大将军，那稷下学宫到底是做啥用的？"

"用处自然大了去了，学宫成名之士既可以充当政府智囊，干预国事，又可著书立说、广收门徒以成一家之尊……如欲平治天下，则当今之世舍我其谁①……呵呵，何其豪迈！"

"可惜，大将军说的我们不甚明白，唉……"

"孟子、荀子大名，你们可曾听过？"

"听过听过，如雷贯耳呢，就是大家彼此不怎么熟悉，呵呵……"

"好你个甘阳，什么时候也变得如此油嘴滑舌了！"自打两人跟了韩信以后，三年多了，他们也开始慢慢变得活泼了。虽然有违当初韩信用人的初衷，但他打心底里还是挺高兴的，不然他可要憋闷坏了。韩信乐呵呵地说道："其实，孟子、荀子二位的大名就是从这里传扬出去的，以致最后名动诸侯……还有一些了不得的名人如邹衍、淳于髡、田骈、接子、慎到、环渊之徒，他们虽不过问国家政事、只一心学术议论，也皆赐列第，为上大夫，为世瞩目……"

"大将军，那他们整天在这里白吃白喝、空口白牙有啥用？"

"哈哈！白吃白喝？空口白牙？你小子就知道下地干活才是诚

---

① 语出《孟子·公孙丑下》。

实劳动……没有坐而论道，哪有'百家争鸣'，齐国又何以致千里之奇士、总百家之伟说呢？就连先时秦国丞相李斯也是打这里走出去的，小子识之，人才乃国家之本！"

"哦，小的明白了！这里可真是个专门造就无价之宝的地方啊！"

"呵呵，不错不错！你能这样想，真是没白跟了本将军一场……"

连一个孤陋寡闻的武夫都有了这种觉悟。因此，等韩信回到治所后，便决定马上恢复学官，治国离不了贤才，而办学又是培养人才的根本。韩信沉不住气了，他自忖建立了如此不世之奇功，只要他始终保持一颗忠心，汉王定不会亏待自己。而且他一直以来就有跻身王侯的梦想，如今眼看机会就要到了，所以他有些急不可待地命人向刘邦请示道："齐国人伪诈多变，势利反复，尤其是它紧靠南边强敌楚国，因此为加强政权，请求汉王任命我为齐'假王'以代行督导之责！"韩信想让刘邦放权，以强化齐国之军事政治。

可在刘邦看来，这分明就是韩信在向自己要权啊，虽然名为"假王"，但"王"就是"王"，它与昔日将、相的身份地位不可同日而语；而且自己也只是一个"王"，还未正式称帝，所以韩信此举颇有要与他并驾齐驱的嫌疑（张耳不同，本就是诸侯王，自与作为诸侯盟主的刘邦关系不同）。虽然按照韩信的功绩和先前的约定，割土封王在情理之中，可是一旦主动邀功，便使问题的性质起了变化。

此时的韩信对此浑然不觉，他是政治和人情的外行，这一路又走得过于顺利，难免让他昏昏然了。成功来得太早，往往并非好事。

刘邦看完韩信的使者递上的来书，先是勃然大怒，然后泼性不改地破口大骂："好你个韩信！老子被困在这里这么长时间，每时每刻都在盼望你来帮我打败那该死的项羽，可你倒好，有了点小功劳就想着自立为王！良心都让狗吃了吧……"

看到汉王动怒，使者却镇定得很，他比刘邦看得清楚：韩信不再是刘邦帐下那个任他呼来喝去、随便处治的将军了，他已经名高功就、今非昔比了！而此时的刘邦却还没有清醒地意识到这一点，他还以为只要发发脾气谁都得买他的账。

一同在场的张良与陈平二位却比刘邦悟性高多了，他们两个赶紧悄悄地踩了踩刘邦的脚，示意他正视现实，又一同在刘邦的耳边低声道："大王何愚也！而今我汉军不利，难道大王您尚有余力阻止韩信称王吗？今韩信平齐破楚，已是天下震动、尽人皆知，不如索性做个人情成全了他，再善待他，令他暂且安分自守，不然恐生变故……"

一语惊醒梦里人，头脑还算清醒的刘邦立即觉悟过来，他转而叫过那位使者骂骂咧咧："你回去就转告韩信，大丈夫既平定诸侯、有盖世之功，要做就做真王，何须假为？难道老子还会稀罕封几个王吗……"

使者满意地告辞了。

睿智的张良早就知道韩信终究会有这么一天，只是他没想到这一天来得如此之快。不过，他料定韩信平生的抱负与志向也就止于此，诚然韩信满身志锐英气，却无一丝王者霸气，这便决定了他的命运。

和则两利，张良自然乐意在刘邦与韩信之间充当和事佬。汉五年（前202）二月，春暖花开、万象更新，汉王刘邦委派张良出使齐地，持大印正式封立韩信为齐王。

韩信高兴极了，硬是拉着不胜酒力的张良恣情放纵一番，事后还邀请张良好好地检阅一番他治下的威武、强盛之师，见到张良赞叹的表情他心里更喜不自胜了。在这一点上，韩信与项羽毫无二致，仿佛自己奋力争取的一切没人看到，尤其是没有熟悉的人来捧场的话，这一切便全然没有意义：富贵不归故乡，何如锦衣夜行？

张良临走时忍不住正告韩信一句："老弟，你是个难得的明白人，莫怪兄长多事，为人处世岂可满，满招损矣……"

韩信以为这是张良在嫉妒自己，便应和道："子房兄此言差矣！只要项王一天不倒，我就一天满不了！子房兄老矣，且多保重吧，呵呵……"

"唉，你小子，天命难违也……好！齐王殿下您也多保重……"张良只得悻悻离开。

安排张良此行，刘邦的如意算盘在于利用张良和韩信的情谊稳住韩信，以征召齐国的大兵伐楚方为急务。韩信毕竟没有傻到让一个知己故交就把自己唬住的地步，他心里自然晓得刘邦大不情愿。所以，在相当长的一段时间里，他只是命灌婴部袭扰楚国后方以截断楚军粮道，借各种理由拖着不让主力部队投入中原作战。他就是期待刘邦对他的正式允诺，而不像现在这般对于一些具体问题视而不见，比如将来如何确定割土封疆的范围，平定天下之后的详细安排。只有明晰所有权，人才更有拼搏劲，只有先行考虑一步，才能把繁华富庶的齐国真正变作他的私属之地。

出生入死、头悬马上，谁不希冀着能有如此一天呢！这个要求在当时看来并不过分。

6/　　三分之议

一切都已尘埃落定，游荡了这么多年，韩信终于有了真正属于自己的归宿。

当韩信派出使者去刘邦那里请封自己为假王的那天，他自然晓得汉王没有不应的道理。他就要在齐国正式安家了，所以要马上去赵国接自己的爱人一同享受荣华富贵。

韩信在加紧部署进攻楚国的大计，暂时还没有全面出击的打算，但他一直高度重视练兵，哪怕是和平时期，也不能忘战。他决定先行派出灌婴率主力骑兵部队直捣项羽的后方，使其首尾难顾，同时还特意叮嘱灌婴注意查找自己结发妻子的下落。韩信非常想念英乔，是她令自己第一次切实找到做人的尊严，活得有个人样，更使他的心不再惶惶然无所归依。他要好好回报妻子的厚重情意，他要让她感到无比的幸福和愉悦，韩信盼望英乔能时刻在自己身边，一同感受和分享他的喜悦、他的成功……

韩信这一次要失望了。前些年疫疾流行，英乔的父亲因为帮病患医治不幸感染，一命归西，所以无亲无故的英乔格外思念丈夫。她早已经听闻丈夫的光辉业绩，再也忍耐不了孤寂和等待了，于是她决定去寻找韩信，这一次她还带上了五岁多的女儿，希望能给丈夫一个惊喜。

另一边，韩信派使者去赵国接云姬时，刻意地在书信中抄写了一段《诗经》佳句，以取悦自己的爱人：

"彼采葛兮，一日不见，如三月兮！

彼采萧兮，一日不见，如三秋兮！

彼采艾兮，一日不见，如三岁兮……"

确实，只要是他所爱的人，他总能表现得格外用心。

三个月过去了，云姬早已等得容颜憔悴，她忧心忡忡，总是害怕会失去他。现在好了，韩信用实力证明了自己，他派人来接她了，还附上了那么深情的诗句，云姬禁不住喜极而泣。

二十几天后，行色匆匆的云姬一行赶到了临淄城。未及下车，早已等候在侧的韩信抱起她去参观了他们的新居——未来的齐王宫！齐王宫还在紧张地修缮中，用不了多少日子就可以竣工。韩信知道云姬一路旅途劳顿，所以很快就安排她早早休息。

第二天，韩信兴奋得像个孩子一样领着云姬出门，先是带她好好参观了一下偌大的临淄城，让她在壮丽如画、繁华如梦的地方跟随自己一道接受万民的朝拜和瞻仰；接着，他又带她去了豪气冲天的军营，那是怎样壮观的一幕啊！还有齐国那广袤无垠、富裕肥沃的土地……

韩信就是要让自己的爱人感到无比骄傲和自豪，云姬感动极了，一个劲儿地在爱人怀中啜泣。

有人欢喜有人忧愁。

项羽的日子就很不好过，可谓艰难日甚一日，已经陷入日暮途穷的境地。龙且的死更是令一向自负的项羽受到极大的震动，他不敢再小视韩信，这是霸王平生第一次佩服一个人，他缄默了半晌。

项羽最终没有说"龙且误我"一类的愚话，这才是真正的男人！一向高傲、不肯低头的他也被虞姬说动了：暂且向韩信低头，项羽思考再三答应了。项羽派出一位名叫武涉的说客，劝说韩信不要再听命、受制于刘邦，不如恢复战国群雄并立的局面。

武涉到达齐国后对韩信说："天下共苦秦久矣，相与勠力击秦；及秦已破，乃计功割地，分土而王之，以休息士卒，顺应民心……今独汉王复兴兵而东，侵人之分，夺人之地，不异寇盗乎？既已破三秦，又引兵出关，收诸侯之兵以东击我楚，尽吞天下，不知厌足，何为已甚也……不知大王意下如何？"武涉以前没见过韩信，他投效项羽比较晚，所以对韩信不太了解。

"呵呵，这个嘛，汉王本属无奈，天下诸侯分立之势如逆水行舟，恐不进则退……根底还在项王当日持心不公，以至人心不服，况人心不古久矣，今时岂可再同往日？此真王者之兴也……"

"呵呵……然汉王不可做寻常观，实一反复之徒也！其身居项王掌握中数矣，项王怜而活之；一旦得脱，则背弃盟约，复击项王，不可亲信，望大王三思。"

韩信为此默然了好一阵，这委实触到了他的痛处，当局者迷，旁观者清，也许刘邦的人品确有瑕疵，不过多是情势所迫。韩信接口道："夫就大事者当遗细行，丈夫处事又何须拘泥小节，今汉王布施仁义于天下，斯已足矣，过项王之强暴不知凡几……昔日伯夷、叔齐尚不能见容于周武王①，圣君千得，何妨一失也……"

"呵呵，大王又不然！大王今自以为与汉王同心厚交，亦为之竭尽股肱之力，奋智用兵，然必终为其所擒。大王之所以能有今日，皆因项王尚存，项王一旦有失，则大王必危，即范蠡所谓'狡兔死，走狗烹'；纵观天下大势，当今二王之事，权即在大王您，大王右投则汉王胜，左投则项王胜，他日项王若不存，则大王之祸乃不绝也……况且，大王与项王素来有故，项王一直视大王为手足，您当日弃项王而去，项王未尝不太息流涕，然匹夫之志尚不可夺，况志

---

① 见《史记·伯夷叔齐列传》，伯夷、叔齐乃系商末周初的儒家眼中的两位贤者，也是亲兄弟，孔子即道此二人"求仁得仁"。

坚如大王者耶？此番而来，虞夫人还特别关照臣一定记得问候大王，夫人希望假以时日再与大王聚首把酒言欢、聊叙别情……"

武涉说及此，韩信一下子就站起身来，沉默一会儿后突然冷笑起来：我若无今日，虞夫人哪里还会记得这世上曾经有一个在项王帐下效过力的傻小子？呵呵。

最后武涉进入了正题："大王您功高震主，何不反汉与楚联合，三分天下而王之？而今机不可失，时不再来，若您一意助汉而亡楚，岂为智者所取？望大王三思！"

韩信干脆答道："古人有言'士为知己者死'！豫让、聂政、荆轲、高渐离①之辈尚且不惜一死以报知己，今若背信弃义，与禽兽何异……本王昔日事奉项王，官不过郎中，位不过执戟；言不听，画不用，数为其所侮，故无奈背楚而归汉。汉王不以本王出身微贱、无甚资历，竟一朝信我而授我上将军印，予我数万之众；更解衣推食，言听计用，所求必应，故我得乃有今日声位之隆也！饮水尚且思源，为人岂可忘本，汉王既深亲于我，我背之不祥之至……你可去回报项王，我虽死亦不负汉王，再一并谢过项王与夫人的好意……"

那些一直窝在心底的话韩信不会轻易说出，不管虞姬究竟想不想见他，但他想见的心却相当急迫，只是碍于大事未就才没有冲动。等待了那么久，已经成了习惯。

韩信的态度很坚决，武涉绝望而去。当武涉回报项羽时，他和虞姬虽然大不悦，可是一股敬意油然而生。大丈夫何以无愧于天地之间？不过信、义二字。虞姬忍不住私下对项羽感叹道："韩信果然人如其名！"

当时韩信帐下那位暂被支开的重要谋士蒯通却与武涉很有共鸣，虽然他无缘听到二人的交谈，但早已揣摩到了八九分。自打上次他建策攻齐得利，便受到了韩信的器重，得以封官加爵。此次，蒯通也晓得此时的天下主动权皆在韩信一人，机不可失，时不再来。于是他笑着对韩信说："臣精通相人之术，可否为大王一看？"

---

① 见于《史记·刺客列传》。

韩信有些吃惊："哦？那就烦劳先生了。"

蒯通正色道："臣早已为大王相看多时矣！今相大王之面，位不过封侯，又似危卵难能自安；再相大王之背，实乃贵不可言……"

韩信明白他话里有话，大概猜到了几分，于是顺势问道："先生何谓也？"

蒯通不急不忙地为韩信关闭房门，正经说开了："大王乃聪明人也，何须通再多言……想当日，天下初发难之时，忧在亡秦而已，故诸侯彼此勠力而同心。今番楚、汉分争，使天下之人无不肝胆涂地，父子骸骨暴于中野，不可胜数……楚人起彭城，转斗逐北，乘利席卷，威震天下；然兵困于京、索之间，迫西山而不能进者，乃三年于此矣……"

"是该让天下人得太平的时候了，天下汹汹不平，我辈之耻……"

"呵呵，大王听臣把话讲完。楚人既已殚精竭虑如此，而今汉王岂不然乎？汉王虽将数十万之众，据守于巩、洛间，并阻山河之险，及一日数战，却无尺寸之功，更甚者折北不救，狼狈已极……此所谓智勇俱困者也。而百姓受之牵累，无所归倚，其势非贤圣出不能息……"

韩信自认为就是这个"贤圣"，他不免有些自喜，不过还是让蒯通说了下去。

"当今汉王、项王两主之命，都操在大王手里，这是三岁小儿也明白的道理……大王为汉则汉胜，与楚则楚胜，若大王诚能听臣计，则互两利而俱存，乃三分天下，鼎足而居，楚、汉既已困极如此，其势莫敢先动，诸侯罢兵，各得其所，如此不失为明智之举……若不然，则以大王之贤圣，又有甲兵之聚，据强齐，从赵、燕，出空虚之地而制其后，因民之欲，西向为百姓请命，则天下响应，孰敢不听！如是，再割强以立诸侯，诸侯已立，天下具听，而归德于齐，则大王之不世鸿业乃成……况齐有霸主之基，又有胶、泗膏腴之地，大王深拱揖让，招才纳贤，则天下君王相率朝拜于齐……臣更听闻'天与弗取，反受其咎；时至不行，反受其殃'。愿大王熟虑之！"

蒯通的意思不外乎让韩信先坐收三分渔利，然后乘势称霸天下，成为天下之共主，以齐国甲兵之盛、人才之旺、时势之助不难达到目的，如此对天下企盼和平安宁的百姓都有好处；否则功高震主，反添祸患。

可是，韩信实在不忍心背叛刘邦，更不奢求成就一番似周天子一般的万世基业，他晓得自己还没受上天恩宠到如此地步。于是，韩信沉默了半晌之后回复道："汉王遇我甚厚，本王岂可向利而背义？实不祥也……"

蒯通不以为然地反驳道："大王多虑！想当初，常山王张耳、成安君陈馀为布衣之时，相为刎颈之交，情义何等深厚！可惜反成仇雠……这亦是大王所闻也：二人因张黡、陈泽之事互相怀疑，起先成安君逐北常山王于危亡之地，后大王又助常山王杀成安君于泜水之南。大王不妨再思：此二人昔日相与，亲密无间，天下至欢也，然而卒相攻杀，何也？既在高位，又患生于多欲而人心难测……"

"先生此言甚为有理，然区区小事而已，实事出有因。"

"不然。而今大王您欲行忠信厚交于汉王，不能强于张、陈二君之相与交谊也，而事多又大于张黡、陈泽者，乃至将来相互猜忌，非偶然也；故臣以为大王若一意亲信汉王，以为到头来不会同您反目，亦误矣！窃为大王所不取也……再想当初，越国大夫文种献奇计而使越国在吴越争霸中委曲求全，终于反败为胜，成就越王勾践的霸主之业，可是到头来呢？文大夫却难逃勾践之毒手，诚所谓：立功成名而身死亡，野兽尽而猎狗烹……愿大王三思！"

此番话韩信略有所动，但他深信刘邦非勾践之辈。

蒯通继续煽惑道："夫以交友言之，则不如张耳之于成安君也；以忠信言之，则不过大夫文种之于勾践也，此二者足以观矣！愿大王深虑之……且在下又听闻'勇略震主者身危，功盖天下者不赏'，而今大王戴震主之威，挟不赏之功，归楚，则楚人不信；归汉，则汉人震恐。大王宁有他途？"

蒯通颇费力气的一番话终于说得韩信动容了，他表示要好好考虑几天："嗯，先生别再说下去了，让本王先好好考虑一下吧。"

性格即命运，这很难捉摸但又让人灵性可感。是环境乃至人生际遇最终造就了人的性格，同样巨大的成功也容易唤起人们对弱者的怜悯、宽柔之心。此时的韩信对于刘邦便是这种心情。

更何况，古人尚有言"求忠臣必从孝子之门"，韩信怎么说也算个孝子，而且待人有情有义。只是，命运的不可测还在于有时会半路杀出程咬金，如刘邦的夫人吕氏……

7/ 旧人憔悴

这件事情关涉重大，一失足便是千古恨，因此韩信一时间拿不定主意。他原本只想向世人证明自己的天才，现在这个目的基本已经达成，未料新的矛盾和痛苦又接踵而至。他从没想过要做一个忘恩负义之徒，即使他可以尽量在其他方面补偿汉王，但难免将来汉王会同他反目，这是他最不希望看到的。况且韩信平生志愿不过就是投到明主帐下，为其效犬马之劳，自己也得以建功立业，使自己名扬天下。他从来没有奢望自己据有整个天下，对天下万民的安危祸福负责，还要应对各种各样的忧烦、劳心之事，那不仅会让自己很累，而且还必然会面对很多无奈、痛苦的事情。如此一来，虽然表面看上去风光、惬意得很，其实再难得清闲，以至忧劳终老——那与自己的本性和初衷简直大相径庭。

不当家哪知道当家的难处，韩信现如今只是被一个齐国的事务纠葛就折磨得精疲力竭，生怕有什么闪失和不到的地方。他力求尽善尽美，所以绝不希望假使整个天下都交付到自己手中，归还天下人的却是一个让人失望的天下，"战战兢兢，如临深渊，如履薄冰"；权力意味着责任，权力越大须承担的责任也越大。然而如欲实现天下大治，那又绝不是区区韩信一己之力能企及的事情，也非一代人之力。就这一点而言，韩信非常清醒，他不愿成为一切利害与矛盾的焦点。

当然，韩信始终都在担心自己终有一个极其悲惨的下场，文种、白起乃至乐毅等人的前车之鉴已经深深地触动他的心。他也想过假使汉王将来真的不容自己，那就应该像名臣范蠡一样功成身退，携美人西施泛舟于江湖①。或恐那时也还未晚。

总之，韩信就是犹豫着拿不定主意。

几天以后，蒯通实在等得有些着急了，于是他便再次劝说韩信不要患得患失，做大事就应该当机立断，不要妇人之仁。"大王，那接受劝谏之人，当审时度势，无须犹疑；那成就大事之人，当看准时机，一意而行，绝不可拖泥带水。明达之士，当临事懂决断；瞻前顾后，则为君子所不取……若斤斤计较于一点小得失，而不顾成败兴亡的大利害，则即使明知可为之事，亦必难为或不为，甚或丧失机宜，如是这般，则百事之祸也……所谓事功者，难成而易败；时机者，难得而易失也；时乎时，焉得再来？诚望大王三思、三思……"

韩信仍旧默然不语，许久后，说道："先生好意我心领，韩信乃大丈夫，安忍背汉？且我功高，汉王当不忍心夺我齐！'牛为人任用，力尽犹不置其革'……纵令他夺我齐，韩信所有亦是汉王所赐，予之取之，韩信又何恨焉……"

"呵呵……"蒯通忍不住冷笑一声，没有再说什么，当即便退出了韩信的寝宫。他自忖韩信将来必然会后悔，所以他不敢再在韩信帐下多待，以免韩信秋后算账。再说，参谋了此等机密大事，风声一旦走漏，会有亡家灭族之祸，难保韩信不会为求周全而杀人灭口。没几天，蒯通就悄悄地辞别了齐王府，化身为一个有些癫狂的巫师。小隐隐于林，大隐隐于市。

临此生死、荣辱交关的大事，韩信多么渴望身边能有一个像虞夫人那样的贤内助来帮自己拿主意，即使提些建议也好啊！

可是英乔多年来下落不明，娇美如花的云姬尽管大大地满足了韩信的虚荣心，但参决大事还不够格。为此，韩信心里特别苦恼。

---

① 其实这只是一个传说，但它却可能产生真实的影响。

在旁的云姬看出了韩信的心事，于是便善解人意道："大王，为何这几日你愁眉紧锁，让贱妾帮你分忧吧！"

韩信很不乐意她自称"贱妾"，作为自己心爱的人，她享有一切做人的自豪和尊严，哪怕在他面前也一样。于是韩信温柔道："都数落你几次了，不可再自我轻贱。"云姬点头。韩信当即将她拥入怀中："我意已决，刀山火海，你愿意跟我一同去闯吗？"

"我恨不能为大王分忧，我的荣华富贵都是大王给的，难道还会在乎自己的一条命吗？"

云姬说这话时一本正经，韩信感到非常惊异。他仔细地看了看云姬那双明亮的眼睛，透射出真诚和决绝，他把她紧紧地搂在怀中，语重心长道："好，好！有你这句话，我此生便知足了，我要让你、让咱们风风光光一次……"

那些恼人的事情就暂且抛到脑后吧。韩信指的是要为她操办一次盛大的婚事，要让天底下所有的人都来艳羡他们的荣华和感情。他不在乎合不合时宜，人一辈子不就只图辉煌、极乐的一瞬间吗？

流星的魅人光华，正是它用生命换来的。

然而，正当齐王韩信的大婚之事在整个齐国传得沸沸扬扬时，满面风尘的英乔历经千辛万苦终于来到齐都临淄。她一路上低调行事，就想给韩郎一个惊喜。听说大婚的事，英乔心头猛地一震，她不愿意相信自己的好夫君变心了。于是她先默默地和女儿寻了一家客栈住下，然后再探个究竟，她的自尊心一点不比韩郎弱。女儿生于汉元年前一年八月，此时已是汉五年的春天，这孩子已是虚岁有六，她的母亲给她取名叫韩草，也是英乔为了纪念当年她和夫君相亲相爱的一幕……

其实英乔可以理解男人的三妻四妾，就像她从前宽慰钟离眛时讲过的心里话。可是若换作她自己，一时有些难以接受要和其他的女人一同分享自己的男人，尤其是和那些让她感到自己青春已逝，无比自卑的女人。是的，她很要强，她这一辈子都很要强！她从前勉励自己的夫君建功立业是要强，她过去怕拖夫君后腿是要强，她现在嫉妒其他的女人也是要强。那种不值得自己珍视的爱，她宁肯舍弃不要，这就是她的性格，也是她的悲剧，她比其他女人都要自立，她可以一生不依附任何男人过活。

偌大一个临淄城哪里都充斥着繁华和热闹，可是英乔的心底却格外冷寂和凄凉，尤其更添不安，她的直觉已经告诉她——担心不是没有道理。英乔忍不住向城中的百姓打听齐王新妇的事情，那些曾经有缘一睹美人芳容的人对新王夫人赞不绝口，还不吝口舌地加以夸饰一番："我们的新王夫人哪，那真是天上的仙女下凡也未必有她漂亮……她和我们大王可真是天造地设的一对啊……"

还不太懂事的小草哭着闹着要这要那，英乔竟一气之下失态地给了孩子几个巴掌，母亲的表情很是难看，吓得孩子果真不敢再哭闹了。

她们来到临淄城的第三天，英乔终于忍不住去了齐王府门口，那里正张灯结彩，好一派喜庆的景象。门口卫士的把守很严密，而英乔又不敢自称是齐王的原配夫人：一来怕招来别人的嘲笑，她如今已是这副不堪的模样，这仍是自尊心在作祟；二来更怕给自己的夫君丢脸，夫君要娶新人了，她若是当众大声嚷嚷岂不是要齐王好看吗……总之，英乔一时不知道该如何进退，而这也是她作为一个女人的可怜又可敬之处。

英乔向齐王府里探头望去，里面的建筑气势恢宏、精致华美，她不禁想道：难道这应该是我一个乡下糟妇消受得起的福分吗？英乔还看到了齐王府中进进出出忙碌着的小婢女们，连她们都一个个生得如花似玉、美艳无比，更何况齐王新夫人呢？她一直以来虽然也偶闻韩郎在找寻自己，可是也许他更想找的是自己的骨肉呢？即使他真想要再见到她，可是以她今天的这副模样兴许会让他失望，说不定还会把韩郎吓一跳呢。

英乔又一次忍不住看了一下自己那双粗糙的双手，这是一面镜子，韶华易逝，岁月无情地夺走了她的青春。虽然她从来没有奢望过什么，但也不愿把自己不完美、有缺憾的一面展示给自己的爱人，那将是她一生的遗憾……

许久许久，英乔思量、犹豫再三，她和自己的爱人在这一点上

还真是毫无二致 —— 一遭遇感情问题便茫然无措。可是，她到底决定要回到自己的爱人身边去，她是多么想念他啊，正是因为这份刻骨的思念才令她如此快速地衰老，这一点她比谁都清楚。她什么都不想管了，都顾不得了，只要那是自己的爱人就好，只要能再见到自己的爱人就心满意足了，尤其她应该为孩子着想，小草可是整天都盼望着爹爹的疼爱呢。

在英乔下定决心的时候，一个骑着高头大马军官模样的人来到了齐王府门口。此时英乔和小草就站在这不远处，只听小草兴冲冲地嚷道："娘，那是爹爹，骑马的爹爹！"小草挣开了母亲的手扑向了那个军官。

此时的英乔正在失神中，一时间还没反应过来，等到她明白过来时，只见那军官狠狠地把小草推到了地上，嘴上还大骂道："娘的，这是哪来的乡下野孩子，见了老子居然叫'爹'！还有没有人管了……"那些门卫也都好奇地看着这一幕，一阵哄笑，周围一些过路的行人也都纷纷停下脚步看热闹。

英乔赶紧跑过去把孩子扶了起来，瞪了一下那人，没想到那个家伙哗众取宠一般来了劲儿，他看了看无精打采的英乔，放肆地说道："哟，你就是这小野种的娘吧，怎么的，想赖上老子是吧！你他娘的也不拿镜子照照自己什么货色，也有脸来欺哄老子，哈哈……"那些门卫自然也跟着乐。英乔没忍住，厉声道："这孩子不是野种，是这齐王府中韩信的骨肉！"她还一边用手指向了王宫，又补充道："我就是这孩子的亲娘！我就是你们齐王的原配夫人！"她还特意挺直了身子。

军官和那些门卫都听得真切，当即都愣了一下，等他们再反应过来时，那个军官郑重地示意门卫："快把这个疯女人和小野种赶走，小心坏了大王明天的好日子，咱们可都担待不起……"说完他就疾步进了王府，这种荒唐的事儿他可听过、见过太多了。

不一会儿，一个门卫就招呼了几个王府兵丁不由分说径直把英乔母女赶出了临淄城，并关照城守绝不可再放这个疯女人和野孩子进城。若不是因为齐王韩信有命令不许擅杀百姓，英乔母女可能会遭难。

真是哑巴吃黄连——有苦说不出，他们也太伤人了。这一来把一向要强的英乔彻底打击了，而且还是当着孩子的面，后果极其严重。

就在她们被赶出临淄城的第二天早晨，英乔便毅然决然地做出了决定——她要让孩子跟自己过一辈子，再不许小草提爹爹的事："草儿，你记住，从昨个儿起你爹爹已经死了！死了，你明白吗？"懵懂中的孩子看着母亲痛苦的表情，怯怯地点下了头。

可是，英乔不甘心，她贿赂了一个看上去可以信得过的人，据说是齐王府的一位杂役。她让人家把一小捆自己从家乡带来的草交到齐王殿下的手里：她就是要让韩信这个"负心汉"知道，她英乔已经来过，至于又为什么离去，就只得问他自己了。

因为有爱，所以生恨；爱之弥深，恨则弥切。

当韩信在十几天后终于接过那一小捆草时，激动得眼角湿润起来，他喃喃自语道："呵呵，这是我的草，韩信草！"他赶忙向那人打听英乔的下落，那人什么都不知。韩信当即命人调查，并且下令封锁了齐国向南边去的所有关隘。他到底是个聪明人，已经意识到一定出了问题。

此时的英乔已经领着孩子顶着风、乘着马车出了齐国，她要去一个谁也找不到自己的地方，从此隐没于江湖。

当韩信终于得悉那日王府门前滑稽又难堪的一幕时，生平第一次，他因私怨而大开杀戒——他一气之下把那个胆大包天、狗仗人势的军官和几个门卫全给处死了……

第九章

垓下悲歌

1/　汉兵齐集

楚汉战争的决战阶段就要来临了，最后的决定权掌握在了实力雄厚的齐王韩信手中。

不单是人心厌战，粮食、财富至此时也几乎消耗殆尽，可谓严重虚耗。韩信自己也早就厌恶这场持久而可怕的战争了，尽管这场战争让他成了天下最大的赢家，获得了自己一直梦想的东西，但它也确实该停止了——那一次次血腥的杀人场面将成为他一生的梦魇，每一次午夜梦回，都会令他心有余悸。韩信更难以忘怀一次次千钧一发的鏖战时刻，每当念及此，总令他有些后怕，精神紧张得头脑涨痛，还有那么多英勇无畏的将士为此喋血疆场……韩信每次都会在战场上伫立良久，既为自己的胜利感到无比庆幸，也为那些不幸的失败者祭洒上一杯清冽的醇酒。再想到那一个个因此而残缺不全的家庭，还有彼此厮杀时惨烈而揪心的痛苦，这一切都不能再继续下去了。

韩信害怕冤冤相报，一代又一代的人就这样无穷尽地杀戮下去，所以他总会给失败者保留必要的尊严，陈馀、龙且等人就是他亲自安排厚葬的。韩信还会尽心抚恤他们的百姓和将士，让大家尽量减少怨气。然而他清醒地知道，天下人的安危祸福看似是维系在君主一人身上，其实又不然，那是天道、天命所决定的。韩信自忖逃不过命数，他还有非常渴望得到的东西，根本克制不住自己，哪怕最后得不到。毕竟一个人的心底，得不到的东西才是最好的东西。

韩信在为最后时刻的来临精心准备着。

汉五年七月，汉王刘邦正式封英布为淮南王，命他在楚军的南面更好地配合中原汉军的作战。六年之后韩信、项羽、彭越等人皆已作古，英布却又起兵反叛刘邦，他扬言说在汉军阵营中，除了韩信和彭越，他谁也不怕，如今这两个人都已经死了，所以他才敢起来造反。只可惜英布目光短浅，他只是想裂土为王与刘邦分庭抗礼，并非推翻汉统，所以最终被刘邦抓住机会打得落荒而逃。

再回到这年（前202）八月，燕国境内的北貉人也带来了一批骁骑加入汉军的队伍，如此便又增加了汉军的实力。这时，汉王刘邦更向全天下颁布了一道甚得人心的诏令："军士不幸死者，吏为衣衾棺敛，转送其家。"就是要把战死的将士尸体送回家乡安葬，这样，天下四方更归心于仁义的刘邦了。

在楚霸王项羽的阵营里，忠诚于他的将士和盟友越来越少，而且楚军粮草供应已然到了无以为继的地步：韩信派出大批机动部队抄袭楚军的后路，有力牵制了中原的楚军。因此，楚国的势力范围已大大缩小，兵源、粮源都已近枯竭。

汉王刘邦也有自己的心事，他知道自己的权力已因这场旷日持久的战争的消耗越来越小，而他当初的部下如韩信、彭越等人的势力却一天天壮大起来，大有喧宾夺主之势。他唯恐自己无法驾驭他们，因此首先向项羽提出了休战——他可真不晓得韩信的心里会怎么想，大半年过去了，韩信那边却异常安静。

于是，刘邦派出说客说服了项羽，让他把已经羁押了三年多的老爹和妻子给放了回来。项羽与刘邦订立了妥协性的和约——双方罢兵，二分天下，乃割鸿沟以西为汉土，以东为楚地。

九月，楚军履行和约放还了人质，已经深为征战所苦的楚军将士高兴地陆续解甲东归回乡。心有不甘的刘邦也准备整军西归，但此时两位智囊张良、陈平却看准了时机，对刘邦说道："大王莫要急着西归，汉军而今已经占据天下大半，诸侯皆争相归附，正当有所作为；反观楚兵，人心既已如此厌战，且疲惫食尽，此诚为上天赐予大王之灭楚良机！假使今日大王放他们东归，这无异于养肥一只老虎而自遗后患，愿大王从速决断……"

结果，一向听得进别人劝谏的刘邦便背信弃义地撕毁了和约，即又重整甲兵，再向东挥戈而去。不单是项羽被刘邦气得大骂不止、茶饭不思，楚军上下也都极其鄙视刘邦的这种不讲原则的无赖泼皮行径，一时间激愤之情群起！

可是到底又很无奈，楚军只得再次硬着头皮同汉军作殊死较量。

由于汉军打了楚军一个措手不及，所以刘邦得以一直率军追击楚军到达阳夏以南地区。

百折不挠的刘邦准备一鼓作气消灭楚军。十月，刘邦适时知会了齐王韩信和魏相国彭越，命他们率主力军赶到固陵一带参加围歼项羽的会战。可是韩信、彭越却未能如约而至，他二人丝毫没有出兵的迹象。彭越支援了刘邦一些粮食，韩信派出了灌婴袭扰楚军的侧翼，既是敷衍也是铺垫。

固陵就在阳夏以南的不远处，而陈县又在固陵以南的不远处，它们同时成了楚汉交战的战场。

虽然韩信、彭越的主力军没来，但这时楚军的粮草补给已完全被彭越与灌婴部切断，一时人心惶惶。汉军看准时机，率先在楚军侧翼的陈县一带发动攻击，结果陈县令利几等率军向汉军投降，陈县落于汉军之手。

刘邦挟胜利余威，又邀集了东面的灌婴在固陵一带向项羽部的楚军主力发动攻击。愈挫愈勇的项羽再展神威，将汉军打得一败涂地，汉军损失极大，只得逃入壁垒，凭坚自守。

这一次轮到刘邦被气得七窍生烟了，他只得再次询问张良："子房，诸侯们不从，本王该怎么办？"其实张良早就为刘邦想好了应对之策，他专等着刘邦放低姿态吐这个口。他成竹在胸地说道："大王莫过分忧虑，如今楚兵败势已成，可是韩信、彭越二人却未有明确分封土地，此乃大王您的疏忽大意，他们犹豫不来在情理之中……如果大王您肯承诺与他们共王天下，分封土地予他们，则二人必立至大王麾下……恕在下直言，且先说立齐王韩信本非大王初衷，韩信自己也心有不安；彭越自是平定梁地，初始大王因魏王豹封拜彭越为魏相国，现今魏王豹已死，彭越自然巴望功成名就，一步封王，而大王您却又没留心这个问题……"张良没有明说你胃口太大了，既想马儿跑得欢、跑得快，还不给马儿草吃。

"是啊，子房！这都是本王的疏忽啊！你看如何是好？"刘邦又一次深切地意识到自身的问题。

"这个嘛,只要大王忍心就行!大王若能割让睢阳以北至榖城一带作为彭越为王的属地,再从陈地以东至沿海一带割予韩信,且韩信故乡在楚,故而本意也希望得到楚地,荣归故乡,世之常情也……其他的无须多言,只要大王能将二地给两人,使其各自为己而战,则楚易破也。"

事已至此,刘邦心里虽然非常不舍得,但是大敌当前,而且韩信、彭越羽翼已成,他只好接受现实,听从张良的建议。其实刘邦也不是看不出此中微妙,只是总下不了决心而已,就差有人来轻轻推他一把。刘邦割地封王的诏书很快到了韩信、彭越二人手中,二人一阵激动之后,各引自家的主力部队赶来同汉王刘邦会合。

彭越军不过数万,而韩信部陆陆续续从各处基本完成集结时,总兵力不下三十万[①],而且看上去训练有素、令行禁止,把刘邦惊得一愣一愣的,因为此时的汉军主力早已在与项羽的持续拼耗下只剩数万残兵败将。刘邦不禁似当初龙且那般感叹道:"唉!韩信这小子的翅膀果真硬了!"他得再认真寻思一下对付韩信的招数了。

十一月,刘邦的族弟刘贾率领一支汉军南渡淮水,兵围楚军的大后方寿春,而楚军的大司马、一向被项羽视为股肱之臣的周殷竟于此时叛楚投汉。更可气的是,周殷竟领兵血洗了楚国不少地方,又在九江一带征募了大量壮丁充军,之后他又策应并参与了淮南王英布在淮南一带的军事行动,随后他二人在行军中又屠戮了城父一带,妄图彻底损伤楚军的元气。不久,他们各率其部追随刘贾去中原同刘邦大军会合,准备与项羽最后决一雌雄。

十二月,韩信率领大军重温了三年前的旧梦,到了一个自己熟悉的地方——彭城。他在之前已命灌婴部再次夺取楚都彭城,并将项羽主力部队逼退到了南面的垓下一带。

汉联军既已从四面齐集,项羽的末日不远了。

---

① 一般来说,大多数军队都是战时临机招募的,战争结束便要马上解散,一来国家养不起,二来怕其日久生乱。

2/　似曾相识

物转星移，几度春秋，胜败难期，攻守易形，这次轮到项羽仰天长叹了。

当四十余万汉联军从四面八方云集而来时，昔日不可一世的楚军已然穷途末路，主力部队缩减到了不足十万，不仅士气普遍低落，且近乎是饿着肚子在与汉军拼命了。即使不能杀出一条血路来，也只有饿死这一条路可走了，因此他们被迫尽快与汉军一决生死。

强弱之势一看便知。当年鸿门宴时，刘邦的十万之师硬是被项羽手下的四十万大军给吓倒了，不得不委曲求全，而今风水轮转了。然而，尽管汉军已经在人数上占据了绝对优势，可是项羽绝非一个轻易服输的人，他还幻想着像当年巨鹿大战时那样创造奇迹，项羽那惊人的爆发力一直是韩信最为忌惮的。

尽管感到力不从心，可项羽仍然在为最后时刻的来临做着精心准备，只是虞夫人却比他看得透彻得多。楚军而今已成强弩之末，当年的雄风岂能重振？尤其韩信更不是王离、章邯之辈可与之相提并论的。于是，虞夫人便劝项羽不如干脆舍弃一切，两个人逃亡，去过那平静安宁、与世无争的生活。但是项羽却不见棺材不落泪："刘邦老儿，欺人太甚，不除老贼，我心何甘……"无奈之余，虞夫人又追念起当年自己和韩信的那点私谊。

当男人们斗得难分难解之时，该女人上场了……

十二月的寒冬，又飘起了多情而纯洁的雪花，一如整整六年前。那一天，虞夫人不远千里、顶风冒雪来寻自己心中的上将军，只为能再见他一面。那时的她是那样焦灼，而今她的心底也同样不安，她想到韩信那双眼睛，但又分明看不透它。

风雪交加的彭城，韩信正在这里精心部署汉军对楚军最后一战的大计。

276

当一向聪明、敏感的韩信漫步雪地之际，他的眼前也浮现出当年那难忘的情形，那已永远铭刻在他心底的一幕……过了许久，他灵机一闪，似乎感觉这雪绝不会白下，一定有什么值得期待的事情发生。于是，韩信便支吾着把云姬打发出门，只一个人静静地等待着。

才不多一会儿的工夫，守卫进来禀报有人求见齐王殿下。

韩信赶紧迎出门去，老远就感觉到一定是她——待到走近细看，才发现果真是虞夫人，韩信的心在那一刻快要激动地跳出来了！他不敢相信，梦想了太久，失落了太久，一旦梦想照进现实，现实也仿佛变成了让人不敢轻易触摸的梦……

韩信忙不迭地将虞夫人小心迎进里屋，没有其他任何人在旁，就只有他们两个不免有些尴尬的故人。韩信亲手为她卸下了厚重的斗篷，她只轻轻地说了一声感谢，然而冻得有些苍白的脸上起了些红晕……她那婉转的声音还是那样令人着迷，仿佛一切皆如当初，没有半点的改变和隔膜。

待韩信慢慢看清虞夫人时，他仍旧感到心弦狠狠地一颤，她的美仍旧那样令人揪心！尽管虞夫人的青春又流逝了六年，然而那成熟和大度的风韵却始终令其他女人望尘莫及。韩信看得发呆，一时没了言语，他只觉得自己没有白走这一遭，没有白受这些辛苦和曲折。虞夫人慢慢地镇定了下来，一反常态地迎着韩信的目光，对他说道："想当初，我便知你绝非凡流俗辈，只是可惜我们如今却要这般相见！"说完，她又把头低了下去。

"这般相见，不是更好吗？至少可以让夫人您晓得，普天之下到底只有一位才是真正的英雄。"脱口而出这句话后，韩信立刻觉得自己有些孟浪了，忙又补充道，"当然，失败的也未必就不是英雄，只是可惜他永远不知道自己究竟失败在哪里……"

韩信已今非昔比，讲话底气十足，连他自己都感到诧异。先前一贯需要仰视的霸王，如今已不在韩信眼里。虞夫人已经感受到韩信的锋芒，只能无奈地低下头，凄然地说道："我什么也不想管，也管不了，他对我好，这就是全部！我知道你明白的。"

"我自然明白夫人，可是夫人您能明白我吗？"他还一如既往地叫她"夫人",就因为他心底永不褪色的那份完美与高贵。

虞夫人至此才突然顿悟：当年他看自己的眼神不是一个安分守己的下级军官应该有的眼神。可那又有什么意义呢，一切都注定了不会重来。"一个人有一个人的命数吧，我这辈子合该就是项王的人……"

"那是夫人您不想逃罢了，"韩信不须再藏着掖着，"可是不管夫人您想不想逃，项王这回都必须……汉王一定不会轻易罢休，项王在，汉王夜不安寝、食不甘味，还望夫人您及早做打算……"韩信不忍心说出那个"死"字。

"我知道你一定有办法，所以才来找你，就看在当初咱们一起战胜暴秦，一起为项王分忧的情分上，假如有来生，我……"

韩信的心软了，虞夫人的语调中包含着不同于往常的悲声，爱人的安危就是她的安危，爱人的生命就是她的生命，爱人的一切就是她的一切。韩信沉默了许久后，恢复了理智：无论为公为私，他都应该将项羽置于死地。

韩信忽然转身走出了屋子，在雪地里慢慢走了几遭，接着又静静地站立了许久，然后返回，将最终的考虑结果告诉了虞夫人："项王是生是死，他自己说了算，我想夫人应该能明白这点！而我真的无能为力……不过，如果夫人不嫌弃，将来……我一定会像对待自己般善待夫人，请夫人相信我……"说完，韩信直勾勾地看着她的眼睛。虞夫人苦笑了一阵，不知是笑自己傻还是笑韩信痴。她最后大度地说道："谢谢你的好意，我早就预料到是这个结果，可我还是抱着一丝幻想来了……"

"夫人，真的很对不起！这次我让您失望了，以后我保证绝不会再让您失望……"

"该说抱歉的人是我，令你失望的人也是我……我一定会记住你的好，若是还有缘，咱们下辈子再见吧！"

最终，韩信只得一脸无奈地将虞夫人送出了城，他隐约意识到这个"下辈子"绝不是什么好说辞，然而他毕竟不够了解虞夫人。韩信始终怀抱着希望，他相信还有时间，还有他的至诚。

此时已近黄昏，风雪刮得更密了，遮挡了人的眼睛。一如当年那般，韩信一直目送虞夫人走出很远很远，直至积雪湮没了车辙。

韩信怎么也想不到，正如当初的他在一旁窥视项羽送别虞夫人时那般，云姬也正在不远处观察着这一幕，雪也早已经没过了她的鞋履……

3/　诱敌深入

两个英雄就要开始真正的对决了，韩信为了这一天已经足足准备了半年之久。

在那段紧张而劳碌的日子里，韩信几乎每天都要亲临几十万大军的操练场，详细掌握各部队之间的方阵组织与总体配合情况，还特别给将士们加油鼓劲。他力求一战彻底将项羽击垮，毕全功于一役，绝不给对方留有丝毫卷土重来的机会。

在那段与将士们同甘共苦的日子里，韩信改进了象棋。韩信注意到士兵在休息之际会三三两两凑在一起，兴致勃勃地玩古老的象棋游戏，他少年时代也没少玩过这游戏，而且一度非常痴迷。但是这种老式的象棋不仅棋子少，而且套路简单，根本就不能体现出战争的复杂性，所以韩信长大后就很少玩这种幼稚的游戏了。然而士兵们却不一样，他们能够学会下象棋已经是非常了不得的一件事。因此，韩信只有正确引导士兵的这种爱好，才能获得意想不到的巨大收获。他是个有心人，自然不会忽略治军的每一个重要细节。

在经过几十个日日夜夜的认真琢磨之后，结合当时楚汉战争的现实情形，韩信拿出了一套切实可行的改进传统象棋游戏的新方案——不仅为象棋画出了"楚河、汉界"，还在维持原有"车""兵"重要性的基础上给双方分别增加了两个"马"，突出了新的战争形势下骑兵的重要性；并相应地修改了部分游戏规则①，大大增加了趣味性和复杂性。这样一来，新的象棋游戏受到了广大将士的一致欢迎，全军上下很快掀起了一股下象棋的热潮……

大决战终于在一个寒冷而又晴朗的日子里开始了。

双方的大军迅速云集，鼓角震天彻地般响，将士的士气一下子都跟着上来了，拉锯三年多了，今天终于可以痛痛快快地做个了结。楚军的士气比韩信想象中还要昂然一些，但时过境迁，任何势力、任何人也阻挡不了新生力量的崛起。

战役一开始，作为齐军统帅的韩信主动请战，立马得到汉王刘邦的应允。韩信自率麾下的三十万齐国兵马，在汉联军阵前精心布阵，针对楚军可能发起的冲击，齐军构造了相当宽大的纵深防御。汉王刘邦、梁王彭越等都在后面，孔将军在汉王的左翼，费将军在右翼，周勃和柴将军负责殿后。

韩信与项羽两人对阵军前，韩信刻意打马迎上前去，别有意味地扫视了项羽一番，在还有大约不足一射之地（他晓得楚军是绝不会放冷箭的）时，拱手对项羽大喊道：“项王，久违了！”

项羽听得真切，于是也打马上前回道：“当初本王悔没听亚父之言杀了你小子，才致有今日你专同本王作对……”

此时范增已经病逝，当初他因为失去项羽的信任，一怒之下决定回乡养老，可是却因抑制不住心头那股悲愤之气，“背疽”发作死在了半路上。

“呵呵！项王此言差矣！没有我韩信，你也一样难挽败局，或早或晚而已！”

“好小子！那就来吧，本王倒要领教一下你到底有何真本事！”

“项王，你输定了，还是赶快投降吧，或者我还能看在咱们过去的情面上，放你一条生路……”韩信其实是在引诱项羽，有些激将的意思。使用这一招，或许对别人不大能奏效，但他亲自出马效

---

① 据称中国的象棋游戏是在春秋时期开始出现的，经过后世不断地改进，至北宋时代才臻于定型。这样，估计在韩信时代，象棋中的“砲”还没有出现，因为一般而言，它所代表的应该是自北宋以后逐渐走上战争舞台的热兵器；但也不排除有代表抛石机的可能。

果就不一样，就像当初引诱龙且一样。

"哈哈哈……好小子，还是那么狂妄！今天就让你再尝尝本王的厉害！"说着，项羽就要动武，可是韩信似乎还有话要说。

"你凭什么就该拥有想拥有的一切？难道其他人都该死吗？……要是真这样的话，上天也太不公平了！风水轮流转，今天正是你走霉运的时候……"

"废话少说！就凭本王手上的这把宝剑，你小子就放马过来吧！"

"项王，我先让你！"

"好！有种的今天就别当逃兵！"

"呵呵！项王，咱们一言为定！"

项羽只顾与韩信置气，根本没有觉察出韩信大军阵形的异样，这种阵势谁也没有见过。

可是有心之人总能感觉到事情不对劲，但这时候没有人敢对项羽做无用的劝谏。只有很不讨项羽欢心的钟离昧忍不住在一旁道："大王小心，大王且看此番汉军阵容松散，大有诱我之意……"刚才为避嫌疑，他始终躲着韩信的目光。

"汉军兵多，故此耳！他不诱我，我亦当直取敌之腹心！你若是怕了，就先留下吧……"都到这时候了，项羽懒得跟属下废话。

真是自讨没趣，但是从不感情用事的钟离昧真就留下了，假如项王陷入敌阵，总得有个得力的人去接应吧。人皆可以负我，然我不可以负人，这就是一身耿直、唯重义气的钟离昧。

一阵壮怀激烈的鼓角声之后，项羽便自引主力兵马以锥形阵法直接向韩信的中军杀去，他固执地要让韩信再次领略一下自己的霸王气概。然而，韩信布下的出奇阵法正是专为对付一意冲锋陷阵的西楚霸王而创制的——"十面埋伏"阵。韩信就是要凭此狠狠地挫一挫霸王的锐气。当然，这也是周全之策，不与敌人争一时锋锐，可以最大限度地保存实力。在巧妙周旋的同时又可以不失时机、自由灵活地争取给敌人重击。后世有人创出的后退决战的"天炉战法"①与此可称异曲同工。不过，韩信最主要的意图还在于避敌锋芒，后发制人。阵法的关键在于能否运用得当，因此韩信花了数年时间琢磨此阵，又耗费大半年的时间令全军上下苦练此阵——它必须由训练有素的部队来执行。

4/　十面埋伏

"好，你放马过来吧，我先让你三招！"韩信暗自道。

如此，气势汹汹、怒不可遏的项羽轻而易举地连续突破齐军几道防线，而后他又在齐军的一步步引诱下逐渐朝敌纵深攻去，他要像一根楔子一样狠狠嵌入韩信的肉中。当齐军的中路防御稍显出一点空隙，满怀侥幸心理、急于求胜的楚军在项羽的率领下迅速向齐军中央阵地扑去，虽然有些冒险，但眼下这种情形只能如此。

项羽身边身经百战的大将季布等人始终觉得齐兵规避得有些蹊跷，好像专门跟楚军兜圈子似的。于是在部署新一轮的攻势之际，季布也像钟离眜一样提醒项羽不要轻易向齐军的中心发起全面突击，因为经验表明韩信用兵诡诈，齐军又一向很能打。楚军不妨稳扎稳打，先从试探齐军的两翼开始，再慢慢扩大战果，以免深陷敌人陷阱。

然而已经被撩拨起杀心的项羽哪里经得起诱惑，"此番敌以虚代实分明就是韩信使的拖延之计，故而本王更当一气杀他个片甲不留……且本王自与汉军交战，从无败绩，愿诸君共勉！成败在此一举，无须多言……"而且今日若不能决出生死，恐怕楚军回营都吃不上一顿饱饭，算了吧，大不了就是一死，得意一时、纵横数载也值得了。

① 指抗日名将薛岳当年为对付强势的日军而创出的一种有效战法，后人曾推崇此战法"足以法天地之幽邃，穷宇宙之奥秘，为鬼神所惊泣，人事所难测……"，可见赞叹之至。

当然，项羽还没有傻到只会头脑发热，他只是觉得韩信肯定会从心底惧怕和忌惮自己，或恐他们之间还有些可怜的情义。所以他便想先从气势上压过齐军，令其知难而退，这样也许可以达到不战而屈人之兵的目的。一个说客办不到的事情，很多时候用拳头就可以办到。

无疑，项羽的决断不失英明，他从来都不是草莽。

项羽率军杀入了齐军的中央阵地，迫使齐军不得不与楚军展开死战。可是没想到，刚一交手，韩信迅速退到了一处高坡上，命人挥舞令旗做出合围楚军的架势。虽然这招在项羽看来并不新鲜，但却很容易引起士兵们的恐慌。

果然，刚才还显得仓皇和凌乱的齐军一下子恢复了严整的秩序，项羽这才觉得很不对劲，齐军频繁变换的阵型和兵力调配开始令他眼花缭乱，可是后悔也已经晚了，再说他又怕过谁。于是，他准备如当初的龙且一般向着齐军主帅韩信发起猛冲，集中兵力认准敌人一个点 ①，他需要迫使齐军露出破绽，再力争打疼韩信、打退韩信……

不过，韩信到底技高一筹，"十面埋伏"阵的灵魂就是要以灵活多变、避实击虚达到挫敌锋锐的目的 —— 以战车、刀车等可以随意移动的辎重先行，一步步地对抗敌骑兵发起的猛烈冲击，再辅之以士兵携带的大块木石堆起的一道道障碍，加上弓弩配合以抵挡敌步兵发起的冲击……如此一来，以守为攻，以退为进，紧密配合，环环相扣，不仅可以实现在运动中割裂敌军阵形的意图，更可以伺机慢慢蚕食、消灭敌人。

为了这一天的到来，韩信不知花了多少心血思考这一复杂、严密的阵形配合，又不知花了多少心血来演练它 —— 三十万众可不是随便什么人就可以指挥得了的，大兵团作战需要极其高超的指挥和协调能力。当然，韩信不是凭空完成如此天才的构想，前人创制

---

① 毛泽东说"反对两个拳头打人"，就是要（在总体劣势的情况下）集中优势兵力以形成局部的相对优势，而被称誉为"百万军中取敌上将首级"的孟良崮战役就是这一用兵原则的经典体现；法国著名军事家、皇帝拿破仑也是这一战术原则的提倡者和成功实践者。

的"八阵"①之类的阵法正是他的参照，只是"十面埋伏"阵是作为一代军事奇才的韩信专为对付霸气冲天的项羽量身定制，根本意图在于消解项羽及楚军的爆发力。齐军的阵形运动分合、变幻不定，既让楚军摸不清虚实，同样也让他们无法占据优势。

作为战场焦点和重要攻击目标的韩信更是来去飘忽、行踪诡秘，一会儿在这边露一下脸，一会儿又在那边摇一下旗，如同只可见其首而不可见其尾的神龙。如此一来，把一心要韩信好看的项羽累坏了，苦苦折腾了大半天，愣是没伤到韩信的皮毛，倒让自己的兄弟们赔进去不少。于是，项羽萌生了来日再战的念头。

可是，正待项羽逐渐减缓攻势的时候，齐军中突然就传来了一阵接一阵奇怪的喊叫声，细听喊叫的言辞，令项羽倍感熟悉："有种的今天就别当逃兵……"

"韩信，你欺人太甚！"虽然项羽明知韩信在使诈，可他毕竟是个很要面子的人，不得已之下改变了进攻的策略：不再追着韩信打了，而是准备以静制动、以不变应万变，全军龟缩为一字长蛇阵，专等着齐军主动进攻，拔掉他这颗已紧紧地楔进来的钉子。

然而项羽又失算了，齐军很快便组织起几股强大的突击兵力，以令项羽也吃惊的速度把楚军阵形斩断成几股，这样楚军便无法首尾相顾，而齐军则可以集中优势兵力逐一对其进行围歼。此时项羽才真正开始惧怕，他也顾不得要面子了，下令全军突围。

可是，既已中了人家的圈套，想走哪有那么容易。几股被分割开的楚军陷入了敌阵中进退不得，而且齐军还在紧紧地将他们往一处挤压，等到他们再也动弹不得时，迎接他们的便是齐军从前后左右投射来的标枪、箭矢等，楚军被撂倒了一片又一片，鬼哭狼嚎的惨烈叫声响彻云霄……

项羽还在苦撑着。他知道韩信只会在最后时刻才会集中全力收拾他，所以苦撑是最稳妥的办法。韩信知道项羽不是身陷绝地的龙且，他可以凭着自己的武力，任谁也休想挡住他的去路。因此，韩

① 据称这是当年孙膑破庞涓时用过的阵法。后来诸葛亮的"八阵"可能与韩信的"十面埋伏"阵有点联系，尽管后世对于它们的认识都并不确切。

信只能从打击项羽的信心入手，让他输得口服心服。

此时的项羽还没有放弃趁乱对付韩信本人的希望，只是等到他发觉齐军的防御依然牢不可破的时候，他才彻底丧失信心！前前后后才不过三个多时辰，项羽已经感觉无比疲惫。他在徒劳地努力过几番后，顾不得那些被围的兄弟了，只带着手下仅剩的数万之众开始了艰难的突围。

齐军当然不会轻易放他走，他们让楚军拼命地折腾了一个多时辰，楚军如困兽斗。此时双方都有些体力不支，于是韩信便传令慢慢放开了围困楚军的一角，这才让项羽缓过来一口气。

尽管如此，仅仅才一战，楚军就已经伤亡过半，其中更有大量部队尚处于被分割包围之中，因此最终统计的被俘人数达万余。

项羽到底还是尝到了韩信的厉害，但他嘴上却绝不服输："小子，这次先便宜了你！"

然而，项羽放松得还太早了些，韩信绝不会给项羽留下任何喘息之机。

于是，正当项羽兴冲冲地看到自己即将杀出重围时，已经等待许久、养精蓄锐的汉军又蜂拥而至。汉军以逸待劳，乘敌不备，对楚军一阵猛杀猛冲，很快就占据了明显的上风。刘邦这一次大大挽回了不少昔日丢得干净的颜面，直把项羽打得叫苦不迭。

双方又激战了一个多时辰，项羽还在勉力支撑，只要他不倒，楚军就不倒！楚军将士的确是硬骨头，个个都已经杀红了眼。韩信怕再有什么意外和闪失，便又指挥数万已饱餐战饭的齐军预备兵团向楚军发起了最后的冲击……

双方鏖战至黄昏时分，在钟离眜的全力接应下，项羽才终于得以带着不足两万的残兵败将突围回营。这一刻，项羽的身心和意志均已消沉到了极点！

汉联军对其穷追不舍，步步紧逼，很快又将楚军紧紧包围了数重。项羽觉得自己的末日就要到了。

在关键之际绝不能再出任何差错，一旦再让项羽逃到淮南或者江东，那么又将是一场苦斗。况且项羽一直自诩为天之骄子，只有让他明白自己早已被上天抛弃，从根本上瓦解他的自尊心和自信心，才算真正地打败了他！一劳永逸地解决项羽的方法只有一个——攻其心！

如此，接下来就是韩信对楚军尤其是对项羽实施攻心战术。夜幕降临，汉联军在楚军军营的四围燃起了熊熊篝火，今晚夜色深沉之际，汉联军要为楚军送去一个永生难忘的不眠之夜。

大唱楚歌，大发悲声……

5/   四面楚歌

本来，初时韩信命人新谱楚歌，于是有人撰其辞道：

"寒月深冬兮四野风霜，天高水涸兮寒雁悲怆。

最苦戍边兮日夜彷徨，披坚执锐兮孤立山冈。

虽有田园兮谁与之守？邻家酒热兮谁与之尝？

白发倚门兮望穿秋水，稚子忆念兮泪断肝肠。

终日在外兮何时反省？妻子何堪兮独守空房。

一旦交兵兮蹈刃而死，骨肉为泥兮衰草沓芒。

魂魄幽幽兮不知所往，壮士寥寥兮付之荒唐。

勿守空营兮粮道已绝，指日擒羽兮玉石俱伤。

汉王有德兮降卒优抚，备好酒食兮送还故乡。

当此永夜兮急速反省，及早散楚兮免死殊方。

我歌岂诞兮天谴高汝，汝岂知命兮无谓渺茫。"

歌词撰写得婉转凄切，令人痛断肝肠。但是韩信仍旧觉得它不够简洁，不够直白，普通士卒根本听不明白，这样也就收不到预期效果。而且吟唱起来更有麻烦，士兵们肯定唱不动情。

于是又有人撰其辞道："人心皆背楚兮，天下已属刘。齐王屯垓下兮，要斩霸王头。"这回歌词倒是言简意赅，不过感染力却又有所欠缺，尤其应当把"齐王"改为"汉军"，不然风头就太过了。

思前想后，几乎没什么机会舞文弄墨的韩信便亲自动手，好在新夫人云姬也算这方面的行家，于是二人斟酌再三，谱出了这样的歌词：

"天下纷乱离兮，男儿辞故乡。

方今思太平兮，田园不可荒。

父母妻子盼兮，寻悔莫悲伤。

人心皆背楚兮，天下已属刘。

汉军屯垓下兮，要斩霸王头。"

当万籁俱寂之时，汉联军的将士们饱饱地用过了晚饭后便围坐在暖烘烘的篝火旁开始一齐朗声吟唱起来……

声调越来越低缓、深沉，感情也越来越充沛、投入，与其说是在唱给别人听，莫如说是在唱给自己的心听。

不要说听者的感受了，连歌唱者最后都快要泣不成声。

此时的项羽正在低头自顾自喝着闷酒，他对自己身上战斗留下的几处擦伤根本不在意，任由鲜血弄脏了衣服。他已经下令今晚让仅剩的兄弟们杀牛宰羊美餐一顿，也许明天就不知道魂归何处了。

"怎么办？难道真的要连累兄弟们送死吗？那样做还值得吗……"第一次，生平第一次，项羽感到了绝望，这位天之骄子、绝世英豪、西楚霸王，终于感到自己被老天所抛弃——愈是一生顺遂的人才愈经不起大风大浪的折腾。

但是，项羽不知道自己究竟差在哪里、输在哪里，为什么人心都最终归向那个他一向都非常鄙视的猥琐又无耻的刘邦呢？韩信为什么就如此甘心替刘邦卖力呢？难道刘邦果真有什么过人的魅力吗？……

项羽再次想起了亚父，他确实有些后悔当初没有听从亚父的劝告将刘邦斩草除根，最后还把他老人家给活活气死，真是悔不当初……想到这里，酒实在是喝不下去了，于是项羽便悄悄地走到帐外，没有让一个亲随跟从，他要好好地理一理思绪。不一会儿，他来到了一处高坡上，环顾周遭，但见四野星星点点，尽是汉营中点起的篝火。茫茫无际的孤寂黑夜，怎不让英雄心底发虚。

项羽竟开始不无悲伤地惆怅起来……想到白天有那么多兄弟殒命沙场，霸王第一次自责地流泪了。

这时候突然有一个熟悉、温暖的声音从身后传来："外面冷，小心着凉！"接着一件厚厚的披风披在了肩膀上。那是他的虞夫人，他死生相依的爱人。

"夫人，你怎么出来了，外面风大，你先回去吧。"项羽使劲地揉了一把脸，转身看着她说道。

"籍哥，你觉得这个时候我还能回去吗？"她居然如此称呼他，她最早就是这样称呼自己的，那时候他们都还不过十几岁。项羽的名字本就叫项籍，只是字羽①。

项羽看出了虞姬的忧虑和伤心，有些英雄气短地说道："想不到我项籍也有今日，兰妹……"他说不下去了，只是一声长叹。

虞姬将头温柔地靠在了他的肩上，毅然地说道："籍哥，这一辈子，我跟着你已经知足了，生生死死，我都无怨无悔……你不要太放在心上……"

项羽把她紧紧地揽在了怀中，好一阵静默无语。他们相偎着一齐坐了下来，沉浸在无边的深沉夜色中，面对凶险叵测的前景，默契地追忆起从前的事。

"籍哥，你还记得吗？从前咱俩刚刚认识的时候，你那会儿的样子可真傻，呵呵……你整天偷偷地跑到我家外面，等着想看我一眼。那时候我就想，难道我真的有那么好看吗，让你天天都来瞅我，呵呵……爹爹还放狗咬你，想让你安分点，可是你却能把我家的狗儿哄得团团转，呵呵……对了，我一直想问你来着，籍哥，你当初究竟是用了什么法子哄得狗儿那么乖啊？"

霸王也露出了会心的微笑，敞开了心扉："还有什么法子啊，我每次都瞒着叔叔把一些好吃的东西私藏起来，我自己舍不得吃，就等着到时候哄你家狗儿呢……呵呵，你家狗儿可金贵着呢，骨头小了它都挑剔……兰妹，我也一直想问你，我当年整天和人打得鼻

---

① 亲近的人之间是不叫字的，好朋友或者师长才这样称呼。

青脸肿的，你怎么就偏偏看上我了呢？"

"呵呵，因为不争强好胜就不是男人了啊！你长相威武，身手了得，虽然一发脾气能把人家吓得要死，可是你在我面前却从来没有发过一点脾气，这让我可感动着呢……"

"那都是因为你好，我能娶到你做老婆，当然爱护你都来不及呢……"

"嗯，籍哥我信你！可你知道吗，当年你跟着叔叔亡命天涯，我以为这辈子再也见不着你了呢！在那些见不着你的日子里，你知道我有多难过吗……我从来都没跟人提起过，怕你笑话我……"

"傻兰妹，我当然知道！我当初也非常非常想念你啊，所以我们一在吴中安定下来，就马上去你家求亲了啊……还好你爹爹认我是个人物，呵呵……"

"只有我哥哥不同意……"

"唉！你哥哥说我难成大器，终究成事不足，今天看来他也许才是对的，"这一下居然又戳到他的痛处了，"好兰妹，我对不起你……"

"籍哥你哭了？胜败本就不算什么，难道你一个大男人还输不起吗？别说这些傻话了，我一天是你的人，就一生是你的人……我不许你难过……"

"好！我不难过！我知足了……那我讲故事给你听吧……"

"嗯，咱们今天晚上还像从前那样坐着相守到天明吧……"

"呵呵，好兰妹！咱们一言为定……"天也不怎么冷了，他们还专门点燃了一堆篝火，有火光在总让人心中有希望。

"从前有一个傻小子，他到处拜师学艺，立志要学到举世无双的屠龙之术……"

"呵呵，我知道，世上本没有龙，这个傻小子是白辛苦了！"虞夫人迫不及待地接了话茬儿。

"不！兰妹，世上有龙，而且也确有屠龙之术，只是这个小子……你慢慢听我把话说完吧……"只是这个小子没把真正的功夫学到家，却自负得不得了，项羽想把自己一生的功绩检讨一下。

"哦，籍哥！我最喜欢听你认真讲话了……"

可是，项羽的故事讲了没几段，两人就有些昏昏欲睡，悠然而起的楚歌却唱响了……

歌声越来越清晰，越来越婉转低沉，楚营中有人开始骚动起来，刚睡下的也爬了起来，士卒都赶忙走出营垒倾听。看大家听得入神，将官们不得不下令让士卒都各回营房抓紧休息。可是就在近旁的项羽却取消了这个命令，人情如此，勉强也无益，倒不如让兄弟们宣泄一下。

歌声越发绵延悠远，竟使项羽产生了错觉，"难道汉军已经尽得楚地了吗？是何楚人如此多也？"虞夫人已经追随项羽多年，惊心动魄的情景也见识过不少，但是像今天这一幕，却让她感觉别有意味，也最具杀伤力。聪明的虞夫人知道这一定是深谙霸王为人的韩信设下的计谋。于是她对项羽说道："籍哥，兵法上说攻心为上，这一定是敌人的计谋！"

"咱们且不管它，先进帐内去吧。"

既然是敌人的计谋，又怎么可能真的漠不关心呢！项羽的步履已经显得有些沉重，她看在眼中，记在心里。二人静静地躺了下来，肩靠着肩。

夜半时分，四面而来的楚歌唱得更加动情了。项羽仿佛突然被惊醒一般，爬起来摩挲着熟悉的杯盏。虞夫人也一直无法入眠，她倾听着那时而消歇又时而慷慨的悲歌，心底一片凄凉，泪水狠狠地打湿了爱人的衣襟。

两个人相对而坐，虞夫人终于泣不成声地说道："籍哥，应该说对不起的人是我……我没能给你们项家添个后，我……"这是她的心病，她觉得自己根本就不配享有项羽的爱。

"呵呵，咱们已经吃尽了苦头，就别再让孩子受连累了吧……"

项羽的心底生出一股剧烈的悲怆之情，他看着自己眼前美艳如一的爱人，又突然听到帐外"骓"的长鸣，此时的霸王怅然若失，略一凝思后，慷慨悲歌道："力拔山兮气盖世，时不利兮骓不逝。骓不逝兮可奈何，虞兮虞兮奈若何！"项羽一连蹀着步子来回用情吟诵了数遍，怎不教人肝肠寸断。

无情未必真豪杰，多情堪怜大丈夫……

其实，不仅项羽会在爱人面前变得如此脆弱和多情，就是那一向以好色、薄行著称的刘邦，也总流露真情。刘邦晚年的时候，因为非常宠爱戚夫人，便决意废掉吕后所生之子刘盈的太子位，改立戚夫人的儿子刘如意，这样在百年之后，戚夫人的性命也就有了保障，他太了解吕氏的刻薄和歹毒了。可是在张良等人的干预下，由吕后延请的"商山四皓"出面，迫使刘邦无奈地收回了成命。面对心爱的戚夫人，刘邦为了表达自己最深切的歉意，无奈地吟唱道："鸿鹄高飞兮一举千里，羽翮已就兮横绝四海。横绝四海兮当可奈何？虽有矰缴兮尚安所施……"这是他最悲切的心声，也是最普遍、最深刻、最感人的人性。

6/　魂断垓下

霸王的悲吟早已令虞夫人泪流满面，无以割舍的还是那份厚重的情愫，曾经的一切难道就这样到此为止了吗？到底还有些不甘心。这时，听到动静的亲随们也一同围拢进来，大家都听出了此中的异样。

最终，虞夫人振作起了精神，她当着大家的面深情地望着项羽："汉兵已掠地，四面楚歌声；大王意气尽，贱妾何聊生？"连着唱了两遍，眼里满含激动。两个人抱头痛哭起来，左右的人也都情不自禁地跟着一同哭起来，再没有人忍心去仰视自己的大王，那英雄而又情义深长的霸王……

虞夫人吟唱出了绝响——我的王啊，也许你的绝望也因了我吧，好的，现在我不会再拖累你了！你尽情地做自己想要做的事吧，尽情地自由翱翔吧！

不多一会儿，左右的人便都出去了。虞夫人一向不精于舞蹈，但这一次，她慢慢地展开温香扑面的长袖，缓缓地移步于灯火迷幻的帏帐中，像一个醉倒的天仙那般尽情地舞起来了。

项羽实在不忍心再看下去了，她那一行行决绝的清泪伴着汗水恣情挥洒，似乎已入忘我之境。

项羽不得不退到大帐之外，他再一次细细地仰望寒冬夜半的星空，那儿正有几颗星星闪烁着明亮剔透的光芒，他觉得自己死后也一定会同它们相随相伴。曾经，他用自己的铁血创造了历史的永恒，但是辉煌又何其短暂，短到他今天才不过三十岁，就要与自己的爱人品尝生离死别的痛苦了。不！无论如何，他都不能让这一刻变为现实！无论如何，他都应该为所爱之人奋战到最后，哪怕是和咄咄逼人、反复无常的命运同归于尽！

正当项羽独自沉浸于莫名的悲壮情怀时，突然他听到了来自帐内脆亮、惊心的落地声，然后又是一阵沉重的倒地声……

项羽好像顿悟一般，立刻就反应了过来，大呼一声"糟了"，几个箭步便冲入帐中。虞夫人已然先行一步离开了，那是所有人的归宿！项羽一下子就崩溃了，大喊大叫着，士兵们闻声都闯了进来，可是没有一个人敢靠近他。项羽什么都看不见听不到，只是紧紧地抱住虞夫人，热泪滚滚而下。他痛苦地聆听着虞夫人的残喘，任她的鲜血浸透了自己的衣襟，"籍哥，你千万要，保重……自己……"

她还想去抓他的手，可是已经再没有半点力气了。

"兰——妹，兰——妹……"项羽的吼声撕破了冷寂如冰甲的长空。

就这样，她为了不拖后腿，便带着满腔刻骨的柔情匆匆而去了。项羽又和她安静地待了一个多时辰，让人挖了个深坑将她暂时秘密地埋葬了，最后是他亲自添的土。

项羽赌着最后一口气——为她报仇！已经折腾了半宿的他没有多少时间了，眼看不久天就要亮了，那时候要想再突围就很难了。于是项羽再次跨上了自己心爱的宝骓马，召集所有人下了鱼死网破的突围令。

可是不承想，汉军唱了一夜的楚歌后，楚军的士气已丧失殆尽，最终仅有八百人能够完全听从霸王的号令，其他的将士已然不知所踪。但不管如何，大家还是怀有一颗强烈的求生之心，项羽分派钟离眛带大部分人向东突围，而自己则率领余部向南突围，以期分散汉军的注意力。

权且如此吧，不能再犹豫拖延了。

没有早一点，也没有晚一点，汉军完全没想到项羽会选择在这个时刻突围。

一代霸王落得如此下场。楚军突围的速度比汉军想象中快很多，不过韩信早已调派了重兵在其必经的东线和南线做了防备，层层严密设防，因此楚军的突围部队轻而易举就被汉军完全打散，这已成为一场不再有任何悬念的较量。可是，一往无前、勇猛无敌的项羽最终逃脱了。

刘邦赶紧下令追歼敌残军，以防死灰复燃。灌婴率领五千精锐骑兵迅速展开对项羽残部的追击，不斩其首绝不罢休。韩信料定项羽再难成事，因此他更关心的反倒是虞姬的安危，他以为虞姬一定混杂在项羽的队伍里，所以特别嘱咐灌婴不得放箭，最好要生擒项羽，一定要保证虞姬的安全，有违者定斩不饶。这是一个建功立业的绝佳机遇，因此灌婴和他的部下都格外卖力，等项羽向南突围渡过淮水之时，队伍就只剩区区百余人了。然而不许放箭，双方就只有力斗，几番鱼死网破下来，汉军伤亡惨重。所幸当项羽率领残部到达更南面的阴陵时，不慎在那里迷路了……

楚军正苦于无计可施时，正好遇见了一名当地种庄稼的老汉。

项羽命人向老汉问路，可是那老汉也多长了一个心眼，他看着这样一支狼狈的队伍意识到了什么，然后将项羽等人引到一大片沼泽中，令大伙叫苦不迭，纷纷弃马步行。老汉的举动也让项羽见识了人心变化，他又一次遭到了沉重打击。当实在气愤不过的手下提出要去追杀老汉时，只听项羽仰天长叹道："此系天意！不关老汉事。"

尾随的汉军很快追了上来，交过一阵手之后，项羽带人从原路向东突围，等成功突围到达东城时只有二十八人跟在身边，看来这一次真的大势已去了。人数少还不是最头疼的，上千汉军骑兵仍在紧紧咬着这支队伍，他们的速度实在是太快了。

项羽知道自己这次确实难再脱身了，他略一踌躇后，停下来对大家说道："诸位兄弟！请听我说……我自起兵之日已过八载，身经大小七十余场战役，所当者破，所击者服，未尝一败，所以才霸有天下……如今竟然落到今天这种地步，这是老天爷存心亡我，又岂是我所战不当的罪过？诸位兄弟明鉴，今日咱们再同敌人决一死战，我项羽愿为兄弟们打头阵，速战速决，一定三败敌人，为兄弟们解围！斩杀敌将，夺敌旗帜，我必让诸位兄弟晓得，这是老天爷要亡我，非战之罪也……"项羽直至最后也没忘了赌一口气。他本应该明了自己的失败，但现在说什么都晚了，他只认定自己的仇家就是老天，既不是刘邦，更不是韩信！这个仇他怎么报？

"唯大王之命是从！"这些忠诚的将士真正在乎的未必就是项羽的勇力。然而不管怎么说，项羽的天资的确出众，不愧为"战神"。

只见项羽一阵冲杀，轻而易举就带着大家冲出汉军的第一道重围，斩杀了汉军的一名骑将。此时，汉军的另一名骑将也想挥军继续追击楚军，可是项羽回过头来对他瞋目叱之，就吓得汉军人马俱惊，当即就避开数里赶着去同大部队会合了。项羽的气质确是骇人，在这一点上，可谓古今无匹。主力汉军还在顽强地追赶楚残军，因此项羽又得以成功斩杀汉军的一名骑都尉，等到大家又重新聚到一起时，二十八位骑士才仅仅少了两个人而已。挽回了一点颜面的项羽便问大家："怎么样？"

众人皆下马，跪向项羽表示叹服："果如大王言！"

几场拼杀下来，仅仅项羽一人就斩杀了不下百人，恐惧至极的汉军不得不放慢了追击的速度，只是坚持跟踪监视，想趁其疲惫再一举攻之。

不知不觉，众人顺利地来到了乌江①岸边，准备东渡过江。

一位五十上下的亭长已经听到了风声，他早已准备好船只在那

---

① 非今日的乌江，乃指当时长江的一段，属于长江下游。

里等待着项羽一行人，见大王落难，当即便请项羽上船："大王，赶紧上船吧！"

可是面对滔滔的大江之水，昔日的霸王竟有些犹豫：过？不过？必须好好想一想……他也感到了自身的渺小，他更知道刘邦绝不会轻易放过他，如此一来必将又是一场因他而起的生灵涂炭。

最后，项羽不由叹道："江东，太小了……"

焦急的乌江亭长却接口道："大王，江东虽小，可地方千里，有十万众，足令大王称意！愿大王急渡，而今只有在下有船，汉军来了，也颇费一番周折。"

不提江东人众还罢，一提这个项羽就突然想起曾经追随他一起出生入死的江东众兄弟，更有他的爱人——虞氏。他不禁苦笑道："天要亡我，我何渡为？想当初，我与江东子弟八千人渡江而西誓诛暴秦，而今却只有我一人独还……纵使江东父兄可怜我项羽，仍愿意尊我为王，可是我又有何面目见他们呢？就算是他们嘴上不言语，难道我心里就没有愧意吗？罢了，一切都是天意……"

就只那么一瞬间，项羽心里的那把火彻底熄灭了。乌江亭长还想劝解他，可他坚决地摆了摆手便翻身下马，一面深情地抚摩着宝骓，一面对亭长说道："我知道您是一位仁义的长者，我胯下的这匹马已经追随我五年多，所当无敌，曾一日行走千里，我不忍心让它白白死掉，就送给您吧……"事已至此,亭长也不知道说什么好了。

项羽又转身吩咐众人赶紧过江，可是令他意外的是——这些兄弟没有一个愿意苟活，项羽觉得自己这一生值得了！他展露出了久违的笑颜，就像不久之后的"田横五百士"①一样，慨然赴死的场面令人动容。最终，项羽痛快地喊道："好！兄弟们，咱们生生死死都在一起！"

乌江亭长很识趣地载着宝马依依不舍地离开了，众人一起目送它的远去。但是船到江心时，宝马突然嘶鸣、狂躁起来……

----

① 据今天有些（包括外国的）科学家考证，所谓的田横五百死士应该只是史书的一种推断而已，"五百士"中或许的确不乏为其主田横殉葬的，但肯定仍有一部分人选择了求生，他们之中的某些幸存者甚至漂泊到了遥远的美洲，且有实物为证；这是让人啼笑皆非的事实，不过它在历史上所产生的真实影响却是不容置疑的。

轰轰烈烈的一生，有时也只不过是为了争一口气，而男人们用自己的生命证明的无非是血性。

汉军又渐渐围拢上来，灌婴也已发觉了乌江岸边项羽这一小撮残军的异常，他没敢轻敌，因为他已经充分领教过了对方的厉害，所以灌婴准备等队伍集结完毕之后，再向敌人发起致命的一击。于是就出现了一个非常奇怪的局面：双方虽然隔着数百步彼此相望，但并未急于交手，而是各自生火饱餐，他们都清楚这一顿若不好好吃，就再也没有机会了。

冬日的午后，血战终于开始了。既然已抱定必死之心，项羽便命令大家各自下马持短兵器进步战，这是最后的自杀式攻击。灌婴也命汉军士兵下马，排成有序的阵列——毋庸置疑，这是最后也是最为惨烈的一场角逐。最终，汉军还是付出了数百人伤亡的代价。

楚军的二十六人全部战死，唯独古今少有匹敌的"战神"项羽在又击杀了数百名汉军之后依然屹立不倒！此时他的宝剑早已卷刃，身上也多出了十余处严重的创伤，鲜血直向外涌出，加之先前溅上的汉军的鲜血，他近乎成为一个血人。

但是此刻的项羽早已顾不得许多了，从他身上爆发出来的惊人气势已经令数千汉军魂飞魄散，再不敢近他的身。灌婴也晓得再让兄弟们白白送死没有任何意义，因此他便静下心来等着"战神"自己倒下去。傻瓜都能明白，项羽自然更清楚。

冷静片刻的项羽便想来个痛快的，该证明的都已经证明过了，该发泄的也都已经发泄过了，最后就只有认命了。项羽突然抬头远远看见汉骑中一位名叫吕马童的司马，他一阵欣喜，向那人高喊道："那一位，莫不是故人？"

吕马童当初在共尊楚怀王时和项羽一度非常熟识，他当然晓得项羽是在叫他，于是他对项羽示意。项羽看到了吕马童打招呼的手势，欣慰地高喊道："本王听说刘邦悬赏千金来买本王的项上人头，还有封邑万户，今日本王就成全了你这故人吧！哈哈……"

话刚说完，转瞬之间，疲惫、创痛、悲伤已极的霸王向天长呼一声："兰妹，我来了！"便慨然举剑自刎而死……

一代英雄就这样化为了人世间轻渺的尘土。

可惜，战神未能受到对手应有的尊重。为了争功，已近疯狂的汉军将士硬是肢解了刚才还令自己心胆俱裂的楚霸王的尸体。根据不同的分量，这些汉军将士都受到了刘邦的封赏。灌婴实在没有办法，谁叫这位强悍的对手手中有那么多冤魂呢！庆幸的是，项羽的宗族却被完整地保全了下来，他们一个也没有被诛杀，而且很多人还被赐刘姓，项伯等人甚至被封了侯。这不仅是因为汉王刘邦的宽大，主要也是因为他真正畏惧的只是项羽一个人罢了，而姓刘的再也不想与姓项的为敌了。

接下来为稳定大局，事先早已盘算好一切的刘邦转而去收拾韩信了。

当时，韩信的中军大营已改设到靠近中原腹心的定陶，那里正是他第一次遭遇军旅危机的地方，他险些丧命于秦军之手。不过这一次他却没能再逃厄运。变得相当诡谲的刘邦带人一阵疾驰闯入齐王大帐，还没容韩信反应过来，就立马夺了韩信的齐王大印，接着又下旨将韩信改封为楚王，定都下邳，并为他划定了明确的封地。

刘邦清楚齐国的战略地位，他不可能轻易让一个外姓人据有它。一年后，一个名叫田肯的人对刘邦如是道："秦，形胜之国，带河山之险，县隔千里，持戟百万，秦得百二①焉。地势便利，其以下兵于诸侯，譬犹居高屋之上建瓴水也。夫齐，东有琅琊、即墨之饶，南有泰山之固，西有浊河之限，北有渤海之利。地方二千里，持戟百万，县隔千里之外，齐得十二焉。故此东西秦也。非亲子弟，莫可使王齐矣。"这正说出了刘邦的心声，所以他非常赞同，并且还

---

① 指以二敌百。"县隔"为远隔之意，是指函谷关距离长安有近千里之遥。

专门赏赐了田肯黄金五百斤。但是刘邦自己也没意识到在权力面前，骨肉至亲也是靠不住的。

渐渐明白过来的韩信虽然大感吃惊，但好在也没有失落得太多，怎么说楚地也是哺育自己的故乡，因此他勉强向汉王叩谢。然而，丧失物产丰饶、得天独厚的齐国让韩信隐隐感觉失色不少，而且汉王居然对自己采用如此卑鄙的手段。

韩信是个好面子的人，更是个敏感多疑的人，但还有令韩信更为烦恼和伤心的事，几乎让韩信彻底崩溃。

当韩信确认虞姬自刎的噩耗时，他难过得满脸通红，痛苦万分。他突然发起脾气，手拿宝剑在大帐里乱砍一通，随后独自坐在地上，痛哭流涕。吓得谁都没敢近他的身，大家也闹不清究竟是怎么一回事。

虞姬之死对于韩信而言意味着幻灭，奋斗的终极目标没有了。等到后来虞姬的替身——云姬也遭遇不测的时候，韩信完全心如死灰。

当韩信一个人正发狂的时候，云姬闻讯而至，她已经摸清了夫君的心思，小心上前，软语安慰道："大王，让我来做你的虞夫人吧！"说完便将头温柔地贴在了韩信的后背。

韩信吃惊之余，赶紧收敛了情绪，转身仔细地瞧了她一会儿，厉声说道："你真的可以为我而死吗？你真的觉得自己配和她相提并论吗？"

"我可以！"云姬未做犹豫，态度坚决地说道。

"那就证明给我看吧！"韩信脱口而出。

没容韩信反应过来，云姬拔出一把锋利的匕首向着自己的小腹狠命一扎……

韩信当即就吓坏了，也吓醒了，他赶忙让人传叫医士，然后扯下自己的衣襟为她止血。他一只手紧紧地抓着云姬的手，另一只手则按住伤口。只听他痛苦地吼道："你怎么这么傻啊？怎么这么傻呢……"

"我……做虞姐姐……不好吗？"

"我和你玩笑的，你竟当了真！别说话，抓紧我的手……"

云姬很听话。很快医士就赶来了，幸好韩信及时止住了血，创口也不深，性命算是保住了。

经过此事后，韩信对云姬彻底另眼相看，他虽然失去了虞姬却又得到了一个更加年轻、忠贞的云姬，总算也没白辛苦一场。但韩信始终不能忘记曾经朝思暮想的虞美人，他选择尊重虞姬的心愿，将她与已然残破不堪的爱人重新好好地安葬在一起。无论如何，项羽都是一位近古少有的大英雄，也算是给天下万民一个满意的交代。

接着，韩信又去凭吊了一番垓下战场，这里既是他人生的一个辉煌终结，又是一个新的美梦开始的地方。

持续了八年多的战火终于熄灭了，整个天下可以暂得安生。韩信就要去楚地上任，下邳可是承载过他青少年时代的英雄理想与远大抱负的地方，于他而言意义非凡。能够衣锦还乡，韩信充满了欣悦与激动之情。

汉六年（前201）正月，诸侯及将相们都在准备共尊刘邦为帝，可是刘邦却再三礼让，借此试探大家对他的拥戴及忠心程度。当然，在受天命时总得表现出一副谦逊及受宠若惊的态度，本来政治就是做给人看的。

韩信作为诸侯中的翘楚，带头上表劝进。相比其他诸侯而言，韩信最适合做这件事，毕竟吃水不忘打井人嘛。不过，他还有另外的事情要做，这于他而言相当重要。抚今追昔，睹物思人，定陶距离埋葬令他难以释怀的"大哥"的东郡不远，往事又不禁悠悠浮上心头。

等到云姬的身体渐渐康复，韩信立马悄悄轻装简行去看望他的"大哥"了。不须思量，自当难忘，那是他一生之中永远无法平复的伤痛。岁初的山间衰草茫茫，北风凄凄，但是每条路都是那么熟悉，十年只是弹指一挥间，他和"大哥"相处的时光仿佛昨天才刚刚经历，而今想来一切皆历历在目。过去的韩信拥有青春的朝气，但是天翻地覆、沧海桑田、扬尘东海的十年，大变革、大动荡、大纷争的时代成全了他那无比高远、慨然超世的英雄之梦……

可惜，作为自己生平知己的"大哥"却看不到眼前这辉煌的一切了，这种哀痛是难以补救的。

韩信凭着深刻的记忆，轻而易举就找到了当初埋葬"大哥"的地方，那棵大树上当时用心刻下的印记还清晰可见。

韩信这次不是空着手去的，虽然他知道这一切都是多余的，可是在他的心底，他还是希望能有另一个美好的世界接纳"大哥"，他更希望她在那个世界里能得到自己应得的幸福。或者，她的在天之灵能够看到他今天的成就，能够为此感到欣慰，这也是他一直以来最为看重的事情。死亡的幻灭曾经夺走了他的一切，今天他要重新找回它们，而这正是他此行的目的所在。

当然，韩信也没有忘记早已粉身碎骨的秋儿妹妹，想到两姐妹竟都成为自己难以忘怀的人，韩信一阵慨叹，也许这便是上天的安排吧。

往者已矣，来者可追！

一切既已成过往，就更应抬头展望未来。英乔也许就是"大哥"的在天之灵所托化的人，是"大哥"在冥冥之中引导着自己，无论如何都应该赶紧找到发妻。死者已矣，韩信绝不能再亏欠生者了。好在纷乱的战争终于结束了，他可以全身心地投入一切力量去找寻英乔，韩信始终相信英乔一定不会离家太远。

天已经渐渐黑了，天空中忽又飘起了细碎的雪花，如烟似梦一般。韩信转身上马之后就再没有回头。

8/　夫妻重聚

二月，韩信已经在自己的封地内任命了大小官吏，这样他就可以暂时清闲下来了。

在治理国家方面，韩信很是佩服黄老之说：崇尚无为，选贤任能之后，君王大可垂拱而治。大乱之后正需要涵养民生、与民休息。

刘邦待他也算不薄，所辖楚地纵横千里、接连江淮，足够彰显平生功绩。如此，韩信便再没有什么不满了。

韩信已经给各级官吏发布指示：有能帮他找回原配夫人的，赏千金及厚爵。也许是精诚所至，一位带着好消息的不速之客悄然而至，他正是被皇帝刘邦通缉的原楚国大将、韩信的平生挚友钟离眜。

故人相见，韩信自然欢喜得紧，他一面让人严密封锁消息，一面把钟离眜好好安顿下来。钟离眜还带来了英乔的下落，这让韩信大喜过望，此时他才知道原来自己已经做了六年的父亲了，他的血脉已在这个世界上延续了六载！他激动地滚下几滴热泪，一把抱紧钟离眜。果然，失去的一切眼看都要回来了，友情、亲情、爱情……

钟离眜得悉英乔母女的下落纯属偶然。他侥幸冲出了汉军包围后，在逃亡的过程中，竟于一处孤山中巧遇英乔母女。事后，尽管英乔一意挽留，但钟离眜唯恐连累她们，还是很快离开了。英乔曾特别关照钟离眜不要把她们母女的消息告诉韩信，但钟离眜却很不解，他料定此中一定有误会，所以在投奔自己的兄弟之余，就把这个消息透露给了韩信。

这当然是好事，然而谁也都未曾料到，此后事态的发展却完全背离了美好的初衷——韩信因此怀疑钟离眜和英乔私通，不然绝不会有如此巧合的事情。

女人天性好妒，男人天性也好猜忌。

一个春日暖和的午后，钟离眜带着急不可待的韩信一行人，经过九曲十八弯后来到了英乔母女的住处。距离那座小小的庄园还有很长一段路要走，韩信便把大家都留下了，他要独自前往。

小小的茅屋上空此时正升起袅袅的炊烟，韩信一眼就看到了在院子门口玩耍的草儿——那一定是他的宝贝女儿韩草。孩子已经长大、长高了！草儿只顾着玩地上的蚂蚁，没有注意到旁边有人来。激动不已的韩信慢慢靠近了孩子，韩草的胆子大得很，见了生人也没有大叫，韩信的眼泪直在眼眶中打转。草儿还没见识过这种事情，她立刻丢下了玩蚂蚁的草把儿，有些惊奇地仰头看着这名个子高高、衣着光鲜的陌生人。韩信越看孩子越像自己，他忍不住蹲下，一把抱住孩子道："草儿，我是爹爹啊，快叫爹爹！"说着，他的热泪已经滚落下来。可韩草却一脸疑惑地说道："你怎么知道我的名字？我没有爹爹，我娘说我爹爹已经死了……"

听到此话，韩信满脸痛苦地说道："草儿，我就是爹爹啊，爹爹没有死，你看，我活得好好的呢……你摸摸爹爹的脸，摸摸……"说着，他挤出了一丝笑意，抓住孩子的小手就往自己脸上凑。

可是孩子刚一触到他的脸，就"啊——"地大叫一声，吓得韩信出了一身冷汗。"你的脸好热啊，是不是病了？你说胡话哟！我知道了，你是不是来找我娘瞧病的？"说完，她就挣开韩信往院子里走，嘴里还喊道："娘！小双姐！有人来瞧病了！"

韩信也跟着孩子进了院子。一个十四五岁的小丫头从屋子里探出头来问道："你是来瞧病的吗？这么老远，你一个人怎么找来的？"

还没等韩信说点什么，里面的英乔听到动静连忙走了出来。

两个久别的人就在这种情形下相遇了。

英乔此时正满面尘灰，云鬓不整。她先是一怔，然后脸色一沉，又钻进了屋子里。这种不期而遇，让她觉得狼狈。

"阿乔！是我不好，我对不起你！"韩信也认出了多年不见的她，尤其是那双眼睛。

韩信跟着就闯进屋去，可是英乔却把里屋的门给死死地关上了。只听她抽泣着在里屋说道："你还来这里干什么？你去做你的楚王好了，我们娘俩不用你管……"

孩子和那个丫头也跟着进来了，看了一会儿后虽然还不明白究竟发生了什么，但那丫头很识趣地把草儿领到了别处。

"阿乔，我知道你不肯原谅我，但是看在孩子的份儿上，你就跟我走吧！咱们两个重新开始……"

"重新开始？你是堂堂尊贵的楚王，我不过是贱民一个……孩子不是你的，孩子是我自己捡来的……你快点走吧！"英乔在屋子里哭得很厉害，但她又很庆幸夫君还没有忘记自己，还那样看重自己。

"难道你还不了解我的心意吗？这些年来，我哪天不牵挂你……自从我第一次带兵到彭城后就立马派人去找你，可是他们怎么也找不到你……后来，我在齐国，也接连不断地派人找你，难道你一点都看不出我的心意吗……是，我是又娶了一个人，可是我也同样爱你啊，难道你就不明白我的心吗……"说着说着，韩信流下了悲伤的眼泪。

"我不管，你只管去找她吧！你去找你那娇贵的楚王夫人吧，我生就一副草莽的贱命，呜呜呜……"

"好！你不肯原谅我，那这个楚王我不要了！从今天起，我就留在这里，我给你当下人……"说着韩信竟索性脱掉外衣，一口气跑到厨房去劈柴了。

英乔一面伤心地哭着，一面又仔细地倾听外间传来的动静。虽然她知道也许钟离大哥会泄漏口风，但她没想到韩郎居然会亲自找到这里，这份真情和感动已经令她由衷欣喜了。她觉得自己果然没有看错人，之前所受的委屈又算得了什么呢！只要他还对自己好，有什么不知足的呢……

念及此，英乔的内心已经开始动摇了。每个女人内心都有脆弱的一面，需要用真情去填补。

韩信在厨房认真地劈着柴，他在跟自己赌气，两个女人他都喜欢，实在不忍心抛弃任何一个，如果非要选择一个的话，那他情愿将自己劈为两半。所以他很是痛苦，他希望能得到英乔的宽容和谅解。正当韩信累到快要趴下时，英乔悄无声息地从里间走了出来，眼圈已是红红的，她什么话都没有说，直接扑到韩信的怀中。别再跟自己过不去了，她渴望这一天已经很久很久……

毕竟是夫妻一场，毕竟是共患难过的，毕竟还有一个孩子。过去的，就让它都过去吧。

第十章　孤星坠落

1/　楚王还乡

汉六年五月，汉高帝刘邦下令罢兵归家以解生民征戍之苦，从此天下要开始过太平日子了。

做了皇帝之后的刘邦还没有太过得意忘形，他晓得自己的才智有限，自己能够最终夺取天下全在用人得当。在朝中的一次欢宴上，刘邦突然问大家："诸位勿要隐瞒朕，你们且凭心说为何朕最终会赢得天下，而项羽会失掉天下呢？若是朕高明，又高明在何处呢？"

只听刘邦的同乡、大臣王陵首先直率地回答道："陛下与项羽各有长短，陛下轻慢而好侮辱人，是陛下所短；项羽仁厚而好私爱部下，是其所长。然陛下起用臣下攻城略地，谁打下来的土地就赏赐给谁，这是与天下同利啊，谁敢不竭其能、尽其力？而项羽一贯妒贤嫉能，有功之士反被加害，贤能之士反被猜忌，别人有战功却舍不得奖励，都入了他自家的私囊，这就是他失天下最根本的原因吧。"

刘邦听完后只是微微一笑："你讲的这些确是实话不假，但你只知其一，不知其二！朕诚平庸，若论及运筹策于帷帐之中、决胜算于千里之外的才能，朕当不如张子房；若论及镇守国家、抚恤百姓、补给馈饷、不绝于粮道，朕又当不如萧何；若再论及连合百万之军，战则必胜、攻则必取，处危亡而不乱、临机而决大事，迭出奇谋、料敌如神，则朕又当不如韩信。此三者，皆属人杰也，朕能得到他们的倾力辅助，才是朕取得天下的根本原因啊！反观项羽有一范增而不能用，这就是他之所以为朕所擒杀的道理了……"

语毕，诸侯列将皆表示叹服，人才乃至关重要。当时，刘邦正坐镇洛阳，洛阳乃天下四方中心，又有黄河水利之便，刘邦很想定都于此。可是经过齐国人刘敬①及张良的一番劝说，最终定都于形

---

① 本名娄敬，因功而被刘邦赐姓刘。

胜的关中。当时咸阳已被破坏了，只好再营建一座崭新的长安城。

六月，汉高帝刘邦便开始移驾关中，并宣布大赦天下。

此时的韩信却早就在下邳过上舒坦日子了，他高兴地看到英乔和云姬两个人情如亲姐妹，而且由于云姬的肚子一天天大起来，楚王府上下尽是一派欢快、祥和的气氛。

草儿也成了韩信掌心上的宝贝，他出门总忘不了将孩子带在身边，生怕会憋坏了孩子。他总觉得过去亏欠孩子的太多，所以弥补之心就格外强烈，而英乔又怕他因此娇惯坏了孩子。于是两个人一个宽纵，一个严教，本来就灵性活泼的草儿愈发可爱得紧了，给这个家里添了不少笑声。多么让人歆羡的天伦之乐啊！

韩信知恩图报，刚上任没多久就赶紧回故里淮阴走了一遭。贫贱而父母不亲，富贵则乡间俱荣，当年不起眼而今却声震天下的韩信，自然受到了家乡百姓的夹道欢迎。感叹之余，韩信立马兑现了自己当年的承诺，派人请来了当初曾给过自己饭吃、帮助过自己的漂洗大娘，赏赐了她老人家一千金。

韩信看着大娘接过重金时惊愕不已的表情，忍不住对大娘说道："大娘，好人一定会得好报的，这可都是您老应得的赏赐……我还记得当初您老人家不相信我一贫贱小儿有朝一日能身居富贵、跻身王侯，而今日又如何呢……大丈夫立于世间，难道还有下定了决心却实现不了的事情吗？唯恐意志不坚而已。哈哈……"韩信那份得意之情溢于言表。

"是嘞！我一个老婆子造化真大啊，真是老天有眼哪，好人都有好报，好报呵……"十年过去了，大娘已经老迈，但看到韩信能有今天的出息，她心里自然也是高兴得紧。

韩信把大娘在广陵商帮的侄子、曾和自己交好过一场的侯大哥给一起召来了，并且重重地赏赐了侯大哥一回，又询问了一些关于商帮此后的事情。齐伯已经过世很久了，但韩信没有忘记给他的家人一份不薄的赏赐。念及"大哥"当年毕竟是屈家的儿媳，韩信便没有再严加追究那气煞秋儿的可恶的屈老头的罪过，开棺戮尸虽无必要，但却把他的两个儿子叫来给狠狠地打了一顿，出了口恶气，又赏赐了一番才算了结此事。

寄言世俗休轻鄙，一饭之恩死也知！到底心怀仁义才能得以长远，这个道理韩信懂。况且他绝不是那种小肚鸡肠、斤斤计较的人，对于那些底层的大众，他更乐得让他们去传扬自己的好名声。

故人韩信自然要见个遍，他很快便把当年自己曾寄食于其家的下乡南昌亭长给召了过来，但只是赏了仅够几个月饭食开销的一百钱。"你，一个可怜虫啊，连自己的老婆都管不了，还算什么男子汉大丈夫？好人不做到底，本王真替你羞得慌……"那亭长只好惭愧而去。

当初曾在淮阴市集上羞辱过韩信的屠中少年也一并被召来了，而今身材硬实好多的少年也已为人夫、为人父了，自然还是做着屠夫的行当。韩信摒弃前嫌，任命他做了自己军中的一名中尉。众人对此皆有所不解，韩信对诸位将相解释道："这也是一位壮士，他当年敢羞辱我，我虽也恼恨他，但心下实在敬他！他辱我之时，我难道不能一剑杀了他吗？可杀之无名，故而才隐忍到如今……"

很多故人在听闻这些事情后纷纷赶来和韩信叙旧，人人都有赏赐，大家都欢喜得紧。

更为紧要的事情是韩信父母的葬仪之事。韩信始终没忘将父母迁葬到一处，在为两位先人大兴土木的同时，他没有忘记自己当初曾在母亲坟前发下的誓言，这也是支持他一路走来的宝贵信念！韩信当即从楚国各地迁来约整万户的百姓到父母坟地周围安家，赐予他们丰厚的土地，并让他们年年祭祀自己的父母，以告慰两位先人的在天之灵。由于当时整个国家尚属战后重建，财力、人力有限，陵墓的规格便有所限制。不过陵墓的建造虽称不上气势恢宏，但已经让时人惊叹不已，人们将这座由楚王一声号令便拔地而起的新城称为"孝子城"！

几个月后陵墓大功告成的那一天，韩信率领着自己的家人和百官举行了一场盛大的典礼。如此百年不遇的盛事，周边的人几乎都跑去围观了。一时间人山人海，一片喧腾，韩信的心底为之好一阵激荡，滔天的权势让他有些迷醉了。

韩信还专门在下邳为自己的恩师修建了一座巨大的陵园以尽其哀荣，除了亲自撰写碑文以外，韩信更厚待了恩师的家人及亲族。当然，他没有忘记命人悄悄地为东方姐妹也建造了一座象征性的陵墓，地点就选在广陵周边，上直书"知音东方姐妹之墓，楚王信立"。陵墓建成后，他还去亲自拜祭了一趟。

雁过留声，人过留名，韩信不想就这样让两姐妹在世上白白走一遭，起码也得给后人留下一点念想吧。

只是令韩信想不到的是，由于他太过张扬，不知收敛，又惹来了刘邦的过分猜忌。

韩信到楚国各县邑巡访时，总是不乏威风、盛大的仪仗，大兵跟着他进进出出，已经盖过了皇帝的风头，让人看了好不敬畏，也好不嫉妒。所以就有一些好事之徒秘密上书皇帝刘邦说韩信居心叵测，而且他们还把听闻到的楚王府中藏匿钟离昧之事一并向刘邦揭发了。

不过，刘邦没有十足的证据还是不敢动韩信，即使动也须考虑方式及后果。这个时候的韩信却昏了头……

2/　忌杀钟离

韩信因为经常出巡的缘故，少不得和自己的两位夫人暂别一段时日，他口头上说要宽缓、无为，可心下实在不放心那些官吏。作为一个出身于社会下层的人，韩信对那些官吏的所作所为有着清醒的认知。只要管束不力，这些人指定要钻空子，苦民害民，鱼肉乡里。

起初，韩信希望英乔能常常陪伴在自己身边，可是一向习惯清净的她总是推托说不习惯受众人瞩目，韩信不便强求于她，草儿也需要多加教养，有孕在身的云姬自然更不方便出门，因此韩信只好一个人四处出些风头。韩信诚然是打仗的天才，可治国理政就逊色多了。

韩信每次兴冲冲地出巡回来都会发现钟离眜在自己的府上做客，经常和英乔有说有笑，尤其草儿和钟离眜也特别亲昵，这三人更像是一家人。此情此景难免让韩信有些失落，他只得强作笑颜，心底的醋意强自忍耐。但韩信手下的那些好事且耳目众多的门客却在一旁适时地告知他说英夫人当年就经常出入楚军的营帐，不知所为何故。

　　惊愕之余的韩信赶紧找人证实，结果发现门客们所言非虚，他的心一下子就凉了好半截，但他仍然不敢往坏处想。韩信不好意思去找英乔问个明白，他到底还是心虚得紧。他就这样闷在心里，越想越不是滋味，越看越觉得忠直义气的钟离眜大哥不顺眼。

　　英乔和钟离眜却丝毫没有察觉出韩信的异样，他们都是故人了，感情自然比常人更深厚，何须拘泥于那些俗套呢。

　　刘邦对可以在封地内自行其是的韩信越来越不放心，那就像悬在自己头上的一把利剑，不知道什么时候它就可能会要命地刺下来。韩信的实力太强了，强到让他很是自惭，强到让他每天都不能睡安稳。可是这么好的江山，这么醉人的富贵，他怎么可以拱手让人呢？

　　此时的张良已经不能再为刘邦分忧了，他已假称访仙求道四处云游去了，这是张良的全身而退之道 —— 张良晚年口称"愿弃人间事"，而"欲从赤松子游"，他"乃学辟谷，道引轻身"，几乎不饮不食；也许他确实也迷信道家的养生、延年之术，而钻研此道可令其避世，一举两利。

　　一天，皇帝刘邦对陈平等亲信私下道："韩信忘恩负义，居然敢收留朕的宿仇，居心何在？他在楚地招摇过市，当地老百姓眼中只知有楚王韩信，却不知有朕，长此下去，岂不翻天？朕想发兵前去收服了这小子，诸位意下如何？"

　　陈平此时已经升为左丞相，他自然非常体谅自己主子的隐忧，可是以他对刘邦与韩信二人的了解，必然反对刘邦的蛮干："陛下息怒，且三思！如今天下初安，怎好妄动干戈？退一步说，如果陛下执意要收服韩信，纯凭武力又岂能奏效？臣为陛下计，陛下当从长计议耳！"

陈平不便直说，汉军根本就不可能是韩信的对手，而且韩信"不战而屈人之兵"的巨大威势也摆在那里，到时候军队会阵前倒戈都说不定。

刘邦听出了话外之音，点头称是："陈相所言极是！天下初安之际，怎好又苦了百姓？还是不宜大动干戈，此事且须从长计议！朕也只是一时气不过，楚王毕竟是开国元勋，应该给他一个改过自新的机会……"

最后，两人秘计，精于人事的陈平一改刘邦简单、粗暴的方式，建议皇帝不如假称到楚地的名胜——云梦泽①出巡，并在那里召见楚王韩信，伺机公布罪名将其拘捕收押。云梦泽一带远离韩信的统治腹心，自然远水解不了近渴。

刘邦对此拍手称快，赶紧就将此事布置了下去。

韩信并非愚忠，皇帝伪游云梦泽的风声很快就传到了他那里，他当即急得一拳毁了自己的书案。他到这个时候才明白，不管自己有无谋反之心，只要具备谋反的能力，刘邦就绝不会对自己放心，所以楚王之位一定难保。韩信又不是淡泊名利的张子房，虽然他也偶有逍遥于野之心，可如今已经习惯了被人前呼后拥，一时还真不舍得放弃这万人艳羡的地位，何况这还是自己九死一生拼来的！凭什么让人说拿走就拿走。为了保住自己现有的权势，只有走发兵谋反一途了，然而那绝非他平生所愿。况且仅为一己之私让天下再起干戈，生灵再遭涂炭，那他真是千古罪人了。

韩信矛盾了好一番，最终彻底打消了谋反的主意，他相信刘邦一定不会冤枉自己，肯定是有小人从中挑拨。而且他料想刘邦绝不敢轻易废掉自己，否则其他诸侯就会蠢蠢欲动。但是当刘邦一行到达云梦泽后，韩信还是犹豫着没敢去见驾。

这样老拖着也不是办法，韩信手下的人向他建议干脆献出钟离昧，以向皇帝表明自己的忠心："斩杀钟离昧去面见皇上，皇上必定大喜，大王您也就可以解除忧患了！如今皇上正在全天下通缉钟

---

① 又称云梦大泽，是湖北省江汉平原上的古湖泊群的总称。

离昧，想必他已经听闻了风声，才会对大王您不利的……"

一贯重情重义的韩信当然一口拒绝：钟离昧对自己有恩，他怎么能够做一个叫人不齿的负义之徒呢？但是当他转念一想钟离昧和英乔两个人其乐融融的欢声笑语时，忽而就嫉妒得紧，越发感觉两人关系不一般。他过去是对不起发妻，理应让她高兴才对，可是他还是越想越不对劲，很多问题都百思不得其解。后来在卧榻之上，韩信终于忍不住问英乔："你觉得钟离大哥这人如何？"

"啊？你今天怎么了？犯什么糊涂！大哥是何许人，这个你还须问我？"

"不是啊，你可能整天待在王府里不晓得，外间有很多传言说钟离大哥行为……不够检点，行踪也颇为诡秘……人言可畏！但这恐怕不是空穴来风……"他想先试探一下。

确实，英乔自进入这憋屈的楚王府以来，最爱做且能做的事情只有那么几件：发动下人们四处试种一些难得的草药；无偿医治那些瞧不起病的老百姓。虽然这样为韩信赚取了不少口碑，可是毕竟她是赫赫的楚王夫人，显贵的身份摆在那里，韩信很不高兴她这样做，只是英乔一直没听进去。除此之外，英乔能做的就是找钟离昧聊天，聊聊过去江湖上的那些趣事，聊聊从前的项王、她的虞阿姐及一些楚军中的人和事，再侃侃楚汉相争，以及而今天下的大事小情。英乔也学着关心起政治了，谁叫自己现在是楚王妃呢，她也希望能为自己的夫君分忧！除了钟离大哥，自己还能找谁去聊这些呢，所以英乔认为这些都是理所应当、顺理成章的事情，根本不需要顾忌什么。

"怎么？有人在说大哥的坏话吗？钟离大哥这人我太了解了，一定是皇上那边听到风声，专门派人陷害大哥，挑拨你们的关系……"

"嗯，说的也是！不过为了以防不测，我想把大哥安顿到别处去，你看怎么样？"

"我觉得不妥，也无此必要，"她的回答很干脆，"从前大家各为其主，皇上和钟离大哥本没有什么私怨，想来应该不会苦苦相逼吧！再说，皇帝主要对你不放心，钟离大哥不过是个由头……"

"你说的也在理，不过钟离大哥不同于别人，他当初没少让皇上吃苦头，而且他如今在咱们楚人中尚具有很大的号召力，所以皇上自然对他恨之入骨，欲除之而后快。我就怕大哥连累咱们啊，如此对谁都无益。"

"啊？你怎么可以讲出这种话来呢？若是没有大哥，能有你我的今日吗？还说什么连累？再说你还能安排大哥去哪里呢，这天底下到处都是皇上的眼线，只有咱们王府里最安全……"

韩信觉得英乔为了保全一个钟离昧，不惜把全家人的性命都搭进去，这的确有些说不过去，她只为钟离昧着想。虽然人应该重义气，可是面临如此重大的生死抉择，英乔的问答竟是那样干脆，这让韩信很不舒服。平生第一次，韩信的心中产生了对发妻的不信任。

时间非常紧迫，根本没有多少日子再容许韩信细细思量，刘邦已经派了好几波人马催促韩信到云梦泽面见圣驾。如果不去，岂不更加表明自己心虚？

昏乱之中的韩信只好偷偷召钟离昧进了一处私宅，想探探他的主意。当钟离昧走进屋里，就感到气氛不同于往常，且不说几十名全副武装的士兵把里面围得水泄不通，韩信的两名心腹申龙和甘阳也不似从前那般面带笑意了。尽管钟离昧心中有疑惑，但他不能不进去，那可是曾与自己并肩作战、患难多年的兄弟啊。

钟离昧坐定，韩信颇有些心虚地问道："钟离大哥，近日皇上巡游云梦之事，你应该也知晓了，他几次召我见驾，分明有疑我之心。我去是不去，大哥帮我拿个主意吧。"

"兄弟不可轻去。刘邦本非良善之辈，他既疑兄弟，兄弟当有所提防才是……只要稳住咱楚地，刘邦就动不了咱，你我兄弟联手，还愁大事不成？刘邦若不派大兵来攻咱，那就相安无事，否则就让他有去无回。这天下可不只是他刘家的……"

"大哥所言甚是，不过和皇上为敌毕竟不好，躲得过今日，还能躲过明日吗？再说皇上身边贤士猛将如云，他会眼睁睁地看着咱楚地割土而治、养虎为患吗？皇上也是楚人啊，到时难免兵戈再起，累及无辜，你我又于心何忍？"

"连累无辜？就算是这样，那罪过也该由他来承担。"

"话是这样，可那到底是下下之策，咱们兄弟还当做出一点牺牲才是……大丈夫敢作敢当，何必累及无辜……"

到这个时候钟离眛才有些明白——原来，他的韩信兄弟想拿他去息事宁人啊！钟离眛是个直性子，脸色一沉便说道："我明白兄弟的苦衷了！不过兄弟还当明白，如今刘邦之所以不敢放手讨伐兄弟，还是因为忌惮我在兄弟这里！我一天不倒，楚国大好男儿们的心还是向着咱的①……若是兄弟想要把我献给刘邦邀媚取宠，奢望一时之安，那兄弟你就错了！大哥今日若死，明天倒霉的就一定是兄弟你了！我一死又有何惜，兄弟你还当三思……"

"看大哥这是说哪里话，我怎么会是那种忘恩负义、以怨报德的不齿之徒，只是今时不同于往日，天下很多人的性命就掌握在你我之手，我们更当从长计议，尽人事听天命。委屈大哥了……"说完，韩信低下了头，他还想说"大哥你自己做了什么对不起兄弟的事自己应该知道，还假惺惺地在这里说为兄弟着想"，但一直没好意思开这个口，毕竟没有真凭实据，底气就不足。

韩信的语气委婉，但钟离眛还是明白了。他拍案而起，对韩信怒骂道："你小子不是厚道人，算我钟离眛瞎了眼，看错了人！"说完后，钟离眛自嘲地大笑了起来，韩信不敢看他的表情，额头上已经渗出了豆大的冷汗珠。韩信坚信钟离眛负自己在先，何况牺牲一人救天下万民，值得！其实，人一旦身居高位，人性就会因为权力异化，尽管自我意识不到。

最终，钟离眛绝望了。"好，我今日就成全了兄弟！"说完，钟离眛果决地拔出佩剑，如他所钦佩的霸王那样义无反顾地划向了自己的脖子。

韩信后悔也晚了，他只好双手抱头狠狠地撞了一阵墙壁……

---

① 这里钟离眛应该是指自己的旧势力、旧关系还在，自己在楚国的影响还在，他们可以迅速组织、调动起来。

3/ 天人永隔

韩信悔之晚矣。一代英雄钟离昧就这样结束了自己正值壮年的生命，韩信终于和自己的那段青春岁月彻底告别了。待他恢复理智后，扑倒在钟离大哥的尸首旁，浑身抖动、抽搐。韩信紧紧地抓住大哥的手，声嘶力竭地喊道："钟离大哥，我错了，错了！"

可是，大哥没有任何回应。

事已至此，韩信只好按原计划行事——他命人取下钟离昧的头颅，把尸身草草安葬后便去向刘邦复命。此时，韩信开始痛恨刘邦，他觉得正是刘邦才把自己逼到了这不堪、可耻的一步。

韩信瞒着英乔，只说钟离昧自己良心发现怕连累大家，离开了王府。可是纸包不住火，英乔还是知道了事情的真相。若不是因为韩信的身边确实需要她，英乔一定会气愤地永远消失。在英乔眼里，韩信已经变心了。

这一回，韩信大错特错、弄巧成拙了。

韩信逼杀钟离昧，不仅没能达到取悦刘邦的效果，反而令刘邦非常敏感地察觉到：为了保住自己的权势和地位，他竟连自己的兄弟都忍心加害，这样的人还有什么做不出来？这一次绝不能轻易放过韩信，绝不能纵虎归山。

当韩信一到达云梦泽，刘邦立即宣布韩信的种种罪名，还说有人告发他谋反，必须要押回都城审判一番不可。刘邦下令将韩信及手下人都绑起来，单独将韩信装到一辆马车上。这时候的韩信才悔悟道："果然'狡兔死，走狗烹；高鸟尽，良弓藏；敌国破，谋臣亡'，天下已定，我不能活！"

这句话传到了刘邦耳边，刘邦念及旧情，心软了，不忍心加害韩信。其他诸侯还不知道会怎么看这件事呢，除掉韩信的事情还是暂且缓一缓。

于是一到洛阳，刘邦立即赦免韩信，只是削去了他的王爵，降格为"淮阴侯"，随后又把韩信安置到长安监管了起来。这样韩信就再不能回楚王府了，他万万没想到自己和云姬的下邳一别竟成了天人永隔。

　　夫君遭暗算的消息传到了下邳的楚王府。英乔想瞒着云姬，但一不小心还是走漏了风声，云姬本来就虚弱的身体更加脆弱。因为马上就要临产，两个女人便打算等云姬先把孩子生下来，养好身体之后再西上长安。

　　一个月后，英乔亲自为云姬接生。然而由于云姬先前小腹受过伤，因此当一个白白胖胖的大小子顺利降生后，云姬永远地闭上了眼睛！云姬临终前留下了遗言："能为韩郎添一后人，我这一辈子够了。英姐姐，替我照顾好孩子！"英乔手足无措，丈夫被抓和云姬离世的双重打击让她难过了很久，她不知道要如何向夫君交代。

　　添丁的消息传到韩信耳朵里，他听说自己有了儿子高兴得忘乎所以，一时间把什么不快都抛到脑后去了。英乔暂时隐瞒了云姬离世的噩耗，等到后来韩信从门人那里得悉爱人的死讯时，失去理智的他第一个反应却是英乔杀了云姬！这是她在报复自己杀害了钟离眜！

　　这个可怕的想法最终使韩信无可挽回地滑向了人生虚无与堕落的深渊……

　　几个月以后，当英乔带着两个孩子千辛万苦到达长安时，迎接她的却是一个陌生又可怕的韩信。

　　韩信并没有质问发妻，已经没有必要了，他要报复英乔，他要在感情上折磨她。

　　已经对人生失落至极的韩信只有靠寻求接连不断的刺激来获得暂时的解脱。纵情声色的韩信一天天消沉下去，敏感、聪明的英乔隐约知道了点什么，但此时的她既痛苦又无奈，纵使救了一辈子的人，却没能救得了云姬……

4/ 蜗居长安

汉七年（前200），边境狼烟四起，天下兵戈不止。

心怀不满的韩王信起兵叛乱，他勾结了兵强马壮的匈奴人，想趁中原地区多年战乱空虚之际大举南侵以重新瓜分天下。此时的匈奴人拥有了一位前所未有的英明领袖——冒顿单于①，而且他们还拥有四十万能骑善射的控弦之士，总体实力已经超过汉军。这无疑助长了匈奴的野心，他们觊觎中原繁华久矣。

刘邦不得不征召三十万大军御驾亲征，他晓得此次匈奴人来者不善，必须倾举国之力。刘邦自忖只有当世无双的韩信才具备打退匈奴的胜算，然而此时的韩信却一副枯槁不堪、可怜兮兮的面目，早已不复当年的神勇。刘邦没敢把兵权再度交付于他，他宁可自己承担失败的风险，也万万不能纵虎归山。

要对付灵活机动、冲击力强大的匈奴骑兵部队，在没有足够骑兵和良马的情况下，最有效的武器莫过于车障和弓弩：车障用来阻挡骑兵强大的冲击力，弓弩自然可以有效地射杀骑兵。由于骑兵所骑马匹目标较大，因此这是对付骑兵的最佳手段之一，而且步兵一定要以守为攻，不然就很容易被有速度优势的骑兵分割包围。

韩信当然熟知这些兵法，然而刘邦对敌人却并不十分了解，准备也不足，他在对付匈奴人的战略战术上外行得很，他手下的将军也没几个谙熟此道。

匈奴采取了诱敌深入之策，刚同汉军交手就佯装败退，急于求胜的刘邦落入了他们的圈套——刘邦亲自率一队人马追击，结果同主力部队脱离，匈奴军伺机杀了个回马枪，于是刘邦就被牢牢地困在平城②附近的白登山上。刘邦一连被困了七天七夜，眼看已入

---

① 为求自保，冒顿是在亲手杀死了自己的父亲头曼单于的情况下，才得以继立单于之位。

② 今山西大同一带。

绝境。若不是陈平及时地献上奇计贿赂了冒顿的一位宠姬，刘邦就难逃被活捉的厄运。事后，刘邦派刘敬出使匈奴，双方才达成了一致。

也正是从此开始，长达半个多世纪之久的屈辱的汉匈和亲史拉开了序幕（此后"和亲"成了中原政权对付游牧政权惯施的策略），其间双方虽仍有大小不断的冲突，但影响却都有限。直到雄才大略的汉武帝时期，两家又血拼了几十年，惨胜的汉家才终于稍稍占据上风。

放纵过度的韩信终于病倒了，加之先前伤心过度，还吐了一次血，所以每况愈下的他一时病得失去了意志。英乔知道他在跟自己赌气，起先并没有理会，直到医士告诉她侯爷的情况不妙，这时英乔才赶紧跑去看他。此时的韩信谁都认不出来了，只会说几句不着边际的胡话。

英乔又仔细地察看了韩信的病症，和一帮医士用了各种办法救治他，可是怎么也没有效果。在无计可施、万分危急的情况下，英乔终于下定决心针灸！好在韩信的身体底子还算硬朗，而且他还没到万念俱灰的地步，因此英乔施针后，他慢慢苏醒过来。在英乔的悉心照料下，渐渐恢复的韩信重新看到了人生的希望，他和英乔摒弃前嫌，身体逐渐康复。

"阿乔，最近我想通了，先前是我错了，我错怪你了，也错怪了钟离大哥！我有罪，我该死！"韩信把杀害钟离眜一事的前因后果向英乔作了交代。

"你怎么想通的？又为什么会怀疑我们？钟离大哥尚且不忍背叛百般猜忌他的项王，他又怎么肯负自家兄弟……好了，咱们别提这事了，过去的就让它都过去吧！"

"好吧，就让它都过去吧，只是我心里着实有愧，我得命人照顾好大哥一家，再为大哥修一座气派的坟墓！这样，我的不安才会少一些……"

"那就照你的意思办吧！不过我们这样久居皇帝脚下，终究也不是个事，不如……我们放下这扎手的富贵，如何？"

"不待在长安，我还能去哪里？天地之大，如今只有长安一隅能暂时收容我……就算眼下我想去别处，皇上也不答应啊！"

"那你就不能想想办法吗？此事宜早不宜迟，我听人说吕皇后不是个良善之辈，皇上还惧她三分，我们不可成为她的眼中钉……"

"好的，那我见机行事吧！这些日子我也想好了，实在逼急了我，大不了鱼死网破……"

"何苦呢？别再争了……只要能过上安稳的日子，我就知足了！"英乔都快哭出来了，可韩信却没有继续回答她。

韩信告诉自己绝不能倒下去，因为他还有两个那么可爱的孩子。他为云姬的儿子取名为韩云，字英怀，以纪念他的生母和养母英乔对他的哺育之恩。

一家人又勉强恢复从前的生气，尽管不可能再似从前那般亲密无间、其乐融融。

韩信知道刘邦很忌讳自己展露才能，尤其是只要他这个军事天才一出门，四面观者如云；只要一立于朝堂，众人的焦点无疑便成了他。所以韩信常常称病不去上朝，干脆和刘邦不见面。韩信日夜埋怨刘邦的负心之举，一个人独处时总是心怀幽愤，有时言之不足更托于歌，几杯酒下肚后，更是无所忌惮。英乔在旁看了摇头不已。

韩信更羞于和周勃、灌婴、樊哙、曹参等一班昔日的手下、而今却都因功被封赏侯爵的武夫为伍，就知道一个人无事时钻研象棋玩，权作发泄、消遣。就有那么一次，韩信出门恰好经过刘邦的同乡兼连襟①、将军樊哙的府第，因为好奇就进去了一趟。一向敬畏和仰慕韩信威名的樊哙大喜过望，对自己的偶像毕恭毕敬、谦恭有礼，跪拜送迎，言必称臣："大王肯光临臣下的寒舍，臣下三生有幸！"韩信没想到人家如此看得起自己，竟然不怕犯忌讳依然称自己为"王"，可他仍不领情，步出樊哙家门时仰天大笑道："此生竟与樊哙之流为伍，笑话啊！哈哈……"

这话很快就传到了刘邦的耳朵里，他对韩信的骄狂实在不快，怎么说樊哙也是开国元勋、皇亲国戚，韩信竟一点面子都不给，可

---

① 樊哙的夫人吕媭正是刘邦的夫人吕雉的胞妹。

气、可恨。

有一次，刘邦在后宫中单独召见韩信，和他讨论诸将的长短、优劣、贤愚问题，说了半天，韩信一个也看不上。最后刘邦忍不住试探地问韩信："你觉得朕能带多少兵？"说完就大笑了起来，分明就有想听好话的意思。

可是韩信偏就不给他面子，如实答道："臣观陛下将兵，最多不过十万而已！"要知道，兵越多就越难带，指挥起来当然困难重重。

刘邦当即面露不悦之色，"于君，又当何如？"

"臣，多多益善也！"韩信觉得自己兵带得越多，用起来就越顺手，打仗就更有胜算。

"哈哈……好个'多多益善'，何故反为朕所擒呢？"

"这个嘛，"韩信妥协了，"陛下虽不善将兵，可是却善于将将。陛下才能天授，非人力也，我辈皆不能及……"

这一回说得刘邦心花怒放。

不久，刘邦命赋闲的韩信负责"申军法"一事，为军队的建设出一把力。过后，刘邦又命韩信与已闲居在家的张良一起编辑、审定自古以来的兵法。起初他们收集到一百八十余种著作，经过二人一番整合、选择和淘汰，最后只保留了三十五种，其中就有项羽写的一篇，广武君李左车写的一篇。韩信在编写之余，为了将自己的军事思想发扬光大，更花费心思自著了三篇。只可惜由于汉代官方的严格管制，这些兵书无法广泛流传，乃至于项、李、韩三人的兵法著作皆因战乱而失传①，可叹、可惜。

张良一向对韩信青眼有加，爱重得很，这个时候他自然没少对韩信旁敲侧击，希望韩信安于天命，能够全身而退。但他也知道韩信毕竟和自己的出生经历、成长环境、理想志趣都不一样，所以他自忖不太可能从根本上改变韩信不安于闲适、不甘于人下的性格。

张良是个知大义、识大体的人，不恤私情，他看事情往往能够一针见血："弟英明天纵，用兵如神，意气风发之状，旷古少人及也，

---

① 据《汉书·艺文志》中的记载，这三人兵书的失传与吕氏外戚家族的阴谋造反有关，那应该是公元前180年左右的事。

实我汉之莫大幸事……弟建不世之勋功，令天下人仰望，此皆弟之所长也……然弟少年得志，幸则幸矣，功劳之高已超人主，更当小心从事！月圆则亏，水满则溢，宜知韬晦之理、进退之道啊……弟又可曾闻老子有言：'夫唯不争，则天下莫能与之争''天下之至柔，驰骋天下之至坚'……今天下初安，人心稍定，怎可再妄起干戈！今上亦天授智睿，天命所归，他人又岂能及也？若来日两虎相争，顺天应人者自得天助，弟当悔之晚矣……"

忠言逆耳，张良只想尽心，韩信也能明白他的苦衷："子房兄之意，小弟心领！只是小弟春秋尚浅，阅历尚薄，尚须时日体会……"

从前的韩信和张良一样有隐逸之心，他曾经幻想在功成名就之后去沧海君的那座海岛上了却残生。但是而今他在楚王的任上不足一年就被刘邦用如此耻辱的方式拉了下来，这实在让他心有不甘、意不能平。尽管英乔也不时规劝夫君要与人为善、低调处事，可是韩信只是虚应而已，从前那个谦逊的韩信，早随着感情的幻灭一起死了……

5/　大势不妙

韩信正在思考该如何摆脱困境，一个难得的契机突然而至。

当时，阳夏侯陈豨被刘邦任命为赵相国（此时的赵王乃是张耳的儿子、刘邦的女婿张敖），驻守代地，专门负责监管赵国与代国地区防备匈奴的边防部队。陈豨非常仰慕著名的"战国四公子"之一的魏公子魏无忌，也就是那位曾经窃符救赵、重义轻生的信陵君，尤其仰慕他的礼贤下士、门下食客三千的贤德风范，所以陈豨也不惜财力大量养士。

有一次陈豨从任上暂时告假回乡途经赵地，仅仅追随左右的食客就足足坐满了一千多辆马车，整个邯郸的官舍都住满了。如此高调的场面，怎能不让人心生猜忌。发觉情势有些不妙的另一赵相周昌赶紧入京求见刘邦，他担心陈豨门客太盛，又在外掌兵多年，势力盘根错节，将来恐怕会对朝廷不利。

刘邦听后迅速警觉起来，先是剪其羽翼，派专人调查陈豨的门客先前犯下的种种不法之事，而这些事情大多都与陈豨本人有直接关系，这番调查搞得双方关系紧张起来。陈豨很担心刘邦借机将他治罪，这时候远在匈奴已经得到风声的韩王信等人便马上利诱陈豨举兵谋反，他们到时将举兵策应，但陈豨一时还没有下定决心。

后来，刘邦的老爹"太上皇"刘太公死了，刘邦派人征召陈豨奔国丧，陈豨称病不敢去。可总这样拖着也不是办法，到了汉十一年（前196）九月，陈豨终于联合匈奴举兵谋反。他自立为代王，谋反之初即率兵劫掠了赵、代的很多地区，眼看大汉天下又一次陷入动荡不宁。

事态紧急，劳碌了大半生的刘邦不得不再次御驾亲征。鉴于上一次的失败教训及匈奴人的反复无信，刘邦决定征召韩信随同前往。韩信晓得刘邦绝不可能赋予自己军权，此番前去不过就是给刘邦做军事顾问，而且还容易被管制，因此韩信称病不去。

其实，韩信有自己的"小心思"。在这之前，陈豨有一次因公事去京城长安，他从前曾是韩信的属下，所以按照礼节他在离开京城的时候就去向韩信辞行。那一天，韩信拉起了陈豨的手，又支开了左右的人员，两个人就这样一齐漫步到了中庭，韩信仰天长叹道："我可以同你讲几句要紧的话吗？"

"唯您的命令是从！"陈豨很干脆地说道。

"好！你现在掌握的乃天下精兵会聚之处，而你又是皇上的近臣，位显而惹人嫉妒。若有人告发你行谋逆之举，皇上必然不肯轻信，然而三人成虎，皇上惑于人言一定会收回你的兵权，这应该是你不甘心的……假若我在京城起事配合你，来个里应外合，天下当可图！"韩信决定要将刘邦取而代之。

陈豨素来敬重韩信的威名："谨奉教！"

尽管韩信一直都处于刘邦的严密监视和控制下，但是由于长安内外不少将士都是他的旧部，只要他振臂一呼，他自信一定从者云集，关键是如何赢得第一步的胜利。他在府邸中已经足足准备了三年有余，秘密训养了不少肯为自己效力的死士。韩信受够了被刘邦压一头的日子，他已不再亏欠刘邦，他现在一无所有，必须要亲手再夺回来。

韩信现在根本就听不进英乔的话，他觉得这都是男人间的事，女人家哪里懂，所以很多事情都瞒着英乔。韩信已经不像从前那般深于谋划、谨小慎微了，他变得心浮气躁，更有些骄傲自大，他完全忽视了一个女人——刘邦的糟糠之妻，皇后吕雉。

韩信秘密派人告知陈豨起兵事宜："弟速举兵，兄于此助你一臂之力！"

听闻刘邦大军与陈豨发生激战的当天，韩信和家臣商量夜间假传圣旨，释放被关押在官署的囚徒和奴隶，再发动这些人偷袭吕后和太子一伙。部署已定，就等着入夜时分展开行动。可是在这千钧一发之际，韩信的阴谋被人泄露了……

原来，韩信府上有一位舍人不知什么原因触怒了他，韩信便将此人暂时拘押起来，准备要杀了他。舍人的弟弟得知哥哥的情形后，情急之下悄悄到吕后那里揭发了韩信的阴谋。

听闻一代军神韩信将要举兵谋反的消息，吕后当即震恐地直打冷战。眼看时间所剩无几，她想要马上征召韩信入宫，可是又害怕韩信及其党羽察觉出异常而不肯就范。吕后绝不是一般的妇道人家，她先前曾在项羽的楚营中作为人质被整整关押了三年多，受尽各种凌辱，因此当她从艰难困苦之中熬过来后，具备了惊人的意志力和手腕。再加上她早年善于接物待人，所以办事相当干练，为人特别阴狠，刘邦都惧她几分。

这时，坐镇后宫的吕后并没有轻举妄动，而是派人赶紧把可以托付大事的萧何找来，此时也只有和萧相国这等心腹重臣商量对策。萧何毕竟是和刘邦一起一路摸爬滚打上位的，心里自然向着刘邦。萧何早就听闻韩信图谋不轨的事情，他也早已料定昔日知交注定要分道扬镳——权势成人更害人，共患难易，共富贵难！

萧何见韩信打定主意要和刘邦势不两立，只有对不住韩信了，权力之争不是你死就是我亡。萧何本就是天生的政治家，当年在秦朝为吏时，有上司想要提拔他到京城为官，可是萧何预感秦朝不久将横生变乱，便拒绝了上司的好意。萧何办事沉稳扎实，临危不乱，韩信这回胜负难测。毕竟这不是战场，长安不是韩信的舞台。

事不宜迟，萧何当即和吕后商量好要果断行事。他的计谋是诈称陈豨被抓，朝廷征召各位在京的诸侯入宫道贺——由他亲自出面把韩信请进后宫，重情重义的韩信不会有所怀疑。

韩信想不到自己的知交会谋害自己。

6/　败亦萧何

当萧何春风满面地踏入韩信府第说明来意时，出来见客的英乔突然感到莫名的心神不宁，她替韩信回答道："真是对不住相国大人，侯爷正卧病在床呢，还请相国大人通融！"这也是韩信此前拒绝刘邦的借口。

"呵呵，韩夫人，这是朝廷惯例，临此大事我等也是无奈啊……不过是走走过场，少时便回的！"

躲在卧室装病的韩信有些犹豫，在这个节骨眼儿上入宫，他也心虚得很。不过，他觉得刘邦不在，凭吕后一个女人家能成什么气候，她敢拿自己这位开国第一功臣如何？而且近日来陈豨处的消息一直不是太顺畅，很有可能他确是失利了，所以此时自己若反就非常冒险。再说萧何对自己有知遇之恩，想来他总不会明着害自己。

于是，权衡再三的韩信不顾英乔的极力阻拦，随萧何入了宫。英乔到底还有很多事情不太知悉，她的心只是"突突"跳得格外快，可是她怎么也说服不了韩信。韩信在战场上的天才直觉并没有延续到朝堂上来。

韩郎清瘦的身影已经消失不见，当英乔含泪目送韩信走远后，她突然想：无论如何，韩信都要走上一条不归路，即使不在今天，说不定就是明天——这血雨腥风的长安，到底不是一处理想的安身之所。事不宜迟，她迅即便起了要远离是非之地的念头，哪怕是为了两个孩子的安全。英乔很早就动过这个念头了，虽然她一直想和韩郎生死相依，可是她知道，如今韩信更加迷恋权势。这是男人的宿命，也是女人的悲哀。尤其这几年，两人的心头都蒙上了一重厚厚的阴影，他们之间越来越陌生。她在重复虞姬的老路，韩信也在重复项羽的老路，他听不进任何人的劝告。英乔乔装改扮后，赶紧带两个孩子乘着一辆轻便的马车出了长安城，连一个口信都没有留下，她觉得没有那个必要了。

英乔料定后面一定会有人跟踪自己，于是她在一家客栈中使了一招金蝉脱壳之计，轻易地甩开了吕后的暗探，换了另一辆马车急匆匆地向南逃奔而去。对她来说，这已经是轻车熟路。还是只有以前的那个丫头跟在她身边，这丫头如今也差不多二十岁。她本是英乔在战乱中收养的一个孤儿，在英乔的一手调教之下，不但像英乔一样能武懂医，还大有青出于蓝之势。

英乔已经为爱人的不幸做好了充分的心理准备，她该知足了，毕竟曾经拥有过！天长地久只是一个遥不可及的传说。她的韩郎曾经是一个怎样胸怀高远、顶天立地、雄姿英发的男人啊！想到这里英乔不禁笑了出来。

"姑姑，你怎么了？刚才还哭得那么伤心，怎么这会儿又笑了？是不是姑爷他没有危险了……"丫头见她笑，忍不住好奇地问道。

"好丫头，你现在不会懂的！等你再大几岁，或许就会明白！现在我们得先到一位故人家里去，眼下只有他能帮助我们……"这位故人曾是她的病患。

韩信没有那么走运，上天的眷顾总有期限，它在给人希望的同时，也在暗中标好了价格。

韩信刚一踏入格外森严的宫门时，他猛然想起了英乔心跳的事情，这时他的心也不可抑止地加速猛跳。不过长久以来的自负令他忽视了这些不安与恐惧，他昂起了头，毅然加快了脚步。

当韩信又走过一道门槛时，两名随从被侍卫突然给拦了下来，韩信觉得奇怪,正要问这是什么新规矩时,机警的萧何便摆了摆手示意侍卫将三个人都放进去,韩信起了些疑心。

又走了一段路,韩信突然装作内急,提出要先去方便一下,装作若无其事的萧何没有反对。于是,见并没什么异常的韩信忽而又安下心来。

当韩信一踏入长乐禁宫时,宫门立刻紧闭,感到势头不妙的韩信悔之晚矣!一大帮武士围拢上来要拘捕他,申龙、甘阳见情势危急,拔出佩剑正要为韩信杀出一条血路,可是一阵乱箭射来,二人顿时成了可怜的血刺猬。

韩信明白大势已去,反抗已是徒劳,只得束手就擒。不过他的心底还抱着一线希望,反正刘邦还没有回来,凭吕后一个女流之辈,肯定不敢把自己怎么样。毕竟自己可是大汉的开国元勋,起码要经过审判才能定罪。若是刘邦回来了,自己就向他当面求饶,念及过去的情分,想来刘邦一定不会做得太绝,顶多削爵加软禁。

然而韩信错了,到底还是错了!

7/　死生有命

韩信立即被押往长乐宫钟室,这是一处隐秘地方。又老又丑的吕后出场了。众人按着韩信要他下跪,可是韩信坚决不跪,他的气势压倒了那帮武士。

"大胆韩信,皇上一向待你不薄,你竟敢叛逆,该当何罪?"吕后声色俱厉道。

韩信心底一颤,吕后的表情有些骇人。韩信知道自己这次肯定逃不过了,狡辩又有何益,但又觉得理亏的不应该是自己……韩信又看了一下吕后身边的萧何,他只是低着头不敢看自己,韩信突然意识到从头到尾都是一场骗局,而这位昔日知交竟这样可恶、狡诈!到底是自己过分看重所谓的情意,以致走到今天这步任人鱼肉的田地。这是他抗拒不了的命运，不如妥协吧。韩信想求饶，可他是韩信啊，是那个曾经打败过西楚霸王、傲视天下群雄的战神韩信啊！在他面前的可是一个女人！一个要才没才、要貌没貌的老女人！他没有道理向她下跪，不然岂不是要让天下英雄笑死！

其实韩信何曾怕过死？若是怕死，他也走不到今天，他人生中的每一份成功无一不是用生命换来的，说"九死一生"丝毫不为过！然而，死亡固然可怕，可是还有比屈辱更让人无法容忍的吗？韩信受不得一丝屈辱，屠中少年勇气可嘉，自己跪了也就跪了，再说自己那时又一文不名；可是现在的吕鸡^①算什么，难道自己的一世英名就要这样一朝尽毁吗……

现在的韩信只是担心爱人和孩子们，他不希望他们跟着自己一起受死，可是他同样不想求那个丑妇，她的嘴脸令韩信很是憎恶。

韩信有些后悔，他没有带草儿看过她一直想看的那十二个大铜人^②呢，他也还没有教会宝贝云儿认识兵书……他不想死，他还想去父母的陵寝前走上一遭，再向母亲倒一倒自己心中的苦水；他还想和过去的那些生的、死的老朋友——道别，"大哥"、秋儿、虞姬、云姬，你们都还好吧……

他最后还想去看看淮阴集市是否还像从前那样热闹，或者那里是否还有像从前那么多的漂亮姑娘……还有很多很多的山川、地理、风物，自己都还没有看够呢……

可是，这一切都太晚了。

"韩信，你该当何罪？"吕后又一次大声嚷道，韩信被惊醒。

韩信对吕后仍然非常鄙夷和不屑，沉默就是他最好的回答。他还记得母亲当年临终时那铿锵有力、足以影响他一生的话，他是贵族，即使死也要有尊严地死。大丈夫能屈能伸，可关键也要看值不值得。想到此处，韩信的傲气又上来了："自古成王败寇，你一个妇道人家休要多言，要杀要剐悉听尊便！"

---

① 吕雉的"雉"，乃是野鸡的雅称。

② 秦始皇灭亡六国之后，收缴天下的兵器，用它们铸成了十二个大铜人，放置于都城咸阳；及至几百年以后，这些大铜人才陆续被毁掉，用来制作铜钱等。

吕后没有手软，当即冷笑一声，唯恐夜长梦多的她下令当场处决韩信，她要让天下人都知道——没有刘邦，她一个女人家也可以办大事，拿大主意。

剑子手在旁准备时，韩信大声叫道："我悔当初不用蒯通之计，为你等女子所诈，岂非天哉！"说完，韩信释然地放声大笑起来。

"咔嚓"，十年前他在汉军连敖任上差点挨的那一刀，今日终究没能躲过。

韩信还有知觉，时光一下子被拉回到从前，那是多么遥远的童年时光啊——那年他七岁，跟着父亲第一次去彭城，他多么想让父亲给他买一匹大马啊，可是父亲就是不肯，怕自己离家之后家里没有人照顾小韩信骑马，再摔着、出点意外。此刻，恍惚之间韩信看到父亲买的那匹大马，他兴高采烈地一翻身骑了上去，父子两个在回家的路上各自骑着马儿疾驰，扬起了一路的烟尘，久久没有散去……

天上那颗孤星无声无息地熄灭了。

刘邦大破陈狶军后，年老体衰的他不久便回到了长安。当他一听说当世无双的"战神"韩信居然反被自家婆娘给收拾了的时候，一面感到由衷的欢喜，一面不无惋惜之情，到底是英雄惜英雄。吕后当时还下令要一齐诛灭韩家父、母、妻三族，可是刘邦心生怜悯，及时制止了。但刘邦最终没有放过韩信的几位直系亲属及重要从犯，所以伤心至极、劫后余生的英乔无奈之下只能带着孩子们去了当时荒蛮的南越地区。赵佗正在此地称王，他与大汉之间几乎没有友好往来，双方时而还会发生军事冲突。所以英乔一家还算安全，日子过得还算舒坦。

英乔一家能平安到达南越，多亏萧何出了大力气。虽然萧何在关键时刻必须站到吕后身边，可他与韩信毕竟共事一场，还有一番知己情谊！兔死狐悲，萧何也深有愧意，所以他写了一封密信命人转交给赵佗，托他照顾好英乔一家。

赵佗素来仰慕韩信威名，自然义不容辞。

外面的风声一天天平静下去。

二十年以后，当刘邦、吕后都驾崩后，汉文帝登基做了皇帝，老迈的英乔便独自偷偷地去往长安附近，她一定要探望一下久别的爱人，否则死不瞑目。

　　尽管是罪臣，但到底也算开国第一功臣，所以韩信还是按照侯爵的级别被安葬。英乔发现夫君的陵寝还算气派，应该是刚刚整修过。经过一番打听，英乔才知道是当今薄太后下的令，而且她还宣布赦免了英乔一家。

　　和风拂面，英乔的脸上绽开了一丝欣慰的笑容……

图书在版编目（CIP）数据

国士无双 ： 韩信传奇 / 周明河著． —— 北京 ： 北京
联合出版公司，2022.4
ISBN 978-7-5596-5925-5

Ⅰ．①国… Ⅱ．①周… Ⅲ．①韩信（·-前196）—
传记 Ⅳ．① K825.2

中国版本图书馆 CIP 数据核字（2022）第 017665 号

- -

国士无双：韩信传奇

作　　者：周明河
出 品 人：赵红仕
选题策划：上海牧神文化传媒有限公司
责任编辑：李　红
特约编辑：董旻杰
营销支持：蔡丽娟
排版编辑：江心语　蔡丽娟
封面设计：主语设计

- -

北京联合出版公司出版
（北京市西城区德外大街83号楼9层　100088）
北京联合天畅文化传播公司发行
上海盛通时代印刷有限公司印刷　新华书店经销
字数 220 千字　889 毫米 ×1194 毫米　1/32　10.5 印张
2022 年 4 月第 1 版　2022 年 4 月第 1 次印刷
ISBN 978-7-5596-5925-5
定价：59.80 元

- -